GUIDE BELLES LETTRES

Collection

dirigée

par

Jean-Noël Robert

DES CIVILISATIONS

GUY LUBEIGT

LA BIRMANIE

L'ÂGE D'OR
DE PAGAN

avec la collaboration de Anne-May CHEW

2ᵉ tirage

LES BELLES LETTRES

DU MÊME AUTEUR

La Birmanie, collection « Que Sais-je ? », n°1620, Presses Universitaires de France, 1975.

Le palmier à sucre (Borassus flabellifer) en Birmanie centrale, Publication n° 8 du Département de Géographie de l'Université Paris-Sorbonne, 1979, (Prix Christian Garnier de la Société de Géographie, 1982).

Birmanie, les Grands Voyages, Edition Centra Delta, Paris, 1978.

Birmanie, Guide Arthaud, Editions Arthaud, Paris, 1982, (2ᵉ édition 1986).

Introduction de la réédition de : « *Le Siam et les Siamois* » par E. Lunet de la Jonquière (1904), Itineraria Asiatica, White Orchid Press, Bangkok, 1986.

Thaïlande, Guide Arthaud, Paris, 1987 (2ᵉ édition 1991).

Shwé-Chi-Htô. L'art de la tapisserie brodée en Birmanie, Editions Kaïlash, Paris, 1998.

Pagan, Histoire et Légendes, Editions Kaïlash, Paris, 1998.

Introduction de la réédition de : *Two Years Imprisonment in Burma (1824-1826), A Personal Narrative of Henry Gouger (1860)*, White Lotus, Bangkok, 2002.

Introduction de la réédition de *Wanderings in Burma* par G.W. Bird (1897), White Lotus, Bangkok, 2003.

Nay Pyi Taw : une résidence royale pour l'armée birmane. IRASEC/Les Indes Savantes, Bangkok-Paris, 2011.

L'Âme des Birmans, collection « L'Âme des Peuples », éditions Nevicata, Bruxelles (à paraître en 2014).

© 2013, Société d'édition Les Belles Lettres
95, bd Raspail, 75006 Paris.

www.lesbelleslettres.com
Retrouvez Les Belles Lettres sur Facebook et Twitter

1ʳᵉ édition, 2005

ISBN : 978-2-251-41026-5

Ce guide est dédié à Gisèle, Sarah, Gabriel et Phyo.

Crédits des illustrations

Réalisations cartographiques : Eliane Leterrier et Guy Lubeigt (Laboratoire Prodig-Cnrs). Conception : Guy Lubeigt. Illustrations : Carole Duval (Université Paris I), p. 110, 111, 114 et Maung Aung Myin (Pagan), p. 102, 125, 130, 208, 251 ; Éditions Kaïlash, p. 59 (carte réalisée d'après une photo du satellite Nasa-Erts du 18 janvier 1977), 101, 105, 107, 126, 139, 176 ; Than Tin, Kyoto University, p. 91, 166 ; Rangoon Institute of Technology, p, 92, 93, 238, 241, 242 ; University of Hawaï Press, p. 116 ; Tchiseya University, p. 118, 165 ; Silpakorn University, p. 126, 264, 266 ; D.R., p; 210, 220, 225, 232, 244, 246, 252, 254, 255.

Dès son arrivée en Birmanie, la terre de l'or des anciens, bol de riz de l'Asie du Sud-Est continentale, pays des pagodes et monastères, ou terre du Bouddha et de son enseignement pour ses habitants, le voyageur est frappé par l'omniprésence des marqueurs de la foi bouddhique dans tous les paysages. Une multitude de monuments religieux, parmi lesquels dominent les stoupas de toutes tailles, en briques, blanchis à la chaux, dorés à la feuille ou recouverts de plaques de bronze dorées, quadrillent inextricablement les espaces urbains et ruraux. L'abondance des bâtiments bouddhiques qui parsèment le territoire de l'Union est en soi déjà remarquable, mais leur originalité esthétique est incomparable. La construction de ces monuments a nécessité de longues recherches architecturales et la réalisation d'innombrables esquisses qui ont engendré des sculptures, peintures et décorations d'un esthétisme surprenant. L'ensemble attise la curiosité du visiteur, car il témoigne, outre une indiscutable ferveur religieuse, de la permanence de traditions séculaires et de l'esprit créateur de ses habitants. Dans ce contexte culturel, la visite de la zone archéologique de Pagan est le point d'orgue de tout séjour dans la Birmanie contemporaine.

L'actuelle ville de Pagan (*Pagan-Myothit*), ou Pagan-le-Neuf, n'est pas la cité médiévale. C'est une création ex nihilo située sur des terrasses sableuses anciennes de l'Irrawaddy et peuplée en majorité par les habitants de la cité chassés de leurs terres ancestrales par la junte qui préside la Birmanie depuis le 18 septembre 1988. Aux élections du 27 mai 1990, les Paganais ont élu M. Bo Tin, membre de la Ligue Nationale pour la Démocratie (dont la secrétaire générale est Mme Aung San Suu Kyi, prix Nobel de la paix en

COMMENT UTILISER CE GUIDE ?

Il est, certes, possible de lire ce livre chapitre après chapitre, pour découvrir un panorama de la société paganaise ; mais il est aussi conçu pour que le lecteur puisse y trouver rapidement (et en extraire) des informations précises sur un sujet qui l'intéresse. Il est donc conseillé :
– de se reporter au sommaire : chaque chapitre est divisé en rubriques (avec des renvois internes) qui permettent de lire, dans un domaine choisi, une notice générale. En outre, les autres rubriques du chapitre complètent l'information. Au début de chaque chapitre, une introduction situe le sujet dans une

1991), contre le candidat du National United Party, le parti de l'armée. Dès le lendemain, les autorités militaires ont ordonné l'expulsion des habitants de la cité ancienne, c'est-à-dire celle des vrais descendants du Pagan médiéval, quelque cinq mille personnes qui vivaient toujours dans l'enceinte fortifiée. Les habitants eurent trente jours pour évacuer les lieux après avoir eux-mêmes détruit leurs demeures à la pioche pour récupérer tous les matériaux de construction disponibles. Ils durent ensuite reconstruire leurs maisons sur le site désertique de Pagan-le-Neuf, zone dépourvue de monuments, à trois kilomètres plus au sud où une parcelle leur avait été réservée, contre un paiement obligatoire. Les limites de leur nouveau domicile étaient simplement tracées à la chaux sur le sable. Cette délocalisation, aussi précipitée qu'inattendue, a eu pour résultat de briser net des liens sociaux qui, d'une génération à l'autre, unissaient les descendants des Paganais de l'âge d'or. Elle a eu pour autre conséquence l'anéantissement de traditions ancestrales encore très vivantes qui étaient liées au territoire de la cité médiévale.

La cité antique de Pagan, berceau de la civilisation birmane, fut pendant près de deux cent cinquante ans (1044-1287) capitale de la Birmanie médiévale, et siège d'un empire conquérant qui a fait trembler en son temps tous ses voisins de l'Indochine continentale. **La plaine de Pagan et les collines abruptes qui l'encadrent recèlent une vaste gamme de 2 826 monuments exceptionnels, dispersés sur une superficie qui dépasse largement les 42 km² de la zone archéologique officielle.** Parmi les structures, on relève **932 temples-grottes** (dont 347 possèdent des peintures murales datées du XIe au XVIIIe siècle), **530 stoupas, 558 monastères et 31 structures diverses** (bibliothèques, salles d'ordination). Au visiteur étonné qui parcourt sa plaine, rougeâtre ou verdoyante selon les saisons, Pagan révèle ses multiples visages et un extraordinaire musée à ciel ouvert des réalisations de l'architecture sacrée de Birmanie. Temples, stoupas, monastères, bibliothèques, grottes excavées, monuments de briques ou de grès, parsèment le paysage aussi loin que puisse porter le regard. Bien que l'architecture civile ne soit pas en reste (anciennes fortifications, puits, canalisations et fours à fonctions multiples), l'essentiel de ces constructions est d'inspiration religieuse. **La ferveur bouddhique des anciens habitants de la Pagan impériale a doté la région d'un patrimoine monumental et artistique dont leurs descendants jouissent pleinement.** Au cours de l'histoire, ces témoins du glorieux passé de la capitale ont inspiré de nombreux écrivains. Depuis Marco Polo, qui fut le premier à en décrire les splendeurs sans l'avoir jamais visitée, jusqu'à Georges Orwell en passant par Pierre Loti qui fut enthousiasmé par « les pagodes d'or » de la Birmanie.

SOMMAIRE

PAGAN

PAGAN

I. L'HISTOIRE 23

L'histoire de Pagan et de sa région se perd dans la nuit des temps.

II. LA VILLE ROYALE ET SON EMPIRE .57

Pagan occupe une position stratégique qui lui permettait de contrôler la circulation des hommes et des marchandises sur l'Irrawaddy.

III. L'ORGANISATION POLITIQUE ET SOCIALE 119

Grâce à son organisation politique et sociale Pagan va rayonner sur l'Asie du Sud-Est pendant près de trois siècles.

SOMMAIRE

Le développement de l'empire a été limité par une pénurie de main-d'œuvre et par l'injection permanente de capitaux et de biens dans d'incessantes constructions religieuses.

LES PAGANAIS

Les habitants de la plaine de Pagan ont conservés leurs systèmes de mesures traditionnels.

Les Paganais ont adopté toutes les croyances des peuples qu'ils fréquentaient, mais ils continuent à pratiquer leur religion ancestrale, le culte des génies.

Les rois-bâtisseurs ont doté la plaine de Pagan d'une gamme de remarquables réalisations artistiques.

SOMMAIRE

VIII. LA VIE QUOTIDIENNE

La vie quotidienne des paganais était empreinte d'une certaine austérité encouragée par les religieux.

REPÈRES BIOGRAPHIQUES
(par ordre alphabétique)

Alaungsithou – Anantasûra – Anôratha (Aniruddha) – Chapata – Kumara Kassapa – Kyanzittha – Kyaswa – Letyaminnan – Mahâ Kassapa – Minshinzô – Nadaungmya – Nga Ramankan – Ngasehim – Naratheinka – Narathihapati – Narathou – Pataikkaya – Râjakumâ – Shin Arahan – Shwé Einthi – Sôlou – Thetminkadon – Thihathou – Uzanâ (Uccanâ) – Yazathingan.

ANNEXES

LES PAGANAIS

SOMMAIRE

CARTES, PLANS, TABLEAUX, TEXTES, ILLUSTRATIONS

Cartes

Plans

Tableaux

LES PAGANAIS

SOMMAIRE

Textes encadrés

Illustrations

SOMMAIRE

ANNEXES

PAGAN

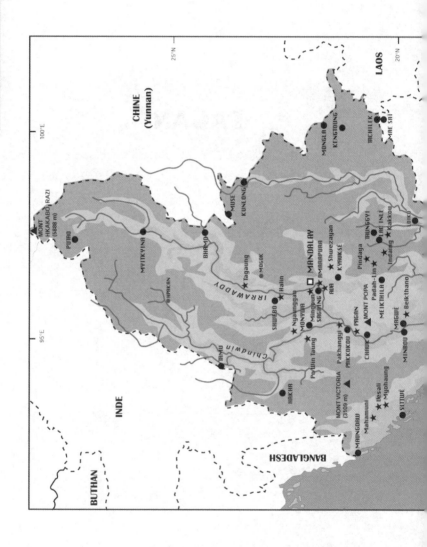

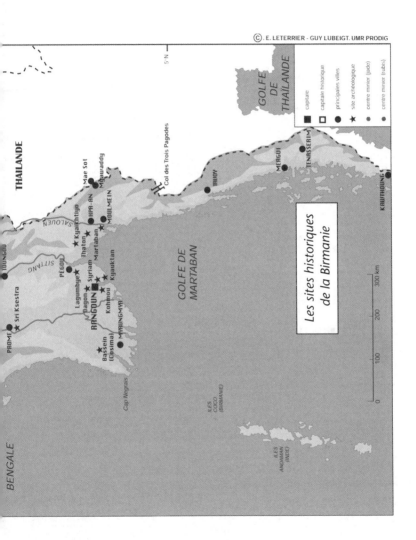

© . E. LETERRIER - GUY LUBEIGT. UMR PRODIG

Les sites historiques de la Birmanie

I

L'HISTOIRE

L'histoire de la cité médiévale de Pagan et de sa région, la zone sèche de la Birmanie centrale, se perd dans la nuit des temps. Elle commence même avec les premiers balbutiements de l'humanité, ceux des hominidés Amphipithecus qui, il y a une quarantaine de millions d'années, fréquentaient une zone située à une centaine de kilomètres au nord de Pagan, au niveau de la confluence des fleuves gigantesques qu'étaient les proto-Irrawaddy et Chindwin.

AUX SOURCES DE LA LÉGENDE

Pendant longtemps la majeure partie des informations concernant l'histoire de Pagan a été puisée dans les innombrables légendes locales (*thamaing*). Ces sources relient la création des divers sites bouddhiques qui émaillent le territoire national birman aux récits des vies antérieures du Bouddha (*jatakas*). Pagan n'échappe pas à cette règle. Selon la tradition, la cité de **Pukam** aurait été fondée par **le roi pyu Thamôdarit en 108** après J.C. 55 rois auraient ensuite régné sur la ville jusqu'à **la chute de la dynastie en 1287.** Malheureusement aucune source historique ne vient étayer cette tradition, avant le Xe siècle.

Le plus ancien manuscrit connu mentionnant Pagan (*La chronique célèbre*) **fut inscrit au stylet sur feuilles de palmes en 1520 par le moine Silavamsa.** Curieusement l'auteur consacre seulement quelques phrases aux souverains de la dynastie de Pagan. Dès lors on peut se demander comment des informations sur l'histoire des premiers rois birmans ont pu être rassemblées ensuite par **U Kala** (son nom suggère qu'il s'agissait d'un érudit d'origine indienne) pour rédiger, au début du XVIIIe siècle, une chronique détaillée de l'histoire de Pagan (*La grande chronique*). U Kala, qui écrivait sous le règne du roi d'Ava (Taninganwé, 1714-1733), a pourtant consulté d'autres sources

23

qui nous sont inconnues. Mais ces dernières lui ont permis de rédiger une compilation de deux cents pages sur les rois du premier empire birman. **En 1829, un comité d'érudits nommés par le roi Bagyidô (1819-1837) a produit une nouvelle compilation intitulée** *Hman-Nan Yazawin* (*La chronique du palais des miroirs*). Ce dernier ouvrage, qui pour l'essentiel reprend l'œuvre d'U Kala, est resté pour beaucoup la source fondamentale de l'histoire de Pagan.

U Kala peut cependant être considéré comme **le père de l'histoire birmane, car il fut le premier à s'appuyer sur les sources épigraphiques** fournies par quelques *kyauksa* (pierre écrite ou « stèle ») découvertes sur le site. Il faut ensuite attendre 1899 pour qu'un autre historien, U Tun Nyein, publie en anglais le premier inventaire des inscriptions trouvées en Birmanie (*Inscriptions of Pagan, Pinya and Ava : Translations with Notes*). Pour sa part, *La chronique du palais des miroirs*, qui fut traduite en anglais en 1923 par Gordon H. Luce et Pe Maung Tin, ne mentionne et utilise que treize inscriptions (cf. Les origines légendaires, chap. II).

En 1970, Luce, qui a consacré toute sa carrière à l'étude de l'archéologie de la Birmanie, publie les trois volumes de *Old Burma-Early Pagan*. Pour appuyer ses thèses, **il fut le premier à recourir systématiquement aux textes des inscriptions anciennes découvertes dans toute la Birmanie.** Mais l'histoire de Pagan a été définitivement établie sur des bases historiques solides en 1956 avec la thèse de **Than Tun**, *History of Buddhism in Burma (A.D. 1000-1300)*, **rédigée à partir des sources épigraphiques contemporaines de la période**, c'est-à-dire les centaines de stèles découvertes aussi bien sur le site de la cité médiévale que dans le reste de l'empire. Ces travaux furent suivis en 1967 par le livre quelque peu controversé de Maung Htin Aung, *History of Burma*, qui voulait réhabiliter les Chroniques.

Avec *Pagan : The Origins of Modern Burma* (1985), Michael Aung Thwin a donné un nouvel éclairage à nos connaissances sur l'histoire de la Birmanie et l'origine des traditions birmanes. **Il explique le déclin du premier empire (1044-1287) par une grave diminution des ressources économiques de la dynastie.** En effet la pratique du bouddhisme, telle qu'elle était enseignée par le clergé paganais aux fidèles fortunés, conduisait ces derniers à rechercher l'acquisition d'un maximum de mérites afin d'obtenir une meilleure réincarnation ou d'accéder au *nibbâna*. **En 250 ans, 63 % des terres cultivables et des rizières contrôlées par la couronne, ou lui ayant appartenu, ont été données au Sangha avec les esclaves qui les cultivaient.** Par suite les revenus de ces terres, accaparés par les chefs religieux devenus grands propriétaires terriens, échappaient au Trésor royal. **Les causes immédiates de la chute du premier empire** ont été magistralement précisées, dès 1909, par Édouard Huber qui s'est appuyé sur l'analyse comparative de l'épigraphie, des diverses chroniques birmanes et des annales chinoises, dans un gros article intitulé : *La fin de la dynastie de Pagan* (cf. L'armée, chap.III).

Les monuments de Pagan ont été décrits dans une multitude d'articles et ouvrages parmi lesquels on peut retenir le plus ancien (1955), qui est en vente partout dans la zone archéologique : *Pictorial Guide to Pagan*, par Lu Pe Win ; et le plus récent (1989) : *Pagan, Art and Architecture of Old Burma*, de Paul Strachan. Plus récemment encore (1992-1998) le remarquable *Inventaire des monuments de Pagan,* qui répertorie pour la première fois toutes les structures architecturales découvertes dans la région de Pagan-Salè-Pakhangyi (plus de 2 900 à ce jour), a été publié en huit volumes par l'architecte Pierre Pichard, membre de l'École Française d'Extrême-Orient. En 1998, l'ouvrage du géographe Guy Lubeigt (*Pagan : histoire et légendes*), membre du Centre national de la recherche scientifique, a montré que la prospérité de l'empire n'était pas seulement basée sur la richesse des terres cultivables du royaume, symbolisée par la production rizicole des terres irriguées. La puissance de la cité impériale s'appuyait aussi sur le contrôle d'un vaste réseau commercial terrestre, fluvial et sans doute maritime. **Pendant tout l'empire, la cité a entretenu des relations permanentes avec tous ses voisins indochinois, chinois, indiens, ceylanais et indonésiens** sous diverses formes : commerciales, culturelles et conflictuelles (cf. La cité impériale, chap. II, et La vie économiques, chap. IV).

En langue vernaculaire, les ouvrages sur Pagan sont légion, tels ceux des historiens Bo Kay (ancien directeur du Département archéologique de Pagan) qui vivait dans un petit bâtiment annexe de l'ancien musée, Aung Thaw puis Nyunt Han (directeurs du Département archéologique national), et surtout Aung Kyaing, l'actuel directeur de Pagan, qui connaît parfaitement le terrain et a publié de nombreux articles sur les monuments de la zone archéologique (cf. Bibliographie).

LA RÉGION DE PAGAN, BERCEAU DE L'HUMANITÉ

« **La Birmanie est-elle le berceau de l'humanité ?** » Compte tenu des antécédents anti-démocratiques de la junte qui dirige la

Birmanie, une telle déclaration aurait pu apparaître au mieux comme une plaisanterie et au pire comme une provocation envers la communauté internationale qui prône le respect des droits de l'homme. Au plan scientifique, des chercheurs français de l'université de Montpellier II (Jean-Jacques Jaeger et Laurent Marivaux), rejoints par Christopher Beard (curateur du Museum d'histoire naturelle de Pittsburgh), posent pourtant cette surprenante question depuis 1997.

En fait le problème avait été soulevé dès 1916 par des paléontologues britanniques, Pilgrim et Cotter. Les fouilles qu'ils avaient effectuées dans la formation géologique de Pondaung (zone montagneuse peu élevée appartenant à la chaîne de l'Arakan, située au nord-ouest de Pagan et à l'ouest de Monywa), s'étaient révélées particulièrement riches au niveau du Bartonien. Leur attention avait été attirée par le fait que ces sédiments (âgés de 37 à 40 millions d'années, ils se placent entre le début du miocène moyen et la fin de l'éocène), riches en fossiles de mammifères de la période éocène, **recelaient aussi des restes de primates de la famille des Amphipithécidés (branche des *anthropoïdea,* auxquels se rattachent les humains).** Ces fossiles (*Amphipithecus mogaungensis* et *Pondaungia cotteri*) posaient problème, car ils présentaient des caractères anthropoïdes plus anciens que ceux des primates similaires découverts en Égypte dans le Fayoum (delta ancien du Nil) et auxquels on attribuait 20 à 25 millions d'années.

Au début des années soixante-dix, quelques paléontologues américains avaient pu collecter de nombreux restes d'hominidés (famille originelle commune aux primates) dans la chaîne de Pondaung. Plusieurs caisses de fossiles avaient même été ramenées aux États-Unis pour y être analysées. Mais **le gouvernement socialiste du général Ne Win avait alors interdit aux Américains de poursuivre leurs fouilles en Birmanie.** Les réticences birmanes et l'absence d'analyses plus approfondies avaient bloqué la poursuite des travaux.

Au cours des années quatre-vingt, une équipe de chercheurs birmans de l'université de Mandalay a également découvert, près du village de Pazigyi (région de Shwébo), une mâchoire d'hominidé fossilisée, avec ses molaires et prémolaires. La trouvaille a permis d'identifier un *Pliopithecus antiquus,* analogue à celui découvert en France à Sarran, auquel il est relié phylogénétiquement. Ce membre de la famille des primates anthropoïdes, âgé de 12 millions d'années, vivait au miocène moyen (vindovonien tardif) dans le bassin du proto-Chindwin. **La plaine de Monywa-Shwébo, parsemée de** basses collines, était alors couverte d'une végétation herbacée et de forêts favorables à la vie des vertébrés.

L'astragale des Birmans

En avril 1997, la junte birmane, soucieuse de prouver à la communauté internationale l'ancienneté de la « civilisation birmane », a encouragé les paléontologues français à venir entreprendre, avec des chercheurs birmans, des fouilles dans la région de Myaing (au nord-ouest de Pagan) où apparaissaient en surface des fossiles de nombreux vertébrés. Ces fouilles, effectuées dans des sédiments de l'ère tertiaire, ont permis de retrouver une douzaine de petites mandibules et des dents d'hominidés maintenant exposées au musée de Rangoun. En novembre 1998, une seconde expédition a découvert, près du village de Yashe Kyitchaung, dans une couche de sédiments appartenant à la fin de l'éocène moyen, des fragments d'un petit anthropoïde (haut d'un mètre) encore inconnu, baptisé *Bahinia pondaungensis*. Le même niveau a également livré des fragments d'un *Amphipithecus mogaungensis*. Ailleurs d'autres recherches ont également livré de nouveaux fossiles d'hominidés, notamment un *Siamopithecus* (daté de la fin de l'éocène) et un *Eosimias*, découverts respectivement à Krabi (Thaïlande péninsulaire) et en Chine. Tous ces fossiles montrent des caractères prouvant leur appartenance à la famille des *Amphipithecidae*. C'est pourquoi, depuis octobre 2003, **l'Académie des sciences considère que les hominidés** *Amphipithecus* **« pourraient être considérés comme des cousins très éloignés de l'homme ».**

Les travaux de Marivaux et Beard, qui ont découvert une astragale gauche appartenant à un *Amphipithecus* âgé de 37 millions d'années, corroborent et complètent les études antérieures. **Cet os prouve l'existence à cette époque d'un mammifère assez grand, capable de bondir et de grimper dans les arbres dans lesquels il vivait.** En effet, la taille, les dimensions et les caractéristiques de cette astragale la rendent structurellement similaire à celles des anthropoïdes. Mais l'astragale et les autres ossements de primates recueillis en Birmanie semblent bien venir de créatures anatomiquement avancées. Avant les dernières analyses, les chercheurs n'étaient pas certains que cet os appartenait à un primate anthropoïde. Il aurait pu être celui d'un *adapiform* (branche éteinte classée dans la famille des singes sans queue) plus proche des lémuriens et loris actuels que des chimpanzés et des humains. **Les primates amphipithécidés de Birmanie représentent donc non seulement un des premiers rameaux de l'histoire de notre évolution, mais leur existence attestée dans la région de Pagan infirme l'idée selon laquelle les primates anthropoïdes seraient nés en Afrique avant d'essaimer dans le reste du monde.**

Ces découvertes birmanes confortent **l'hypothèse d'un berceau asiatique commun aux primates anthropoïdes.** Ces derniers seraient nés pendant la période éocène, il y a environ 55 millions d'années, c'est-à-dire 50 millions d'années avant que les hommes n'apparaissent en Afrique où les plus vieux ancêtres des humains ont été identifiés. Pour la junte birmane, qui cherche à légitimer son pouvoir depuis 1988, il ne fait aucun doute que la Birmanie centrale est bien le berceau de l'humanité. **Les hominidés auraient d'abord rayonné vers l'Afrique, où ils auraient poursuivi leur évolution. De là ils auraient essaimé à nouveau vers le reste du monde il y a quelques centaines de milliers d'années.**

Les peuples proto-Birmans qui vivaient dans la région de Pagan avant l'arrivée des Birmans avaient eux-mêmes assimilé des populations néolithiques qui vivaient au bord du fleuve depuis au moins 10 000 ans Ce point a été confirmé par les fouilles de Letpanchibô (village situé à une vingtaine de kilomètres au nord de Pagan) où un outillage préhistorique a été découvert. De nombreux autres sites préhistoriques ont été identifiés sur les terrasses anciennes de l'Irrawaddy et du Chindwin, notamment dans les régions de Chauk, Yenangyaung (sud de Pagan), et Nyaung-Ou, Yesagyo et Monywa (vallée du Chindwin) et Mandalay (lac Thaungthaman). Des trouvailles répétées ont permis d'identifier des traces d'occupation humaine remontant au paléolithique supérieur (400 000 ans). Les hommes qui vivaient alors sur ces terrasses ont laissé un outillage de pierre particulier qui prouve **l'existence de la plus vieille des civilisations indochinoises, baptisée Anyathien ancien** (*Anyat* est le terme par lequel les Birmans désignent les habitants de la Birmanie centrale). Ils utilisaient en particulier des galets retouchés en couperets et des tranchants de **bois silicifiés.** Cet outillage spécifique est né de l'utilisation des bois fossilisés qui caractérisent la formation géologique des sables de l'Irrawaddy. Ces bois fossiles (*ingyin kyauk*), âgés de 2 à 20 millions d'années, ont retenu l'attention des très lointains ancêtres des Birmans qui les ont fait entrer dans leur panoplie lithique, car ces pierres étaient beaucoup plus dures que les autres. Mais les hommes du paléolithique supérieur qui vivaient dans la région de Pagan n'étaient pas eux-mêmes les premiers à occuper cette région. Les hominidés y étaient avant eux. Il y a plusieurs dizaines de millions d'années...

Dans la Birmanie contemporaine, **tous les chantiers de fouilles ouverts dans le pays tombent sous le contrôle et la protection de l'***Office of Strategic Studies,* **département du ministère de la Défense.** Outre la paléontologie, les autorités s'intéressent également de près à l'archéologie du bronze. Au début des années quatre-vingt-dix les archéologues birmans pensaient que les anciens habitants de la Birmanie étaient passés directement, comme semble-t-il certaines parties de la Thaïlande, de l'âge de la pierre (dont les traces sont nombreuses des terrasses de l'Irrawaddy aux abris néolithiques de Padah-Lin, près de Pindaya, dans l'État Shan) à l'âge du fer, sans passer par le stade intermédiaire de l'âge du bronze. Mais, devant la multiplication des découvertes de pièces de bronze effectuées en surface (lames, pointes de flèches, haches, grelots) en divers lieux de Birmanie centrale, les autorités ont organisé des fouilles sur divers sites de cette zone : Nyaunggan (vallée du Chindwin au nord de Monywa) et région de Kyauksè-Meikthila. Ces travaux ont permis de délimiter des nécropoles et de faire une riche collecte de restes humains et de poteries utilitaires, notamment à Nyaunggan. Ces poteries se dégagent mal de la période Néolithique et ne portent aucune décoration, mais elles sont accompagnées de nombreux outils, bracelets, haches, pointes de flèches et lances en bronze associés aux sépultures. Une datation par analogie avec les sites reliés à Ban Chiang (Thaïlande) **permet de penser que cette culture aurait connu tardivement son apogée entre – 800 et – 500 avant J.C.** Les mystères de l'âge du bronze birman, et de ses rapports avec l'âge du fer, ne sont pas tous résolus. Quant aux nombreuses perles, colliers et sculptures en néphrite également trouvés dans certaines tombes, ils s'apparentent à des trouvailles effectuées dans de nombreux sites du Sud-Est asiatique. Ils permettent de penser que des échanges existaient dès cette époque entre les communautés humaines qui vivaient dans cette zone.

DES ACTIVITÉS MÉTALLURGIQUES ANCIENNES EN BIRMANIE CENTRALE

Des ruines de fours primitifs ont également été retrouvées non loin de Nyaunggan, sur la rive occidentale du Chindwin, dans une zone traditionnellement riche en minerai de cuivre, à la confluence de l'oued Yama et du fleuve Chindwin. Ces fours indiquent l'existence d'une ancienne activité métallurgique, avec présence de fer, plomb, étain et cuivre. Mais il n'est pas encore possible de préciser avec certitude ni leur âge ni quels étaient les minerais fondus dans ces fours anciens. Quoi qu'il en soit, les résultats des recherches paléontologiques et archéologiques conduites dans la région de Pagan tendent à étayer, aux yeux de la population, les déclarations des généraux, maintes fois reprises dans la presse locale, selon lesquelles « la civilisation birmane est très ancienne ». La filiation entre les populations qui vivaient dans la région de Pagan au début de l'ère chrétienne et les Paganais de l'âge d'or n'est déjà pas évidente. Celle qui relie les Pyu aux hommes des âges du fer et du bronze l'est encore moins. Quant aux liens qui relieraient les hommes du néolithique aux Anyathiens du paléolithique (125 000-75 000 ans avant notre ère), ils sont pour le moins problématiques. Pour ce qui est des hominidés de Birmanie centrale, leurs rapports avec la « civilisation birmane » chère aux autorités seront difficiles à établir…

LA PÉRÉGRINATION DES ANCÊTRES DES BIRMANS

Les véritables ancêtres des Birmans sont encore mal identifiés. L'origine géographique des peuples de parler tibéto-birman est à rechercher sur les hautes terres à pâturages situées au nord-est du plateau tibétain. De là ils auraient migré vers les marges occidentales de la Chine. On sait qu'ils étaient présents au Setchouan plusieurs siècles avant J.C. et, en 1970, les linguistes chinois ont retrouvé des populations vivant depuis toujours dans cette province, et qui parlent encore une langue proche du tibétain et du birman. On a découvert à Anyang, dans le Honan, des carapaces de tortues et des ossements rituels qui portent des inscriptions (datées de la dynastie Shang, 17e-11e s. avant J.C.) faisant allusion à ces populations *Ch'iang* et *Ti*, qui sont désormais considérées comme les ancêtres des Tibéto-Birmans.

Les plus anciennes sources chinoises, datées de la fin du second millénaire avant J.C., mentionnent souvent une population appelée *Ch'iang*, vivant à l'ouest des Chinois. Ce peuple d'éleveurs de moutons et de chèvres, qui cultivaient peut-être les millets, connaissaient le riz, et vivaient dans des grottes excavées dans le plateau de loess, posait problème aux Chinois. En effet ces derniers, traditionnellement éleveurs de bovins et porcins, s'opposaient aux éleveurs de chèvres et moutons qui détruisaient leurs pâturages. La compétition entre les deux peuples pour le contrôle des terres se traduisait par des razzias chinoises destinées à la capture d'esclaves *Ch'iang*. **Ces derniers auraient ensuite été utilisés sur une grande échelle pour des sacrifices humains,** ce qui explique qu'ils auraient finalement décidé de migrer vers des régions plus accueillantes. Malheureusement, au premier millénaire avant J.C., les Chinois de la dynastie Chin continuaient à les poursuivre. Pour se mettre à l'abri de leurs bourreaux, de nombreuses tribus *Ch'iang* seraient reparties vers le sud pour se réfugier dans les gorges et les hauts plateaux du Yunnan où elles auraient prospéré à l'écart des Chinois. Quelques siècles plus tard, une partie de ces tribus auraient repris leur migration pour se diriger vers la Birmanie. Grâce aux sources chinoises, on peut esquisser l'histoire des Ch'iang du XIVe siècle avant J.C. au IIIe siècle de l'ère chrétienne.

Les Ch'iang-Birmans, peuple de pasteurs, sont arrivés en Chine comme des envahisseurs semi-nomades qui se sont répandus sur toute la région comprise entre les vallées des fleuves Jaune et Wei. Leur avancée en Chine inquiétait les Chinois au point que ces derniers, conduits par le roi Wu Ting (1334-1281 av. J.C.), ne cessaient de les harceler pour ralentir leur progression. Une armée de 13 000 hommes aurait même été lancée contre eux, ce qui prouve leurs capacités guerrières. Vers 1100 av. J.C., sous la pression chinoise, les Ch'iang-Birmans ont abandonné la zone de la confluence des fleuves Huang et Wei et pénétré dans le Setchouan, où ils se sont sédentarisés pour devenir agriculteurs à partir du IVe siècle av. J.C. Mais leur lutte avec les Chinois continua puisque le roi Li-kung (476-429 av. J.C.) réussit à en capturer pour les réduire en esclavage et les faire travailler dans ses champs.

Au IVe siècle avant J.C., ce fut au tour du roi Hsien Kung (384-376) d'envoyer une armée contre eux. La plupart des populations Ch'iang quittèrent alors le nord du Setchouan pour descendre vers l'ouest de cette province. **Ils se séparèrent alors en plusieurs groupes, dont la branche Ch'iang-Pyu** qui poursuivit sa migration vers le sud. À l'est vivaient les T'ai (Pa), et, pour les différencier de ces T'ai, les Ch'iang-Birmans reçurent le nom de Shu (ceux qui élèvent les vers à soie). Au sud de ces deux peuples résidaient les Tien, eux aussi Tibéto-Birmans et ancêtres des Lo-Lo. Les Tien, installés au nord-est du Yunnan, autour du lac qui porte leur nom, contrôlaient une des routes de la soie qui joignait l'Inde et la Chine à travers la vallée du Brahmapoutre, le nord de la Birmanie et le Yunnan. **Les Ch'iang-Birmans étaient, eux, confinés dans le nord du Yunnan parce que le sud était déjà occupé par des peuples Môn-Khmers.** En 316, les Chinois attaquèrent à nouveau les Ch'iang-Birmans et les T'ai.

Au IIIe **siècle av. J.C., l'empereur Chin**, Shih Huang Ti (246-210), résolut de s'emparer du commerce lucratif qui transitait par la route du Yunnan. Son projet fut repris par la dynastie ancienne Han (206 av. J.C.-24 apr. J.C.). Après une longue résistance, les Tien furent conquis par l'empereur Wu Ti (140-87 av. J.C.) et ses successeurs s'emparèrent peu à peu du Yunnan entre 25 et 220 apr. J.C. **Déstabilisés par cette série d'invasions chinoises, les Ch'iang-Birmans quittèrent peu à peu le Yunnan et pénétrèrent en Birmanie, comme l'avaient fait les proto-Birmans Thet, Gadu et Pyu** depuis le Ve siècle av. J.C., six siècles plus tôt.

LA PÉNÉTRATION DES PROTO-BIRMANS

L'INSTALLATION DES PYU

Les Pyu (également nommés Tircul) sont arrivés en Birmanie vers les Ve-IIIe siècles av. J.C. Ils se sont d'abord installés dans la région de Kyauksè, où ils ont adopté le nom de Brahmavastu (le lieu pur), mot utilisé par les Indiens pour désigner leur pays. Plus tard ils en vinrent à s'appeler eux-mêmes des Myanmar, nom qui pour les uns serait dérivé de Brahma, et pour les autres de Mien, nom par lequel les Chinois désignaient les Birmans de Pagan. À leur arrivée en Birmanie, les Pyu furent convertis au bouddhisme par les Thet et les Gadu qui les avaient précédés dans les plaines centrales. **Depuis ce foyer de peuplement situé autour de la conjonction des bassins de l'Irrawaddy et du Chindwin, ils se répandirent graduellement, dès le IVe siècle, en direction du nord et du sud en suivant la vallée de l'Irrawaddy.**

Au cours de leur longue pérégrination depuis les hautes terres tibétaines, les pasteurs des tribus Ch'iang auraient ainsi évolué pour devenir éleveurs de vers à soie, éleveurs de chevaux, cultivateurs de riz de montagne, mercenaires sanguinaires, producteurs de riz dans des champs irrigués créés par des peuplades néolithiques et repris par des Môn, et finalement cultivateurs de millet (*pyaung*) et arboriculteurs de palmiers à sucre.

LES ROYAUMES PYU

Au début de l'ère chrétienne, les Pyu avaient créé en Birmanie centrale plusieurs petites cités-États, qui n'étaient sans doute que de gros villages, dont les chefs s'appelaient *Min* (roi) (cf. La confédération de Pagan, chap. II). Ces proto-birmans nous sont connus grâce aux voyageurs chinois, des moines bouddhistes qui se rendaient en pèlerinage en Inde, et aux annales chinoises. **Quand les Birmans sont arrivés en Birmanie, les Pyu y prospéraient depuis plusieurs siècles dans des principautés situées dans les plaines centrales de l'Irrawaddy.** La capitale de leur premier royaume connu est **Beikthano** (la ville de Vishnou) où une série de datations au radiocarbone ont prouvé des activités humaines (IIe s. av. J.C. au VIIe apr. J.C.). Il en est de même à **Halin** (Ier au VIIIe siècle apr. J.C.). Par analogie on a daté **Mongmao** du IIe au VIe apr. J.C., tandis que **Srikshetra** est considérée comme la plus récente des villes pyu (IVe-X^e apr. J.C.). La superficie de ces cités, entourées de remparts, dépassait pour chacune 600 hectares, car elles englobaient des terres cultivables. En cas de siège, les défenseurs pouvaient se nourrir et ainsi résister aux attaquants. Des photographies aériennes ont permis de repérer d'autres villes pyu, parmi lesquelles **Waddi**, une petite cité entourée de remparts à l'ouest de Mongmao. Quant à la cité de **Binnaka**, située dans la vallée de la Samôn et où les fouilles n'ont pas encore commencé, elle a toujours été occupée jusqu'au XIXe siècle... **La communauté pyu de Pagan fut sans doute renforcée par le reflux des populations échappées de la destruction des royaumes pyu de Birmanie centrale** qui avaient atteint leur apogée entre les Ve et VIIIe s. apr. J.C. Contrairement aux Birmans, peuple alors sans écriture, les Pyu possédaient une écriture (non déchiffrée à ce jour, on n'en connaît qu'une soixantaine de mots) utilisant des caractères indiens archaïques.

Les Pyu incinéraient leurs morts et collectaient ensuite leurs cendres dans des urnes, en pierre pour les élites et en céramique pour les gens du peuple. Ces réceptacles étaient ensuite enterrés. À Srikshetra, quatre urnes portant les noms de rois de la dynastie Vikrama, décédés entre 120 et 163, ont été mises au jour en 1912.

Elles sont au musée de la ville de Prome-Hmôza. **Au Ve siècle, ce peuple bouddhisé avait déjà commencé à bâtir des monuments bouddhiques inspirés de la forme des stoupas ceylanais.** Aux VIIe et VIIIe siècles de l'ère chrétienne, ils ont fait de même à Pagan, ainsi qu'en témoignent le stoupa Bupéya et les tablettes votives découvertes dans son reliquaire après le tremblement de terre de 1975. Ces plaquettes en terre cuite, qui montrent le Bouddha en position d'*abhaya mudra*, sont attribuées à cette période.

LA DOMINATION DE LA BIRMANIE PAR LES PYU

Selon *La nouvelle histoire de la dynastie Tang* (compilée en 1060), **la Birmanie était partagée entre trente-deux principautés pyu**, parmi lesquelles Tan-Po (Tampa-Pagan), T'eng-ling (Talaing-Pègou) et Tao-Wu (Tabakyin, entre Monywa et Shwébo) sont identifiées avec certitude. Les historiens ont longtemps pensé que la culture pyu était seulement présente en Birmanie centrale où se trouvaient les cités pyu connues. Mais **les fouilles récentes prouvent qu'en fait les Pyu ont occupé toute la Birmanie, depuis la haute vallée de la rivière Shwéli au nord, jusqu'à Martaban au sud.** Et depuis la rive occidentale du Salouen à l'est, jusqu'aux rivières Uyu (qui traverse la région des carrières de jadéite) et Htin-Lin (région de Yaw) à l'ouest. **La sécurité de ce vaste domaine géographique était assurée par seulement neuf garnisons** dont la liste est fournie par les sources chinoises. **Ces garnisons protégeaient moins les régions pyu que les routes commerciales qui les empruntaient.** On a ainsi identifié les villes de Hsi-Li-I (Hsipô au nord de l'État Shan) qui contrôlait les mines d'argent et les accès au Yunnan par la vallée de la Shwéli ; Mi-no-tao-ii (Myingyan, site portuaire au nord de Pagan) qui occupait une position stratégique clé à la confluence de l'Irrawaddy et du Chindwin ; et San-to (Halin) qui sécurisait les salines dont la production était sûrement appréciée des populations montagnardes. Toutes ces garnisons étaient placées sur la vieille liaison commerciale entre l'Inde et la Chine, voie qui transitait par la vallée du Brahmapoutre, les vallées du Chindwin et de l'Irrawaddy et le plateau yunnanais.

Les Chinois ont relevé le nom de ces foyers de peuplement sous la dynastie Tang (618-907). Comparées au nombre d'établissements humains, les garnisons étaient peu nombreuses. Cinq garnisons gardaient le nord, ce qui donne à supposer que les ennemis potentiels de l'ouest (protégé naturellement par la chaîne de l'Arakan) étaient moins dangereux que ceux du nord et du nord-est qui venaient du Yunnan. Quant à ceux qui auraient pu venir des mers du sud, ils ne semblent pas avoir inquiété les Pyu, peut-être parce qu'ils commerçaient régulièrement avec eux. Les Chinois rapportent que les Pyu entretenaient des relations amicales avec une vingtaine de leurs voisins, dont le Chen-La (Cambodge), Chan-Po (Champa), Chia-li-chia (Kalika au nord de Madura), Wu-t'e (Orissa), Chieh-nu (Trengganu), She-P'o (Java), P'o-li (Bali), Fo-tai (Srivijaya-Palembang), T'o-Knei (Takua-Pa, isthme de Kra), Kamarupa (Assam)… Ces régions étant placées sur les grandes routes commerciales du Sud-Est asiatique, il est évident qu'en Birmanie **la localisation des cités était commandée par le contrôle que les Pyu exerçaient sur les routes commerciales qui traversaient leur territoire.**

Divers embranchements se greffaient sur les routes reliant le Funan et l'Inde. À partir du port funannais d'Oc-Eo, l'un deux rejoignait l'Inde en empruntant les zones hors d'eau du delta du Chao Phraya, traversait les vallées du Salouen et du Sittang, passait par Tao-lin-Wang (Taungdwingyi, près de Beikthano) où se trouvait une garnison, puis remontait les Irrawaddy et Chindwin pour rejoindre la vallée du Brahmapoutre. **L'existence de cette route est attestée par les pièces pyu en argent qui ont été retrouvées dans toutes les villes anciennes** (Halin, Maingmô, Srikshetra, Beikthano, Zokthok, État Kayah, État Shan, delta du Chao Phraya, et Cambodge-Oc-Eo) **qui jalonnaient son parcours.** Ces pièces portent les symboles propices spécifiques de la culture pyu : *vajra* (la foudre), lune, *srivatsa*, *sañkha*, *swastika* et *bhadra*. Frappées à Oc-Eo au IIIe siècle, elles sont similaires à celles qui ont été trouvées à Halin. Placées sur cette voie de communication est-ouest, les cités pyu durent subir, au début du IIIe siècle de l'ère chrétienne, les attaques du roi du Funan, Fan-man (205-225), qui s'empara de la cité môn de Dvaravati (delta du Chao Phraya), puis de la cité pyu de Beikthano. Les cités môn (Martaban) de l'embouchure du Salouen furent également soumises, et la route maritime de l'isthme de Kra passa de même sous son contrôle. Aussitôt après sa mort, les Pyu se révoltèrent et finirent par exercer leur autorité sur toute la Birmanie. **Au IVe siècle, les cités môn devinrent les vassales des Pyu.** Aux VIIe et VIIIe siècles, ils contrôlaient tous les courants d'échanges entre les royaumes indochinois et l'Inde, ceux qui traversaient la Birmanie par voie terrestre, et ceux qui utilisaient les passages nord et sud de l'isthme de Kra pour transiter par les ports môn. Les contacts commerciaux et culturels des Pyu s'étendaient ainsi de l'Inde centrale aux Philippines (cf. La cité impériale, chap. II).

L'ARRIVÉE DES BIRMANS

Aux VIIIᵉ et IXᵉ siècles apr. J.C., le royaume Lo-Lo de Nan Chao exerçait une forte emprise sur les peuples qui vivaient au Yunnan. Parmi ces derniers, les sources chinoises nous apprennent que les Birmans étaient traités très durement. Mais ils constituaient l'avant-garde des troupes du Nan Chao qui opéraient des razzias dans la vallée de l'Irrawaddy dès 762 et 794. On pense en particulier que ce sont eux qui ont détruit en 832 et 835 la cité pyu de Halin (active du Iᵉʳ au VIIIᵉ s.) et emmené sa population (3 000 hab.) en esclavage. **Ces incursions, et peut-être le fait qu'ils parlaient une langue similaire à celle de leurs cousins pyu qu'ils venaient de vaincre, ont peu à peu donné aux Birmans l'idée d'abandonner leurs maîtres du Nan Chao pour venir s'installer dans les riches plaines de Birmanie.**

Avant l'entrée des Birmans en Birmanie, les Tay, qui vivaient au Yunnan au VIIIᵉ siècle, leur ont enseigné les techniques de l'élevage bovin et de l'agriculture (de nombreux mots birmans sont, semble-t-il, empruntés au thaï, tels charrue (*hte*), bovidé (*nwa*), etc.), ainsi que le dressage des chevaux et l'art de la guerre, notamment la fabrication des arcs dans le bois de mûrier sauvage. Ils ont également appris à rechercher l'or, le sel et l'ambre ; à élever les buffles d'eau, cultiver en terrasses, endiguer les rivières et transformer les plantations de riz, cultivées sur les versants montagneux pendant la période des pluies, en rizières irriguées installées dans les fonds de vallées. Au cours de leur cohabitation avec les Tay, les Birmans ont également assimilé beaucoup de nouveaux termes applicables aux domaines du gouvernement et de l'administration. *Taïk* et *taïng*, qui désignaient des circonscriptions administratives pendant toute la période du premier empire, semblent avoir une origine tay.

Mais **les ancêtres des Birmans ne sont pas restés très long-temps avec ces peuples tay du Yunnan. Ils ont rapidement repris leur migration et se sont dirigés par petits groupes vers les plaines de Birmanie centrale en passant par le plateau shan où se sont installées quelques-unes de leurs tribus** (Danu, Taungyo) ou en descendant la vallée de l'Irrawaddy depuis la région de Bhamo. En suivant cette route, ils auraient retrouvé des tribus proto-birmanes qui seraient entrées en Birmanie quelques siècles avant eux. Parmi celles-ci, les Kadu, qui seraient les fondateurs de Tagaung – ville que la tradition reconnaît comme la première capitale des Birmans – et les Pyu qui vivaient dans leur dernière capitale, Halin, avant sa destruction par les Tibéto-Birmans.

Au cours de leur longue pérégrination méridionale pour échapper à la poussée chinoise, **les Birmans ont rencontré d'autres peuples qui leur ont beaucoup enseigné : les Tay** (ancêtres des Thaï-Shan) dans les vallées du Yunnan, **les Môn-Khmers** qui occupaient une zone comprise entre la vallée du Sittang et une partie du plateau shan, et enfin **les proto-Birmans pyu** qui s'étaient déjà mêlés aux peuples anciens qui vivaient dans le pays (cf. La confédération de Pagan, chap. II).

Rencontre des cultures indianisées

Dès leur arrivée dans la région de Kyauksè (le barrage de pierres), aux environs du VIIIe siècle, les Birmans se sont mêlés aux Môn indianisés qui pratiquaient déjà la riziculture irriguée. Ils se sont installés dans un district appelé « les onze villages », centré près de Myittha. Dans cette zone, l'historien Gordon Luce a relevé environ 240 noms de lieux en vieux birman, parmi lesquels 80 sont identifiés. Bien que située dans la zone sèche, cette riche petite région agricole de 1 456 km^2 est traversée par quatre rivières pérennes alimentées par le plateau shan : les Samôn, Panlaung, Zawgyi et Myitngè. Cette dernière, dont le régime s'apparente à celui d'un fleuve torrentueux, n'a jamais pu être contrôlée. Mais les trois autres rivières **alimentent un vieux système d'irrigation, antérieur à l'arrivée des Môn dans la région**, qui aurait été développé par les nouveaux venus birmans en quête de terres. C'est dans cette zone que les Birmans situent le berceau de leur culture. Après la région de Pagan, c'est en effet dans la région de Kyauksè – où se trouvaient les riches terres irriguées – qui a fourni le plus grand nombre d'inscriptions relatives à l'âge d'or de l'empire birman. **C'est le premier grand foyer de peuplement des Birmans en Birmanie.** **Les Môn étaient devenus les sujets des Pyu, qui dominaient alors tout le territoire de l'actuelle Birmanie, et partageaient avec eux une culture indianisée.** Au contact de ces peuples, les Birmans, jusque-là peuple sans écriture (les plus anciens textes sont en pâli ou sanscrit, langues indiennes anciennes), ont développé leur vocabulaire et commencé à apprendre à lire et à écrire le môn, et sans doute le pyu et leur propre langue. Les mots birmans servant à désigner certains éléments architecturaux, l'épée à double tranchant, le cuivre pur, la perle, la pirogue, le palanquin, la feuille de bétel, le maître tisserand, sont tous d'origine môn. Certains pensent que **c'est aussi auprès des Môn que les Birmans sont entrés en contact avec le bouddhisme theravâda. Mais leurs contacts avec les Pyu de Birmanie centrale permettent de penser que c'est aussi à travers eux qu'ils ont d'abord connu la philosophie bouddhique.**

INSTALLATION EN BIRMANIE CENTRALE

Tous les Birmans ne se sont pas installés à Kyauksè-Myittha. **Quelques tribus ont poursuivi leur migration à travers les plaines centrales de l'Irrawaddy pour aller fonder d'autres foyers de peuplement.** Certaines auraient remonté vers le nord et se seraient installées dans les vallées du Mû (Shwébô), du Chindwin (Monywa) et dans la vallée de l'Irrawaddy, au nord de l'actuelle Mandalay, sur les terres alluviales situées entre le fleuve et le rebord du plateau shan (région de Taungbyon-Sagyin-Madaya). D'autres groupes ont franchi le fleuve dans la région de Magway-Minbou, traversé les collines Chin et occupé l'Arakan. **Dans cet État, qui se veut différent du reste de la Birmanie, on parle toujours « vieux birman »,** et de vieilles tribus birmanes qui ont maintenu leurs traditions, telles les Thet, subsistent. Les Arakanais prononcent toujours les « r » alors que l'usage de cette consonne a disparu ailleurs en Birmanie où il est remplacé par la consonne « ya ». Ceci permet d'illustrer l'évolution du nom de « Rangoun » – nom prononcé par les anciens Birmans et entendu ainsi par les premiers visiteurs étrangers – en « Yangon ».

Sur la route de l'Arakan, **les Birmans ont fondé leur second grand foyer de peuplement entre Minbou et Salin,** dans un autre district de la zone sèche appelé « les six villages ». Les conditions géographiques de cette région, particulièrement aride mais traversée par trois affluents torrentueux de l'Irrawaddy descendus de la chaîne de l'Arakan, les Salin, Mon et Man, sont identiques à celles de Kyauksè. Et là aussi **les Birmans se sont emparés du contrôle d'un système de canaux préexistants, utilisés pour optimiser la**

riziculture irriguée. Ces canaux avaient été créés par deux autres peuples installés dans cette zone avant les Birmans, et avec lesquels ils se sont mêlés : les Palaung (qui appartiennent à la famille linguistique môn-khmer et pour lesquels la région de Minbu représenterait l'avancée la plus occidentale), et les Sgaw Karen (les Karen des plaines qui constituent un groupe distinct à l'intérieur de la grande famille sino-tibétaine).

Dès le VIIIᵉ siècle, les Birmans s'installent peu à peu dans la région de Pagan. **Cette zone constitue le troisième grand foyer de peuplement des Birmans**, celui qui a véritablement donné naissance à la civilisation birmane. Mais ce territoire n'était pas inhabité. Des tribus proto-birmanes pyu, thet et sak vivaient sur le site depuis les débuts de l'ère chrétienne.

PYU ET BIRMANS DANS LA PLAINE DE PAGAN

En se mêlant progressivement aux Pyu, les Birmans ont appris de ces derniers les techniques de l'agriculture sèche, en particulier celles concernant la culture des millets-sorgho (*pyaung*), du sésame (*hnain*) et surtout des palmiers à sucre (*tanbin*) dont les techniques d'exploitation venaient d'Inde du Sud (cf. La vie économique, chap. IV). Auprès des bateliers môn et pyu, ils ont aussi appris à naviguer sur l'Irrawaddy. Ils sont ainsi peu à peu entrés en contact direct avec les royaumes indianisés des Môn et Pyu de basse-Birmanie (Srikshetra, Thaton). La maîtrise de la navigation fluviale et maritime leur a aussi permis de nouer des relations privilégiées avec les communautés indiennes qui vivaient dans les zones deltaïques, et de fréquenter les royaumes de Sri-Lanka et de l'Inde du Sud (cf. La cité impériale, chap. II ; et Les peuples de l'empire, chap. III).

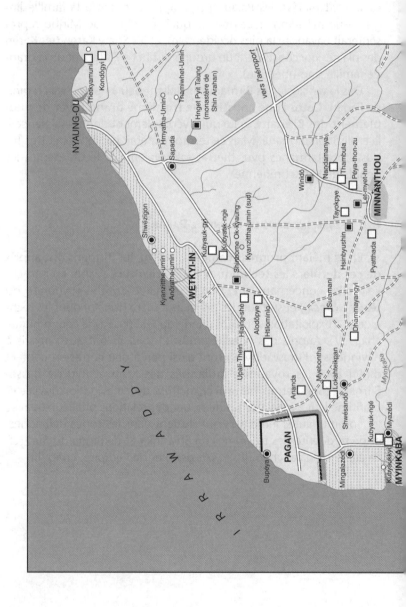

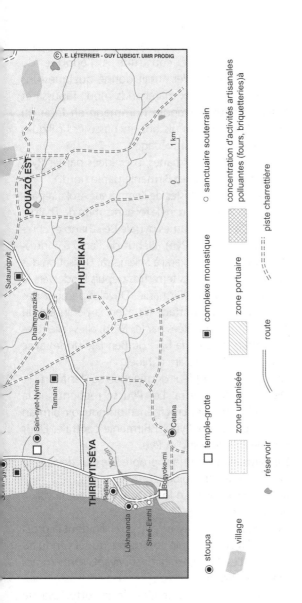

© E. LETERRIER - GUY LUBEIGT. UMR PRODIG

POUAZO EST

THUTEIKAN

Sutaungpyit

Dhammayaziká

Tamani

Sein-nyet-Nyima

THIRIPYITSÉYA

Yeosin

Cetana

Pettaik

Bogyoke-mi

Lokhananda

Shwé-Einthi

0   1 km

- ● stoupa
- village
- ◆ réservoir
- □ temple-grotte
- ▣ complexe monastique
- zone urbanisée
- route
- ○ sanctuaire souterrain
- concentration d'activités artisanales polluantes (fours, briquetteries)à
- zone portuaire
- piste charrettière

La plaine de Pagan au XIIIᵉ siècle

41

CHRONOLOGIE FONDAMENTALE

500 av. J.C.	Les Môn entrent en basse Birmanie par l'est.
	Selon les traditions môn et birmane, la pagode Shwédagon a été construite à l'époque du Bouddha. Ce dernier aurait donné quelques-uns de ses cheveux aux marchands môn, Tapussa et Ballika, venus lui rendre hommage en Inde du Nord. À leur retour, ils ont enchâssé ces reliques dans le stoupa de Shwédagon.
	Les tribus tibéto-birmanes, précédées par les Pyu, entrent peu à peu en Birmanie par le nord.
300 av. J.C.	Les moines bouddhistes de l'empereur Asoka répandent le bouddhisme dans le royaume môn de Thaton.
Débuts de l'ère tienne	Fondation des royaumes pyu de Beikthano et chré-Srikshetra (Prome/Pyé). Début de l'an 78 : introduction de l'ère Sakkaraj à Srikshetra. Utilisation des routes commerciales terrestres depuis l'Inde vers la Chine par la haute Birmanie. Développement des vieilles routes de portage à travers la péninsule du Tenasserim. Contrôlées par les Môn, elles relient les voies maritimes de la baie du Bengale (Inde) avec celles du golfe de Siam (Chine).
400	Les Pyu imposent leur domination sur les Môn.
600	Déclin de Srikshetra. Les Pyu se replient sur la Birmanie centrale. Émergence du pouvoir birman qui s'impose aux Pyu en Birmanie centrale. Essor du pouvoir môn sur les Pyu.
638	Les Birmans créent leur propre ère qui devient la base de leur chronologie.
800	Raids du royaume Lo-lo de Nan Chao sur la vallée de l'Irrawaddy.
832	Destruction du royaume pyu de Halin dont la prospérité s'appuyait sur le commerce du sel vendu au Yunnan. Les 3 000 habitants survivants sont emmenés en esclavage.
849	Construction des murailles de la forteresse de Pagan, dernière cité-État des Pyu, pendant le règne du roi Pyinbya. Elles remplacent une palissade de bois plus ancienne.

Vers 850	Construction présumée du stoupa-reliquaire en forme de bulbe de Bupéya à Pagan par les Pyu.
Vers 950	Construction présumée du stoupa-reliquaire en forme de bulbe de Ngakywénadaung, à l'intérieur de la forteresse royale. Entièrement recouvert de briques émaillées de couleur verte.

Début de l'Âge d'Or

1044	**Le pouvoir birman s'impose définitivement sur la Confédération des villages pyu de la plaine de Pagan.** Anôratha tue son demi-frère Sokkate avec une lance au cours d'un combat singulier à Myinkaba. Il devient roi de Pagan. Début de la dynastie du premier empire.
1057	**Conquête de Thaton par Anôratha. 30 000 habitants, avec leur corpus de connaissances, sont ramenés en esclavage à Pagan.** Les Môn de Pègou sont soumis. Les murailles de Srikshetra sont rasées, et les grands stoupas sont vidés de leurs reliques. **Anôratha devient le protecteur du culte des génies mais encourage le bouddhisme theravâda.** Dans son œuvre d'unification, il est aidé par Shin Arahan. Adoption de l'alphabet môn. Début de la construction du stoupa Shwésandô au sud-est de la cité royale.
1058	**Débuts de la construction des stoupas** Lôkhananda, Tu Yin, Tant Kyi et Shwézigon par Anôratha. **Développement du réseau d'irrigation** de la région de Kyauksè-Meikthila et de nombreux barrages-réservoirs. Installation de 43 garnisons dans les zones frontières, notamment sur les marges des plateaux shan et yunnanais. Voyages au Yunnan (Tali), en pays shan et à Chittagong. Soutient le roi de Ceylan, Vijayabâhu Ier, dans sa lutte contre les Cholas de Madras. Il lui envoie un bateau de guerre, un détachement de soldats et un éléphant blanc.

PAGAN

1077	**Anôratha, blessé par un buffle pendant une chasse, meurt à Myitchè. Son fils Sôlou lui succède.**
1083	Révolte des Môn de Pègou, dirigée par le gouverneur Nga Ramankan, contre la domination birmane. Une flotte môn remonte l'Irrawaddy jusqu'à Minhla, bat les Birmans, assiège Pagan et bloque les approvisionnements venus du nord. Nga Ramankan assassine Sôlou. Les Paganais se rallient à Kyanzittha. Des combats ont lieu à Myinkaba et près de Popa. Les môn se replient, et Nga Ramankan est tué dans sa barge royale.
1084	**Kyanzittha devient roi de Pagan et épouse une princesse môn pour sceller l'alliance entre Môn et Birmans.** Opérations contre les Arakanais révoltés. De nombreux esclaves indiens sont ramenés à Pagan.
1089	Kyanzittha inaugure le reliquaire-pagode de Shwézigon, inachevé par Anôratha, et dont il vient de terminer les travaux.
1090	Sur les conseils de 8 moines indiens chassés d'Inde par les conquérants musulmans, Kyanzittha lance la construction du temple Ananda, chef-d'œuvre de l'art birman, avec des architectes, artisans et artistes indiens.
De fin 1101 à fin avril 1102	Kyanzittha construit son nouveau palais près de la porte Sarabha à l'intérieur de la cité royale.
7 mars 1102	Levée des grands pilotis de la salle du trône selon des rituels brahmaniques, avec des hommages au culte pré-bouddhique des Nagas, et en présence de Shin Arahan et des 4 108 membres de sa secte theravâda.
1105	Achèvement des travaux de construction du temple Ananda.
1112	**Rédaction du premier texte littéraire en langue birmane : stèle de Myazédi.** Quadrilingue (pyu, môn, pâli et birman), il relate la donation au temple Kubyaukkyi de Myinkaba d'une statue en or du Bouddha et de trois villages d'esclaves offerts par le prince Râjakumâ, fils de Kyanzittha et de sa première femme, Thambula.

1113	Alaungsithou succède à son grand-père Kyanzittha. Il lance des expéditions militaires, voyage dans tout le pays, crée de nombreuses colonies d'esclaves installés sur des terres à mettre en valeur au nord de l'actuelle Mandalay.
1131	Construction du temple Shwégugyi en sept mois. Remise en état de nombreux canaux d'irrigation et de réservoirs dans la zone sèche. Voyages au Yunnan, à Ceylan, dans le Tenasserim et au sud jusqu'à Junk Ceylan (Phuket). Réforme du système des poids et mesures.
	Création de nombreuses pagodes nommées « Phaung-Dô-Ou ». Installation, autour du lac Inlè, d'une colonie de Tavoyan déportés après la réduction de leur révolte dans le Tenasserim. Ils sont chargés de faire barrage contre les incursions des Shan sur le territoire de la Birmanie centrale.
1143-1144	**Construction du temple Thatbyinnyou en deux ans. Renforcement des forts qui protègent l'empire.**
1161-1170 (?)	Dispute commerciale avec Ceylan. Les marchands paganais, qui ont le monopole de l'exportation des éléphants, augmentent trop les droits de douane. Les Ceylanais, qui ont besoin des animaux pour leur armée, sont mécontents. Ils lancent un raid sur le port de Pusim-Cosima dans le delta de l'Irrawaddy.
1163	Narathou assassine Alaungsithou, son frère Minshinzô qui devait lui succéder, sa première femme, son fils et son oncle. Pour s'emparer du trône royal, il épouse sa belle-mère, la princesse bengalie de Pataikkaya, et la tue à son tour.
1165 ou 1167	Construction du plus parfait des temples de Pagan, Dhammayangyi, pour expier ses crimes. Les finances royales sont épuisées.
1167	Assassinat de Narathou qui devient « le roi qui a été assassiné par les *Kalas* » (Indiens noirs). Deux versions : 1° Le roi de Pataikkaya envoie un commando-suicide de 8 gardes déguisés en brahmanes pour venger la mort de sa fille assassinée ; 2° Toujours mécontents, les Ceylanais ont lancé

45

une expédition de pillage contre Pagan. Une longue période de troubles s'ensuit. Interrègne mal éclairci.

1167-1170 ? Naratheinka (?) deviendrait roi et ne règnerait que trois ans.

1173 **Narapitisithou devient roi et règne pendant 37 ans.** Il crée le corps des gardes du palais et des garnisons permanentes aux frontières.

1180 Mission religieuse à Ceylan conduite par le primat birman (un moine môn) accompagné par le novice Chapata qui reviendra dix ans plus tard à Pagan pour y créér une nouvelle secte.

Reprise des relations commerciales, politiques et culturelles avec Ceylan qui entretient une colonie marchande à Cosima.

1181-1183 Construction du temple Sulamani. La langue birmane supplante définitivement le môn à la cour.

Construction du temple Gôdôpalin dans la cité royale. Construction de stoupas dans tout l'empire : Mokshobo, Sagaing, Myédu, Indein, Shwémôdô de Pusim-Cosima, Zétawin de Mergui.

1192 Chapata revient à Pagan avec quatre moines (dont le fils du roi khmer) appartenant à des peuples différents. Il fonde une nouvelle secte de rite cinghalais à Nyaung-Ou. Le roi fait construire à son intention une salle d'ordination flottante sur l'Irrawaddy. Il en résulte une série de schismes qui dureront jusqu'en 1475.

18 août 1211 **Zéyatheinka, le plus jeune des cinq fils de Narapatisithou, monte sur le trône, sous le nom de règne de Nadaungmya (celui qui a beaucoup de boucles d'oreilles).**

1211 Dernier des grands rois bâtisseurs de temples. Construction du temple Mahabodhi, dans la cité royale, et sur le modèle du temple Mahabodhi de Bodhgaya (Bihar). Fin des travaux de construction du temple Gôdôpalin, initiés par Narapitisithou.

1215 Les Shan fondent la principauté de Mogaung.

Nadaungmya constitue le Conseil royal (*Hluttô*) avec ses quatre frères et gouverne avec eux. Les revenus du royaume sont partagés entre eux en

	cinq parts égales. Gouvernement collégial de l'empire.
1218	Construction du grand temple Htilominlo.
1223	Les Shan fondent la principauté de Monhyin.
1229	Les Shan fondent le royaume Ahom de l'Assam.
1234	Nadaungmya décède à 60 ans. Son fils Kyaswa lui succède. Début du déclin de Pagan.
	Kyaswa, roi philosophe, se consacre uniquement aux études religieuses. Son fils, Uzanâ, s'occupe des affaires du royaume. Construction du temple Pyatthada. Kyaswa meurt à 57 ans.
1249 (?)-1254 (?)	**Uzanâ monte sur le trône.** Il se rend souvent dans sa résidence de Dallah pour y chasser les éléphants sauvages. **Au cours d'une chasse, il y meurt, piétiné par un éléphant. L'héritier désigné est son fils aîné, Thihathou.**
1254	Les ministres, emmenés par Yazathingan, évitent l'accession au pouvoir de Thihathou, réputé violent et cruel. Réunis à Dallah, ils soutiennent Narathihapati, fils cadet de Kyaswa, qui monte sur le trône. Dernier roi de l'âge d'or paganais. Le ministre Yazathingan est exilé à Dallah.
	Narathihapati épouse une concubine de son père, la reine Sô. Il mène une vie de luxe.
1253	Les Tartares de Koubilaï occupent le nord de la Chine et le Yunnan.
1260	Les Shan sont installés dans les plaines de Birmanie centrale, à Myinsaing.
1271	Les Mongols, qui viennent d'occuper le Nan Chao, vassal de Pagan depuis l'époque d'Anôratha, demandent tribut au « royaume de Mien » (Pagan), son suzerain. Narathihapati refuse de recevoir les ambassadeurs mongols.
3 mars 1273	Un envoyé mongol apporte une lettre de Koubilaï. Il ne respecte pas le protocole et refuse d'enlever ses chaussures pendant l'audience royale. Il est aussitôt exécuté avec les quatre membres de sa suite.
1277	Narathihapati lance une armée contre les chefferies shan de la frontière nord-est qui étaient devenues les vassales des Mongols. Koubilaï ordonne au gouverneur du Yunnan de chasser les Birmans. Les

	deux armées s'affrontent près du poste frontière de Ngasaunggyan. Marco Polo a fait le récit de la bataille. Les Birmans sont battus.
1280	Les Môn de Martaban déclarent leur indépendance.
3 et 9 décembre 1283	Chute des postes frontières birmans de Ngasaunggyan et Kaungsin.
Janvier 1284	Chute de Tagaung.
1284	Construction du temple Mingalazédi au sud de la cité royale.
1284	Se sentant menacé par la rapidité de l'avance mongole, **Narathihapati abandonne Pagan et se replie sur Cosima (Bassein), le port maritime de Pagan dans le delta.** Mais son départ est interprété comme une fuite. Le roi devient « celui qui a fui devant les Chinois ». Médiation réussie du moine Disapramuk auprès de Koubilaï à Pékin.
1285	Esen-Temûr, petit-fils de Koubilaï, assemble une armée de 20 000 hommes pour envahir la Birmanie.
1287	**Narathihapati quitte Cosima avec sa barge royale pour remonter vers Pagan. Il est assassiné par son fils, gouverneur de Prome, qui tue aussi son frère aîné.** Le dernier fils de Narathihapati, Kyôswa, se replie en pays môn. **Quand ils apprennent la mort du roi, les Mongols lancent leur armée sur Pagan. La ville est pillée, mais les habitants ont fui.**
1287	Les Môns recouvrent leur indépendance.
1289	Le dernier fils de Narathihapati revient à Pagan. Isolé, il doit s'appuyer sur trois frères, fils du chef shan de Myinsaing. Il les nomme vice-rois de Myinsaing, Mekkara et Pinlé.
1297	Kyôswa ne contrôle plus Kyauksè, l'ancien « grenier à riz » de l'empire, qui reste aux mains des Shan. Attiré à Myinsaing, Kyôswa est capturé et détrôné par les frères Shan. Les Mongols quittent Pagan où un jeune fils de Kyôswa, Sô Hnit, est placé sur le trône par la cour.
1298	Les Thaï-Shan, commandés par le chef de Myinsaing, entrent dans la ville qu'ils pillent à nouveau et incendient.

Fin de l'Âge d'Or

1299	Sô Hnit sollicite l'aide des Mongols. Les trois frères exécutent Kyôswa.
Janvier 1301	Une armée mongole vient assiéger Myinsaing. Les Shan lui paient un tribut pour s'en débarrasser. Mais les Mongols reconnaissent Sô Hnit comme roi de Birmanie.
1303	**Les Mongols se retirent définitivement de la Birmanie.**
1309	Thihathou, le plus jeune et le plus ambitieux des frères Shan, se couronne lui-même roi de Birmanie.
1312	Fondation du royaume de Pinya par les Shan.
1315	Fondation du royaume de Sagaing par les Shan.
1364	Chute des royaumes de Pinya et Sagaing. Fondation d'Ava par les Shan.
1368	Swasôkè devient roi d'Ava.
1385	Razadarit, roi de Pègou. Guerre entre Ava et Pègou.
1401	Minkhaung devient roi d'Ava.
1404	Arakan devient indépendant et puissant sous la tutelle de la dynastie de Mrohaung.
1422	Mort du roi Minkhaung.
1423	Mort du roi Razadarit.
1427	Établissement d'une dynastie birmane à Ava par Mohnyinthado.
1453	Shin Sôbou devient reine de Pègou.
1459	L'Arakan acquiert Chittagong.
1471	**Dhammazédi, roi de Pègou.**
1531	**Tabinshwehti devient roi de Toungou.** Création du second empire birman
1547	Tabinshwehti étend sa suzainereté sur le nord du Siam.
1551	**Mort de Tabinshwehti.** Éclatement de l'empire. Révolte des Môn. Bayinnaung devient roi.
1562	Bayinnaung conquiert Ayuthaya.
1565	Bayinnaung reconquiert Ayuthaya.
1587	Ayuthaya regagne son indépendance.
1594	L'armée d'Ayuthaya envahit Pègou mais est repoussée.

PAGAN

PAGAN

1599	Arakanais et Birmans de Toungou pillent Pègou. Comme prise de guerre, les Arakanais emportent à Mrohaung les dernières grandes statues géantes de la statuaire khmère en bronze. Celles-ci avaient été rapportées par le contingent môn à Pègou après la première prise d'Ayuthaya. Les Thaïs les avaient eux-mêmes pillées à Angkor en 1430. L'armée siamoise d'Ayuthaya envahit la Birmanie.
1600	Le portugais De Brito devient roi de Syriam.
1605	Anaukpetlun devient roi d'Ava.
1613	Anaukpetlun prend Syriam. De Brito agonise, empalé sur les remparts de la ville. L'empire birman est partiellement restauré.
1635	**Tharlun déplace la capitale de Pègou à Ava.**
1650	Le dernier empereur Ming de la Chine fuit les armées mandchoues et se réfugie en territoire birman.
1658	L'empereur chinois déchu est renvoyé au Yunnan où il est exécuté.
1666	Déclin de l'Arakan, après la perte de Chittagong.
1709	Les Anglais ouvrent un chantier naval à Syriam.
1729	Les Français ouvrent un chantier naval à Syriam.
1738	Les cavaliers de Manipur commencent des raids sur le royaume d'Ava.
1740	Rébellion en basse Birmanie.
1747	La rébellion devient une rébellion môn.
1750	Ambassade môn envoyée à Dupleix, vice-roi français en Inde. De Bruno, ambassadeur français, arrive à Syriam. Ambassade britannique à Pègou. Elle est reçue froidement par les Môn.
1752	**Les Môn conquièrent la haute Birmanie.** Alaungpaya, chef de Mokhsobo (Shwébo), se rebelle contre les Môn.
1753	N'ayant pas obtenu la permission des Môn pour s'établir à Negrais, les Anglais s'emparent du site par la force.
1756	Alaungpaya conquiert Syriam et exécute De Bruno.
1757	Alaungpaya conquiert Pègou et complète sa conquête de la Birmanie.
1758	Alaungpaya conquiert Manipur.

PAGAN

1759	Soupçonnant les Anglais de trahison, Alaungpaya détruit leur comptoir à Negrais.
1760	**Alaungpaya envahit le Siam.**
	Mort soudaine d'Alaungpaya. L'armée birmane se retire.
1763	**Hsinbyushin monte sur le trône.**
1766	Invasion birmane du Siam.
1767	**Les Birmans de Hsinbyushin s'emparent d'Ayuthaya et la pillent.** Une partie de la famille royale, ramenée avec les prisonniers de guerre, est installée à quelques kilomètres au nord d'Ava (ses descendants y vivent toujours). De nombreux artisans et artistes sont capturés. Mises au service de la nouvelle dynastie Konbaung, leurs connaissances techniques seront le ferment du renouveau et de l'éclat de la civilisation birmane.
1766 à 1769	Quatre invasions chinoises successives de la Birmanie sont repoussées au prix de lourdes pertes qui affaiblissent le royaume.
1769	Birmans et Chinois signent un traité de paix.
1770	Révolte des Manipuris, matée par les Birmans.
1776	Les Birmans envahissent le Siam pour supprimer les révoltes. Mort de Hsinbyushin. Évacuation du Siam qui recouvre son indépendance.
1782	Intrigues et luttes pour le contrôle d'Ava. Bodôpaya (Badon) monte sur le trône.
1784	**Conquête de l'Arakan et pillage de sa capitale, Mrohaung.**
1785	Les Birmans envahissent le Siam et sont repoussés.
1794	Insurrections en Arakan.
1795	Première ambassade de Symes à la cour d'Ava.
1802	Seconde ambassade de Symes à la cour d'Ava.
1811	Chinbyan, Arakanais réfugié en territoire anglais, envahit l'Arakan.
1813	Les Birmans reprennent le contrôle du Manipur.
1817	Les Birmans installent leur candidat sur le trône d'Assam.
1819	**Bagyidô monte sur le trône.**
1824	Première guerre anglo-birmane.
1826	**Traité de Yandabo et perte des provinces maritimes.**

1830	Henry Burney devient le premier résident anglais à Ava.
1852	**Seconde guerre anglo-birmane et perte de la province de Pègou.**
1853	Mindon monte sur le trône.
1866	Rébellion du prince Myingun.
1870	Première ambassade birmane en Grande-Bretagne et Europe.
1872	Cinquième grand synode du bouddhisme à Mandalay.
1875	Le résident britannique à Mandalay refuse de se déchausser devant le roi.
1878	**Thibô monte sur le trône.**
1883	Ambassade birmane de Kinwun Mingyi U Gaung en France.
1885	Août. Le Conseil birman (*Hluttô*) condamne la Bombay Burma Trading Corporation, qui a le soutien des affairistes britanniques de Rangoun. Troisième guerre anglo-birmane. Le 28 novembre, les Anglais entrent à Mandalay.
1886	**Le 1er janvier, la Birmanie est annexée et devient une colonie britannique.** En février, la Birmanie devient une province de l'Inde.
1886 à 1900	Guérilla nationaliste contre les Britanniques.
1920	Grève des étudiants de l'université de Rangoun.
1921	Les réformes de la dyarchie.
1930 à 1932	Rébellions paysannes dirigées par Séya San.
1933	Proposition anglaise pour séparer la Birmanie et l'Inde.
1934	Le mouvement des Thakins se développe.
1936	Seconde grève des étudiants de l'université de Rangoun.
1937	**La Birmanie est séparée de l'Inde.**
1942 à 1945	La Birmanie sous l'occupation japonaise.
8-12 février 1947	**Accords de Panglong** entre les nationalités pour créér un État indépendant.
19 juillet 1947	**Assassinat du général Aung San** et de ses ministres.
4 janvier 1948	**Naissance de l'Union de Birmanie indépendante.** L'Union quitte le Commonwealth britannique.
1948-1962	Régime parlementaire. Nu, Ba Swé, Kyaw Nyein.

2 mars 1962 **Coup d'État du général Ne Win.** Le premier ministre Nu est emprisonné avec tous les démocrates. Instauration du régime de « la voie birmane vers le socialisme ».

Mars-sept. 1988 Révolte populaire contre le régime socialiste.

25 juillet 1988 Démission du président Ne Win. Sein Lwin lui succède.

8 août 1988 Manifestations à Rangoun et Sagaing. Répression sanglante. Sein Lwin y gagne le sobriquet de « boucher de Rangoun ». Maung Maung lui succède.

15 sept. 1988 Auto-dissolution du parti socialiste (Lanzin).

18 sept. 1988 Coup d'État du général Sô Maung. Mise en place d'une « économie de marché ».

Septembre 1988 Fondation de la Ligue nationale pour la démocratie (Aung San Suu Kyi, Tin Ou et Aung Gyi).

Janvier-mai 1989 Aung San Suu Kyi visite les principales provinces du pays.

19 juillet 1989 Aung San Suu Kyi est placée en résidence surveillée.

27 mai 1990 **Tenue d'élections démocratiques.** Le régime refuse de reconnaître les résultats favorables aux démocrates (392 sièges sur 488. Le reste va aux partis des minorités ethniques.

28 mai 1990 Les habitants de la ville ancienne de Pagan sont expulsés de la terre de leurs ancêtres.

Août-oct. 1990 **Les moines de Mandalay lancent un mouvement de boycott contre les militaires.**

Décembre 1991 Aung San Suu Kyi reçoit le prix Nobel de la paix.

Janvier 1993 Première réunion de la Convention nationale (700 membres dont 80 députés élus en 1990).

10 juillet 1995 Aung San Suu Kyi est libérée.

1997 Novembre. La junte devient « Conseil d'État pour la paix et le développement » (SPDC).

Septembre 2000 Aung San Suu Kyi est placée en résidence surveillée pour la seconde fois.

6 mai 2002 Aung San Suu Kyi est libérée.

30 mai 2003 **Aung San Suu Kyi et ses adjoints tombent à Dipayin dans une embuscade fomentée par l'Association pour la solidarité et le développement de l'Union (USDA). Aung San Suu Kyi est placée en résidence surveillée** pour la troisième fois. Son adjoint Tin Oo est emprisonné.

PAGAN

53

Août 2003	Le général Khin Nyunt, premier secrétaire de la junte, devient premier ministre.
Mai 2004	La Convention nationale reprend ses réunions.
18 octobre 2004	Khin Nyunt, accusé de corruption, est limogé. Aung San Suu Kyi reste en résidence surveillée.
2005	Fondation de la nouvelle capitale, Nay Pyi Taw.
2008	La nouvelle constitution est adoptée, après le cyclone Nargis qui fait 150 000 morts.
2009	Élections générales. Aung San Suu Kyi est libérée une semaine après les élections.
2010	La junte s'auto-dissout et les généraux quittent leurs postes sans vraiment quitter le pouvoir. Mise en place du nouveau parlement.
31 mars 2011	Le gouvernement « presque civil » de l'ex-général Thein Sein prend ses fonctions. En août, il invite Aung San Suu Kyi à se présenter aux élections partielles de 2012. La LND est réintégrée dans le jeu politique pour aider à la levée des sanctions économiques internationales.
1er avril 2012	Aung San Suu Kyi est élue et la LND remporte 43 sièges sur 44.
2013	Violences intra-communautaires, encouragées en sous-main par des éléments « inconnus », entre bouddhistes et musulmans. Offensives incessantes de l'armée dans les états Kachin et Shan, malgré des pourparlers de cessez-le-feu. Le régime, qui a obtenu la levée des sanctions, cherche à retarder et limiter un éventuel changement de constitution avant les élections générales de 2015 qui pourraient aboutir à la victoire d'Aung San Suu Kyi et des démocrates.
1er octobre 2013	Selon Aung San Suu Kyi, « actuellement, la situation économique de la Birmanie n'est pas bonne ».

LA DYNASTIE DE PAGAN

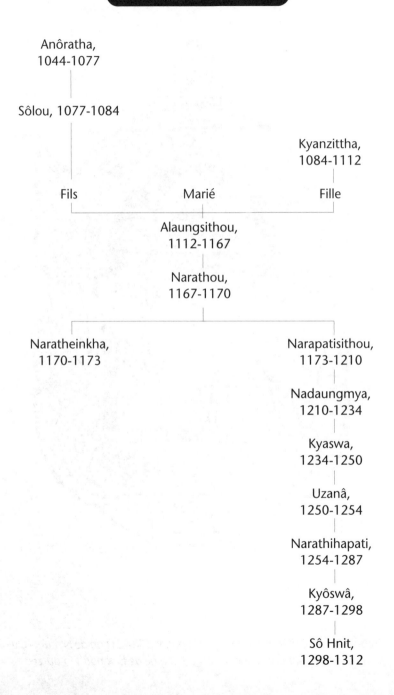

Anôratha,
1044-1077

Sôlou, 1077-1084

Kyanzittha,
1084-1112

Fils — Marié — Fille

Alaungsithou,
1112-1167

Narathou,
1167-1170

Naratheinkha,
1170-1173

Narapatisithou,
1173-1210

Nadaungmya,
1210-1234

Kyaswa,
1234-1250

Uzanâ,
1250-1254

Narathihapati,
1254-1287

Kyôswâ,
1287-1298

Sô Hnit,
1298-1312

PAGAN

*Sceau du comité d'Administration de la pagode Shwézigon de Nyaung-Ou.
Il représente l'éléphant blanc qui est à l'origine de la fondation du zédi.*

II

LA VILLE ROYALE ET SON EMPIRE

Au regard de l'Histoire, les origines de la cité de Pagan et de ses premiers habitants nous sont encore inconnues. Mais il existe de nombreux mythes qui, répandus par les Chroniques et les légendes associées à la fondation de toutes les grandes pagodes, puis relayés par les moines, sont perçus par les fidèles comme des réalités. Pagan, petite cité pyu installée sur la berge orientale de l'Irrawaddy, occupait un site stratégique qui permettait à ses résidents de contrôler la circulation des hommes et des marchandises sur le fleuve. Cette position, renforcée au fil des siècles par la connaissance de cette voie d'eau et de ses tributaires, ainsi que par la maîtrise des techniques spécifiques de la navigation fluviale, a permis aux Paganais et à leurs rois de s'enrichir considérablement. L'agglomération a ren-

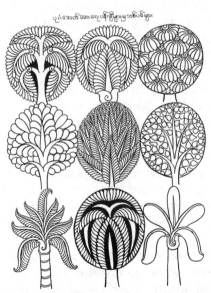

Arbres et palmiers dans les peintures murales de Pagan

forcé ses relations commerciales avec les autres royaumes du Sud-Est asiatique, développé sur ses rives une série de zones portuaires spécialisées, et placé une ligne de garnisons chargées de surveiller les approches fluviales de la cité. La construction de la forteresse par les Pyu illustre la position dominante qu'elle avait déjà acquise sur le fleuve dans les premiers siècles de l'ère chrétienne. À partir d'Anôratha, fondateur du premier empire birman, les rois conquérants se lancent dans une politique systématique d'unification de leur empire. Ils affirment leur puissance en construisant une succession ininterrompue de monuments destinés à prouver leur foi bouddhique et leur prééminence sur les autres souverains. Pendant les quelque trois siècles de l'âge d'or (Xe-XIIIe siècles), Pagan va rayonner sur le monde indochinois. Sa réputation de ferveur religieuse, la splendeur de ses monuments et la richesse de ses rois se répandirent jusqu'en Chine et, grâce à Marco Polo, jusqu'en Europe.

« LE PAYS TORRIDE »

Bien que située dans la zone tropicale de l'hémisphère nord, la région de Pagan n'a jamais été une zone boisée dotée d'une végétation luxuriante, comme le veut un mythe encore largement répandu. La cité a été créée et s'est développée au cœur de la zone sèche de Birmanie centrale (phénomène climatique unique en Asie du Sud-Est continentale), sur les rives du fleuve Irrawaddy. La végétation naturelle de cette zone est composée d'espèces spécifiques adaptées à la sécheresse, et de très nombreux palmiers (Corypha umbraculifera, Borassus flabellifer, Areca Catechu).

Un texte d'origine môn, rédigé en pâli en 1283, quelques années avant la chute du royaume de Pagan, désigne la Birmanie centrale comme la « terre du cuivre » (*Tambradipa*), et la région où se trouve la cité comme « le pays torride » (*Tattadesa*). Mais ce mot n'apparaît qu'une seule fois dans les textes qui nous sont connus. **En fait la région de Pagan n'était perçue comme « torride » que par les Môn,** car ils vivaient essentiellement dans les zones humides de basse Birmanie ou dans les zones irriguées de la région de Kyauksè. **Les Birmans, qui résidaient au cœur de la zone sèche, n'avaient aucune raison de qualifier leur pays de « torride »,** puisqu'ils étaient adaptés à son climat. Les caractères chauds et arides de la région de Pagan, même s'ils sont indéniables (pendant

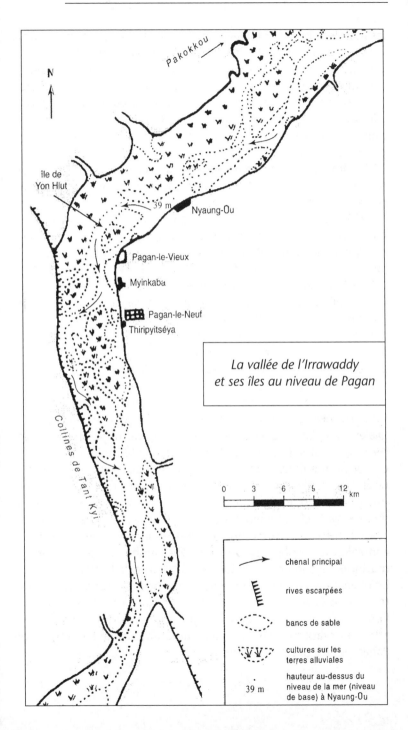

Pakokkou

N

île de
Yon Hlut

39 m
Nyaung-Ou

Pagan-le-Vieux

Myinkaba

Pagan-le-Neuf
Thiripyitséya

*La vallée de l'Irrawaddy
et ses îles au niveau de Pagan*

Collines de Tant Kyi

0   3   6   9   12 km

chenal principal

rives escarpées

bancs de sable

cultures sur les
terres alluviales

39 m   hauteur au-dessus du
niveau de la mer (niveau
de base) à Nyaung-Ou

PAGAN

les mois les plus chauds – avril, mai, juin – les températures diurnes oscillent entre 35 et 45 °C), ne sont perçus comme tels que par ceux qui viennent de l'extérieur et non pas par ceux qui y vivent. De nos jours encore, **les habitants de la Birmanie centrale ne perçoivent pas leur pays comme « torride ». Au contraire, le facteur climatique dont ils se plaignent, c'est le « froid » des nuits hivernales** (une dizaine de degrés centigrades, seulement quelques nuits par an, en janvier).

Les fouilles du site archéologique de Letpanchibô, dans lequel ont été effectués **des prélèvements palynologiques, ont démontré que le climat de la zone n'avait pas changé depuis au moins 10 000 ans.** La flore est restée la même : une savane boisée caractérisée par des peuplements de cactacées géantes caractéristiques (*Euphorbia antiquorum*) et d'épineux (notamment des arbres de la famille des acacias) adaptés à la sécheresse. Le régime des pluies (450 à 950 mm répartis entre juin et octobre), qui interdit une culture régulière du paddy sans irrigation, n'a pas non plus été affecté par une quelconque déforestation intensive qui aurait modifié le climat. Pendant la période de Pagan, le paddy cultivé en zone sèche sous régime pluvial (avec seulement l'eau des pluies) conduisait à la perte de la récolte deux années sur trois. C'est pourquoi, installés loin des zones irriguées qui constituaient une des richesses de l'empire (Kyauksè, Taungbyon, vallée du fleuve Mu, Yézagyo, Taungdwingyi et Minbou), les habitants de la plaine de Pagan cultivaient des plantes qui ne nécessitaient aucune irrigation (sésame et sorgho). C'est la raison pour laquelle tout le territoire « sec » de la cité ancienne était doté, comme en Inde du Sud, de nombreux réservoirs (tanks) destinés à l'alimentation des hommes, des animaux et à l'arrosage de quelques potagers (notamment au pied du mont Tuyin) (cf. L'alimentation, chap. VIII ; et La vie économique, chap. IV). **La sécheresse qui caractérise le climat de la Birmanie centrale est simplement due à un phénomène de péjoration climatique** : la barrière constituée par la chaîne de l'Arakan empêche les pluies venues de l'océan Indien de se déverser sur la région centrale. Mais la sécheresse de la Birmanie centrale est atténuée par l'Irrawaddy qui la traverse. Les berges et les îles fertiles du fleuve ont attiré les établissement humains, notamment dans la région de Pagan depuis des millénaires.

LES ORIGINES LÉGENDAIRES

Selon la mythologie, Pagan aurait été fondée par le roi pyu Thamôdarit. La légende du prince Pyusôthi, né d'un œuf consacrant l'union d'un roi de la dynastie du Soleil avec une princesse naga, rappelle que la capitale du premier empire birman possède, comme la capitale môn de Pègou, un mythe fondateur lié aux oiseaux. Ce mythe recèle deux symboles sous-jacents : le premier est lié à la création et au peuplement originel du site, donc à des croyances pré-bouddhiques parmi lesquelles on peut déceler l'existence d'un culte du serpent (le naga), tandis que le second se rattache à sa bouddhisation. Les légendes contenues dans diverses chroniques font allusion à la fondation du royaume, et toutes sont liées aux oiseaux et aux serpents.

LE HÉROS-FONDATEUR NAÎT DANS UN ŒUF

Les traditions populaires rapportent que, **à l'époque de sa fondation légendaire, la région de Pagan était dominée par cinq grands ennemis des hommes :** la gourde (à cause de ses racines tentaculaires au niveau du sol), le tigre, l'ours, l'écureuil-volant et un oiseau géant nommé Htihlaingga. Selon la légende, ces créatures ont été vaincues par le héros *Pyusôthi*, « dont le père était le prince du Soleil et la mère une princesse *naga* ». Ce personnage prédestiné illustrait ainsi symboliquement l'union du ciel et de la terre.

Une chronique relate qu'une femelle *naga,* qui était la petite-fille du roi des *Nagas,* se rendit dans le monde des hommes afin d'y pratiquer les devoirs de la vertu. Alors qu'elle vivait près du mont Mali, elle eut des rapports avec le prince du Soleil et tomba enceinte. Le prince du Soleil l'abandonna, mais, quand elle fut sur le point d'accoucher, elle lui fit annoncer la nouvelle par un messager qui était un corbeau blanc. Ce dernier avait pour mission de revenir seulement quand le prince lui aurait remis un rubis emballé dans une feuille. Sur le chemin du retour, le corbeau survola un groupe de marchands et de capitaines de navires qui prenaient leur repas. La nature du corbeau étant ce qu'elle est, le messager-corbeau ne pensa plus qu'à chiper quelques morceaux de nourriture et, pour ce faire, abandonna le paquet du rubis dans la fourche d'un arbre. Pendant qu'il s'emparait de la nourriture, les marchands découvrirent le rubis, s'en saisirent, et le remplacèrent par un paquet de bouse sèche. Quand il fut rassasié, le corbeau reprit le paquet et le rapporta à la *Naga*. En découvrant la bouse sèche, la *Naga* pensa que le prince l'avait définitivement reniée. Elle pondit tristement trois œufs : un blanc, un noir et un marron. Elle les cacha dans une caverne de la montagne puis retourna au pays des *Nagas*. Peu après, les génies poussèrent un chasseur vers l'endroit où se trouvaient les trois œufs. Le chasseur s'en empara et les emporta joyeusement, mais, tandis qu'il traversait un torrent grossi par des pluies torrentielles, les œufs lui échappèrent. **On peut voir cette légende illustrée sur une série de tableaux qui ornent le pavillon situé à l'entrée de la pagode Hgnet pyit taung.**

Dans les chroniques, plusieurs versions racontent le cheminement de ces œufs sur les flots et leur arrivée dans diverses régions du pays. **Celui qui descendit l'Irrawaddy était blanc et finit par s'échouer à Nyaung-Ou, où il fut découvert par un vieux couple de Pyu qui vivaient près de là.** Le couple montra l'œuf à un ermite qui, installé au pied du mont Tu Yin, se livrait à des exercices de méditation. En voyant l'œuf, le saint ermite s'écria : « Cet œuf n'est pas un œuf ordinaire, c'est l'œuf d'un haut personnage. Celui qui en sortira portera tous les signes de la royauté, avec la gloire et la sagesse. Il vaincra tous ses ennemis sur la surface de la terre et encouragera la religion du seigneur Bouddha... »

PYUSÔTHI ÉLIMINE L'OGRE VOLANT

Une chronique rapporte que **Pyusôthi avait été élevé dans la région de Tagaung (où aurait été fondé le premier royaume birman)** par un ermite maître archer qui avait reconnu en lui, grâce à son apparence et à sa stature, tous les signes de la royauté. « Ce jeune est de sang royal... sans aucun doute il deviendra roi dans le bas pays. » Pour cette raison, son nom, Sôthi, fut changé en Minhti (*min* = roi, en birman), et l'ermite lui enseigna les secrets du tir à l'arc ainsi que « les 18 arts qu'un roi doit connaître ». À l'âge de seize ans, Minhti exprima le souhait de se rendre à Pagan. Avant son départ, l'ermite lui offrit un arc et des flèches richement incrustés de pierres précieuses. Mais cet arc n'était pas de fabrication humaine, c'était l'œuvre magique du dieu Sakka. À Pagan, Minthi fut adopté par un vieux couple pyu sans enfant, d'où le nom de **Pyuminhti** ou encore **Pyusôthi** par lequel on le désigne généralement.

Un jour, voulant essayer l'arc et les flèches qu'il avait apportés, il décida de partir dans la forêt et en demanda la permission à ses parents adoptifs. Soucieux de sa sécurité, ils tentèrent de l'en dissuader : « Cher fils, au nord de ce pays il y a un écureuil-volant suivi par 500 de ses congénères ; à l'est il y a un grand sanglier suivi par 500 de ses congénères ; au sud il y a un grand tigre suivi par 500 de ses congénères ; et à l'ouest il y a un grand oiseau suivi par 500 de ses congénères. Cher fils, même le roi, bien qu'il soit le seigneur de ce pays, ne peut se débarrasser de ces ennemis : chaque jour il doit offrir au grand sanglier soixante paniers de riz, neuf charrettes de citrouilles et neuf charrettes de son. Quant au grand oiseau, il doit lui donner sept vierges une fois par semaine, car il mange une vierge par jour. Et cela fait maintenant douze ans que ces étranges et épouvantables ennemis oppriment le pays. »

Sûr de lui, Pyusôthi se mit à la recherche des tanières de ces créatures. Grâce à son arc magique, il transperça aisément l'écureuil, le tigre et le sanglier, puis il se dirigea vers l'ouest. En chemin il rencontra celui qui avait la charge de nourrir **Htihlaingga**, et qui justement lui apportait, dans un char à bœufs, les sept vierges destinées à sa nourriture hebdomadaire. Le prince décida de prendre la place du charretier et, devant cette aide inespérée, les sept jeunes filles retrouvèrent l'espoir. Peu après **l'ogre-oiseau** sortit de sa cachette et, découvrant la présence du prince, entreprit de lui prouver sa force et son pouvoir de diverses manières. Mais **le prince** ne se laissa nullement impressionner, provoqua Htihlaingga en l'invectivant de toute la puissance de ses poumons, et finalement **réussit à l'abattre avec une flèche magique barbelée par la foudre de Sakka (le dieu Indra)**.

Après avoir vaincu l'ogre volant, Pyusôthi arracha une plume du cadavre et commanda aux sept vierges de la mettre sur leur tête, ce qui fut une tâche particulièrement ardue. Il les renvoya ensuite en leur disant : « Allez, et portez cette plume à votre roi ! » Les jeunes femmes s'en allèrent avec la plume, mais celle-ci était si lourde qu'elles s'épuisèrent rapidement et, incapables d'avancer, l'abandonnèrent sur le chemin. Depuis cette époque, le lieu où s'est produit cet évènement porte le nom de *Hngettaungpyit* (« l'endroit où la plume de l'oiseau fut jetée »), tandis que **le site où le grand oiseau avait été tué s'appelle** *Hngetpyittaung* (« la colline où l'oiseau a été abattu »). En arrivant au palais, les sept vierges s'écrièrent devant le roi : « L'ogre volant est mort, percé par un jeune homme. » Le roi, qui avait été obligé de nourrir ses ennemis pendant douze ans, fut ravi d'apprendre la nouvelle et se rendit aussitôt avec toute son armée à l'endroit où se tenait le prince. Chacun put voir que la dépouille de l'oiseau constituait à elle seule une petite montagne. Le roi, impressionné, lui demanda : « À quelle race appartenez-vous donc, jeune seigneur, pour avoir percé des ennemis si puissants ? Avec quelle arme les avez-vous abattus ? » Quand le prince lui eut raconté la vérité, le roi déclara : « Vous avez vraiment la gloire, la puissance et la sagesse de ceux qui sont nés de la race du Soleil ! » Et, pour le récompenser (on n'est jamais trop prudent), il lui offrit sa fille en mariage et en fit son héritier. La prédiction de l'ermite fut ainsi accomplie. La tradition rapporte encore que, au cours des douze années du règne de Thamôdarit pendant lesquelles les calamités terrorisèrent la population de Pagan, le nombre total des vierges offertes à l'ogre volant s'éleva à 4 320 (cf. Le rôle du bouddhisme, chap. VI).

LA CONFÉDÉRATION DE PAGAN

L'agglomération paganaise, berceau de la civilisation birmane, a pris naissance et s'est développée au cœur de la zone sèche. La *Grande chronique* d'U Kala, rédigée entre 1714 et 1733, donne la liste de dix-neuf villages pyu dont la confédération, en 107 av. J.C., serait à l'origine de la création de l'agglomération de Pagan et de sa forteresse qui allait devenir le centre politique du royaume (cf. La création de la forteresse royale, rubrique suivante). Les chroniques précisent que, en 849, la confédération fut placée sous l'autorité de Pyinbya (846-878 ?), le chef du village d'Anurada, qui devint un *mingyi* (« grand roi ») Mais la chronique qui a servi de base à cet ouvrage n'est pas antérieure à 1520. Avant cette date, on reste dans le domaine de la légende. Quoi qu'il en soit, la liste des villages pyu de la région de Pagan, fournie par U Kala dans la *Grande chronique* (*Mahâ Yazawingyi*), a été reprise en 1829 par *La chronique du palais des miroirs* (*Hman nan Yazawin*). Ce texte, traduit en anglais en 1926 par Gordon Luce et Pe Maung Tin, sert toujours de référence pour l'étude de l'histoire de Pagan.

Ces villages sont : **Nyaung-U, Nagabo, Nagakyit, Magyigyi, Tuti, Kyaussaga, Kokkethein, Nyaungwun, Anurada, Tazaunggun, Ywamon, Kyinlo, Kokko, Taungba, Myegedwin, Tharekya, Onmya, Yonhlut** et **Ywasaik.** Certains de ces villages ont disparu tandis que d'autres ont changé plusieurs fois de place et de nom au cours des siècles. Mais des briques de la période pyu, portant des marques de doigts caractéristiques, ont été retrouvées dans la plupart de ces sites. Ces marques servaient aux potiers pour comptabiliser leur production.

L'inclusion de ces dix-neuf villages dans la liste énumérée par les chroniques, elles-mêmes sujettes à caution, n'implique aucune certitude quant à leur réalité historique. **Dans ce domaine, comme tout ce qui touche à l'histoire de Pagan, la mythologie et les faits historiques sont inextricablement mêlés.** C'est ce qui fait dire aux historiens birmans que « lorsqu'on enseigne l'histoire de Pagan, il faut avoir une baguette à la main pour lutter avec ses détracteurs ».

LES VILLAGES PYU DE LA PLAINE DE PAGAN

La localisation précise des agglomérations pyu mentionnées comme étant situées dans la plaine de Pagan pose quelques problèmes (voir carte p. 40-41). Certaines étaient à l'évidence des petits ports fluviaux situés dans des échancrures du plateau de Pagan. **Nyaung-Ou** (« le premier banyan ») est la seule agglomération à avoir conservé son nom archaïque. **Anuruda**, l'actuelle Myinkaba (située à un kilomètre au sud de la cité royale), a été identifiée par certaines chroniques comme étant le site originel de Pagan. La géographie physique (une zone déprimée draînée par la rivière Myinkaba qui ne coule que quelques jours par an) et culturelle des lieux rend cette affirmation plausible. Tout semble indiquer qu'il s'agissait autrefois d'un port fluvial (cf. La cité-forteresse, chap. II). Il en va de même pour le village de **Kyaussaga**, qui était situé sur la rive sud de la rivière Yéozin, au sud-est de l'actuel Pagan-le-Neuf (le village créé ex nihilo par les autorités après la délocalisation forcée des habitants de la ville ancienne en mai 1990), et à l'est du village de Thiripyitséya. Pendant la période pyu, la pagode Lôkhananda (construite par le roi Anôratha en 1058 ; cf. L'épanouissement de la culture bouddhique, chap. VI) n'existait pas encore, mais on peut imaginer que le site (un îlot rocheux situé à l'embouchure du Yéosin) constituait un excellent poste d'observation pour surveiller la navigation sur le Yéosin et contrôler les bateaux qui remontaient l'Irrawaddy vers les zones portuaires de Anuruda et Nyaung-Ou.

Ces zones se situaient à l'intérieur des terres. **Nagabo**, qui a changé neuf fois de nom, se serait trouvé entre l'actuel Taungbi et la future forteresse. **Ywasaik**, l'actuel Pouazô (dont le nom fut aussi celui d'une reine du premier empire), fut un temps nommé Tampawaddy. Le vieux village, qui s'est scindé en deux (est et ouest), aurait été situé au nord du grand stoupa Dhammayazikâ. **Kyinlo** est placé à l'est de la route Pagan-Chauk, près des collines de Tuyin et au nord du village de Kyaukkan. Ce village, qui possédait des fourneaux pour la fonte du minerai de fer, était peut-être spécialisé dans la forge. Or les collines de Tuyin, aujourd'hui déboisées, pouvaient alors fournir tout le bois de feu nécessaire aux opérations. **Taungba** (« le lieu au pied de la montagne ») était situé au pied nord-est de la colline de Tuyin. Le site, daté au radiocarbone, a révélé des activités de poterie entre 1300-1450, ce qui prouve que la chute de Pagan (1287) n'a pas marqué l'abandon de la plaine de Pagan par les habitants de l'âge d'or (cf. Un artisanat développé, chap. IV).

Le village de **Yonhlut**, situé lui aussi à l'est de la route Pagan-Kyaukpadaung, au sud de Taungba, n'a rien à voir avec l'île (*kyun*) qui porte ce nom dans le fleuve au sud de la cité. En 1905, les archéologues de Pagan ont érigé à Yonhlut un pilier commémoratif en maçonnerie pour marquer ce supposé lieu d'origine de la dynastie de Pagan, où aurait existé un palais. Les fouilles effectuées en 1999 ont mis au jour une grande structure (60 m^2) de briques crues dont ni l'âge ni l'utilisation (ce n'était ni un temple, ni un monastère) n'ont pu être définis, et des grands clous en fer. Aucune de ces briques, de tailles plutôt similaires à celles utilisées à Pagan, ne portait de marques pouvant être attribuées aux Pyu. Mais la zone est jonchée de tessons de poteries qui prouvent que les potiers étaient très actifs dans les environs pendant l'âge d'or. Ils semblent avoir été spécialisés dans la production de tuiles (que l'on n'a pas retrouvées à Pagan) et de récipients destinés à des usages rituels, mais certains auraient pu servir aussi à recueillir la sève des palmiers à sucre dont les plantations sont particulièrement denses dans la zone. Selon la tradition locale, une poignée de terre ramassée sur les lieux doit être dispersée sur les chantiers de toutes les nouvelles constructions de la région. Ce rituel est toujours en usage, ce qui ne veut pas dire pour autant que son origine soit pyu !

Situé à l'est de Taungba, le petit village de **Myegedwin**, que les légendes locales présentent comme lieu de naissance du roi Thamôdarit, n'a fourni aucune preuve de son existence avant la création de Pagan. Les fouilles ont seulement prouvé que le site pro-

PAGAN

duisait des céramiques (pipes, pots et tuiles) dans des fours installés dans les champs. Dans un village proche, Zi-O, ont fonctionné une centaine de fonderies de minerai de fer dont l'âge reste indéterminé. Toutes ces activités artisanales et métallurgiques n'appartiennent pas à la même période, mais elles prouvent que les Paganais, qui ont toujours été autosuffisants en produits utilitaires, possédaient aussi des traditions commerciales, des capacités et des niches de production pouvant satisfaire les marchés d'exportation. Un village de la zone fournit encore quotidiennement des poteries au marché de Nyaung-Ou.

Les fouilles du site de **Kokko**, où les légendes placent le lieu de naissance de l'un des rois pyu, ont seulement permis de reconnaître une butte de tessons, haute de deux mètres, qui a livré des débris attribués aux périodes de Pagan et Ava. Dans les environs, plusieurs monuments en ruine possèdent des reliquaires formés avec des plaques de grès dressées, ce qui permet de les attribuer à la période médiévale. Le village de **Tuti**, installé dans une cluse qui perce les collines de Tuyin d'est en ouest, a changé plusieurs fois de nom. Mais les preuves d'une activité ancienne (mais non datée) de production de céramique jonchent les champs voisins. Des fonderies ou des fours artisanaux fonctionnaient aussi aux alentours. Les habitants disent parfois mettre au jour des objets anciens en bronze (bols avec des couvercles). Or la Birmanie centrale était connue des Môn comme « le pays du cuivre » (*tambradipa*), et les Paganais possédaient une véritable tradition du travail du bronze, peut-être héritée des artisans métallurgistes pyu, comme en témoignent les magnifiques bouddhas réalisés dans ce métal pendant la période médiévale. La localisation des fours où ces œuvres étaient fabriquées nous est encore inconnue, mais rien n'indique que leur existence était permanente. Certains, comme cela se fait encore, pouvaient être construits pour une seule coulée et la création d'une seule pièce. **Nyaungwun**, autrefois nommé aussi « le banyan » (*Nyaung-bin*), avait de même des fonderies, non datées, comme il s'en trouvait dans de nombreux endroits du territoire de Pagan.

Le village de **Ywamon**, qui a changé six fois de nom, se trouve sur la rive de l'Irrawaddy, au nord de Letpanchibô, actuel port fluvial situé à une vingtaine de kilomètres de Pagan. En 1978, les fouilles du Département archéologique ont montré que **le site, comme de nombreux sites similaires des bords du fleuve, avait été occupé en permanence, et successivement, par des populations néolithiques, de l'âge du bronze, de l'âge du fer (associé** aux Pyu), et des périodes de Pagan, Ava et Konbaung (la dernière dynastie). Les pièces découvertes comprennent notamment : tessons de poteries, ustensiles domestiques, armes en pierre et en bronze, perles, tampons d'oreille et colliers de pierres.

Enfin les *Chroniques* se contredisent pour savoir lequel des villages de **Onmya** (qui a changé six fois de nom) ou **Singou** (entre Pagan et Chauk) doit figurer sur la liste des dix-neuf villages pyu. Pour sa part, **Magyigyi** aurait disparu dans le fleuve avec le tiers manquant de la cité médiévale. **Tazaunggun** (que l'on peut traduire par « l'endroit où il y a une salle de prière ») ne peut être localisé, car de nombreux villages portent des noms semblables. Quant à **Kokkethein** et **Tharekya**, un chroniqueur de la fin du XVIIIe siècle estimait qu'ils n'existaient plus. En fait, de nombreux autres villages de la zone, dont l'ancienneté ne fait aucun doute, pourraient figurer sur cette liste, tels Minnanthou (sud-est de la cité), Wetkyi-In (qui est peut-être listé sous le nom de **Nagakyit**), au sud de Nyaung-Ou, ou Twin-Ywa (au sud de Thiripyitséya).

LA CRÉATION DE LA FORTERESSE ROYALE

Au début de l'ère chrétienne, le royaume pyu de Beikthano, dont la base économique était la zone rizicole de Taungdwingyi, prospérait au centre de la Birmanie. Au milieu du VIIe siècle, les Pyu, avec leur capitale à Srikshetra, dominaient le bassin de l'Irrawaddy. Mais, dès le début du VIIIe siècle, cette ville avait perdu sa prééminence au profit d'une nouvelle capitale, Halin, qui, située sur des salines entre les fleuves Mu et Irrawaddy (région de Shwébo), contrôlait le commerce lucratif du sel vers la Chine. En 832 et 835, deux raids, lancés par les tribus tibéto-birmanes du royaume de Nan-Chao, conduisirent à la destruction de la ville. Sa population (3 000 habitants) fut emmenée en esclavage (cf. Les royaumes pyu de Birmanie, chap. I). À la suite de ces évènements, **les Pyu semblent s'être regroupés dans la fertile plaine de Pagan** où, selon les *Chroniques*, ils occupaient 19 villages commandés par des chefs héréditaires (*min* = roi) (cf. Les villages pyu de la plaine de Pagan, chap. II). Les *Chroniques* précisent que, en 849, ces villages créèrent une confédération placée sous l'autorité de Pyinbya (846-878 ?), le chef pyu du village d'Anurada (l'actuel Myinkaba, situé à un kilomètre au sud de la cité ancienne), qui devint un *mingyi* (« grand roi »). Ce dernier décida de construire une cité fortifiée, Pagan, et s'y installa avec sa cour.

La nouvelle résidence royale de Pyinbya aurait été bâtie sur les ruines d'un vieux village pyu des bords du fleuve, situé à l'ouest de ce qui allait devenir plus tard le temple Gôdôpalin. [Avant 1990, ce village était occupé par une petite communauté de pêcheurs. Comme à Nyaung-Ou, de larges plaques de grès servaient de marches et de fondations pour les maisons des habitants.] La cité fut positionnée sur la rive orientale de l'Irrawaddy, dans un coude du fleuve. La forteresse occupait ainsi un emplacement stratégique lui permettant de contrôler tous les transports circulant sur cette voie. Grâce à cette situation, la nouvelle cité maintenait les liens ancestraux qui avaient été tissés avec les réseaux commerciaux des régions deltaïques et l'océan Indien. Selon la tradition pyu (cf. La domination de la Birmanie par les Pyu, chap. I), elle fut entourée de puissants remparts de briques, percés de douze portes (trois de chaque côté), et protégée par des douves. Du fait de la date de sa construction, les historiens pensent que cette forteresse pyu avait aussi pour fonction de protéger la cour et les habitants les plus fortunés des incursions birmanes qui se faisaient pressantes. Elle permettait également de tenir à l'écart les chefferies shan dont les guerriers commençaient à s'infiltrer eux aussi dans les plaines centrales. La construction, qui a nécessité une importante main-d'œuvre, aurait duré jusqu'en 874, date à laquelle Pyinbya se serait installé dans la cité avec les familles de l'élite pyu.

LE ROYAUME DE PAGAN ENTRE DANS L'HISTOIRE

Protégeant ses positions commerciales, la cité du *Mingyi* se serait ainsi peu à peu enrichie en renforçant sa base ethnique originelle avec une immigration birmane qui s'assimilait d'autant plus rapidement que les nouveaux venus parlaient sans doute une langue proche du pyu. Cette immigration birmane fut si massive qu'en moins d'un siècle le pouvoir pyu fut supplanté par les nouveaux venus. **En 956, Sô Rahan, un Birman, qui serait le grand-père d'Anôratha** (selon les chroniques qui légitiment ces changements de dynasties), **s'empare du trône de Pagan dans des circonstances mal éclaircies.** Son fils lui succède en 1001 (cf. Anôratha, l'ambitieux, chap. II). Désormais les Pyu sont définitivement écartés du pouvoir, et la royauté paganaise devient une affaire exclusivement birmane. **Pagan entre dans l'histoire du Sud-Est asiatique en 1004,** quand le chroniqueur chinois Chao Ju-kua rapporte, dans un ouvrage intitulé *Chu-fan-chih*, que des envoyés du « **royaume de P'u-kan** » **ont visité la capitale Sung en 1004**. Il était en effet d'usage que les royaumes de l'Asie du Sud-Est envoient des ambassades chargées de cadeaux afin d'obtenir une reconnaissance officielle de leur existence. Les Pyu (venus, semble-t-il, de Srikshetra, l'actuelle Prome/Pyé) avaient ainsi procédé en 794 et 802 (cf. Un art méconnu : broderie et passementerie, chap. VII). Mais, pour les Chinois, ces ambassades avaient un autre sens. Elles étaient perçues comme des actes d'allégeance de royaumes vassaux qui devaient envoyer régulièrement un tribut à l'empereur. En 1050, Pagan est mentionnée dans un texte cham (royaume alors situé au centre de l'actuel Vietnam), puis en 1093 dans une inscription rédigée en môn. **Le nom de la capitale birmane apparaîtra ensuite régulièrement dans les inscriptions sous diverses formes (Pukam, Pukan, Pôkam, Pukâm)** dont le sens reste obscur. Par contre, celui de son nom pâli, *Arimaddanapûra*, est très clair : « **la cité qui écrase ses ennemis** » (cf. L'armée, chap.III).

ANÔRATHA : L'AMBITIEUX

En 1044, date de son accession au pouvoir, la famille d'Anôratha dirigeait fermement Pagan depuis plusieurs générations. Son grand-père, Sô Rahan, dont les chroniques précisent qu'il était un simple paysan maraîcher spécialisé dans la culture des cucurbitacées, était monté sur le trône vers 956 à la suite d'un assassinat. Selon la légende destinée à légitimer l'usurpation, il aurait tué le monarque régnant parce que ce dernier avait par mégarde cueilli un concombre dans son potager. Ayant tué un roi, il aurait dû être puni de mort, mais, nous conte la légende, **son puissant *kamma* formé grâce aux mérites accumulés dans ses vies antérieures lui permit quand même d'accéder à la royauté.** Il mourut probablement assassiné lui aussi par son fils Kyaunghpyu (1001-1021). Ce dernier, **le père d'Anôratha, avait reçu le fief de Nyaung-Ou, ce qui lui avait sans doute permis de s'enrichir suffisamment pour s'assurer de solides soutiens à la cour.** À sa mort s'ensuivit un interrègne pendant lequel ses trois fils bataillèrent pour s'emparer du trône qui aurait dû revenir à l'aîné, Sokkate. Anôratha, fils de la reine du Nord (quatrième épouse du roi), luttait contre son frère qui était le fils de la seconde reine.Un dernier combat, réglé par l'intervention divine du dieu Sakka, opposa les deux frères sur les rives de la rivière de Myinkaba (Anurada, l'ancien village pyu). Anôratha, qui avait reçu la lance de Sakka en cadeau, se débarrassa sans peine de son frère, dont le cadavre et la selle furent charriés par la rivière. Pour expier son crime, Anôratha fit construire le zédi (qui existe toujours) situé au bord de la rivière Myinkaba. Et le pouvoir resta entre ses mains.

Après avoir consolidé sa position à la cour de Pagan, le nouveau roi entreprit d'améliorer une administration royale qui ne dépassait guère le cadre régional de Pagan. Il fit construire une ligne de défenses au nord de la capitale (en reprenant sans doute à son compte la stratégie des bastions pyu) et développa les bases économiques de son royaume. Le réseau d'irrigation de la région de Kyauksè fut réparé et agrandi, tandis que de nouvelles terres étaient mises en culture dans la plaine de Minbou. Pour ce faire, Anôratha avait besoin d'autant plus de main-d'œuvre que de nombreux Paganais étaient déjà enrôlés dans l'armée. Au Moyen Âge, guerres et razzias étaient les seuls moyens de se procurer rapidement les volumes de main-d'œuvre nécessaires à la mise en valeur d'un territoire. Anôratha et ses capitaines ne s'en sont pas privé (cf. La confédération de Pagan, chap. II).

ANÔRATHA, L'UNIFICATEUR

Contemporain de Guillaume le Conquérant, de Vijayabahu Ier (1059-1114) qui régnait à Ceylan, et de Suryavarman Ier d'Angkor, Anôratha fut le premier à réaliser l'unité de la Birmanie. Pour ce faire, **il fut un précurseur, en étant le premier dans l'histoire de ce pays à instrumentaliser le bouddhisme.** Encouragé par le roi et Shin Arahan, le theravâda devint l'élément unificateur des différents peuples qui constituaient la population du royaume. Sous son règne, Birmans, Pyu, Môn et Shan, qui vivaient jusqu'alors dans nombreux royaumes, principautés et chefferies dispersés, furent incorporés dans un seul État centralisé. Les Pyu avaient tenté de faire de même, mais pas à l'échelle d'un empire aussi vaste. **Jusqu'à son accession au trône, la petite cité de Pagan n'exerçait son autorité que sur le cœur de la Birmanie centrale.** Ce n'est qu'au milieu du XIe siècle que des inscriptions (en môn) commencent à faire état des exploits guerriers d'Anôratha (conquête de la cité môn de Thaton en 1057), de ses relations avec les autres royaumes de l'Asie du Sud-Est et de ses activités religieuses. **Le roi Vijayabâhu**

Ier de Sri Lanka reconnaît en lui un défenseur de la foi bouddhique qui a aidé les Cinghalais à se révolter contre les souverains cholas de l'Inde du Sud. Des plaquettes votives mentionnant son titre ont été retrouvées du nord au sud de l'empire. Elles soulignent de nombreuses fondations de monuments bouddhiques dans la zone sèche.

LES PALADINS D'ANÔRATHA

Selon la légende, Anôratha fut aidé dans la conquête de son empire par un état-major de capitaines valeureux pourvus de dons exceptionnels. **Nyaung-Upi**, originaire de Myingyan, était réputé pour ses talents de nageur : il pouvait traverser d'une seule traite l'Irrawaddy dans les deux sens et avait encore la force de remonter sur la berge abrupte. **Nga Htwé Yu** venait de Myinmou (à l'embouchure du fleuve Mu, à l'ouest de Sagaing) où il exerçait la profession de paysan grimpeur de palmiers à sucre. Il était si fort qu'il pouvait escalader un millier de palmiers par jour. **Nga Lon Letpé**, qui vivait près du mont Popa, était capable de conduire un millier de charrues à la fois en sautant rapidement de l'une à l'autre. **Byatta**, musulman d'origine, avait fait naufrage près de Thaton où le roi Manuha avait tué son frère et tenté de l'assassiner, ce qui l'avait poussé à s'enfuir à Pagan où il était entré au service du roi Anôratha. Il faisait l'aller-retour dix fois par jour, à une vitesse prodigieuse, entre Pagan et le mont Popa où le roi l'avait chargé de cueillir des masses de fleurs *saga* (sauge) pour les cérémonies de la cour et l'agrément du palais. Les frères **Shwépyingyi** et **Shwépyinngè** étaient de puissants guerriers issus des amours de Byatta et de Mae Wou Hna, l'ogresse du mont Popa. Après leur exécution, ordonnée par le roi pour insubordination, ils devinrent les génies les plus puissants et les plus redoutés du royaume. Un palais, où leurs images sont installées, a été construit pour eux à Taungbyon. Pour sa part, **Kyanzittha**, le seul personnage historique de ces belles légendes, avait participé à la prise de Thaton (1057). Dès l'âge de quinze ans, il devint un héros chez les Môn quand, à la tête d'une section de gardes indiens détachés du palais de Pagan, il repoussa une incursion des Lao-Shan ou des Khmers sur Pègou.

Avec ces paladins, la légende a peut-être retenu les noms des chefs des premiers districts conquis par Anôratha. Ces régions correspondaient en effet à des zones économiques dont le contrôle était fondamental pour donner à la petite principauté pyu-birmane les dimensions d'un royaume. La région de Myingyan-Pakokkou, qui contrôlait la confluence de l'Irrawaddy et du Chindwin, possédait de riches terres alluviales, spécialisées pour la production de cultures maraîchères sur les berges du fleuve, et des zones de cultures sèches sur les hautes terrasses. La domination de cette zone était cruciale pour la principauté paganaise puisqu'elle avait déjà installé des garnisons dans cette zone depuis au moins le IXe siècle. Myinmou, dont les rizières irriguées étaient bordées de palmiers à sucre dont la mélasse était probablement exportée, constituait un des greniers à riz du royaume, avec Kyauksè et Minbou. Taungbyon (au nord de l'actuelle Mandalay, où se dresse le palais des génies) commandait l'accès au haut Irrawaddy et une riche région agricole avec, là aussi, des rizières irriguées. Le mont Popa, réservoir d'eau de la zone sèche de Birmanie centrale, fournissait déjà des fruits, des fleurs et du combustible qu'il importait d'acheminer rapidement par charrois vers la cité. La possession de Myingyan, Pakokkou et Myinmou sécurisait les transports fluviaux sur le Chindwin et l'Irrawaddy. Quant à Pagan, située au cœur de la Birmanie centrale, elle protégeait les communications et transports de marchandises sur les pistes permettant de rejoindre aussi bien les zones rizicoles de Kyauksè que le plateau shan ou la vallée du Sittang (voir carte des courants d'échanges du royaume Pagan).

ANÔRATHA SACRALISE SON TERRITOIRE

Les grands zédis de Pagan définissent un espace sacré, celui du territoire de la cité impériale, dont ils témoignent de la bouddhisation. Dès le début de l'empire, Anôratha a initié un programme de construction de cinq grands stoupas (devenus plus tard des pagodes) qui ont été achevés par ses successeurs. Trois sont dans la plaine : Shwésandô (1057, le premier construit après la prise de la ville môn de Thaton) ; Lôkhananda (1059) et Shwézigon (1059-1089). Deux sont au sommet des collines : Tu Yin et Tant Kyi. D'après la tradition, ces monuments fixent les limites de la ville ancienne. Au sud, **le zédi de Lôkhananda**, construit à l'origine sur un îlot rocheux qui commandait le principal chenal du fleuve, **marque la limite sud du territoire de la ville**. Selon la stèle du temple hindou de Nanpéya (un des quatre monuments de Pagan entièrement construits en grès, fin XIe-début XIIe s.), le port ancien de Pagan était situé au pied de Lôkhananda (cf. Le port sud de la cité,

73

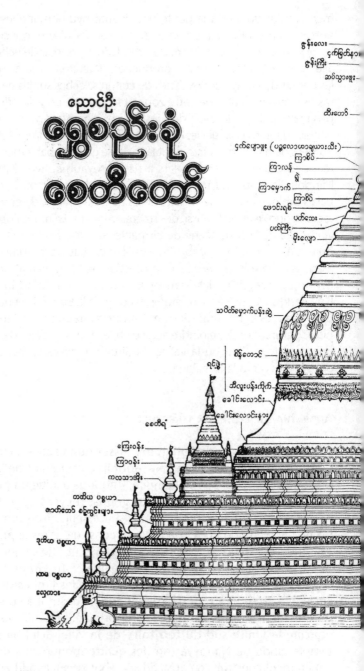

PAGAN

Élévation du stoupa de la pagode
Shwézigon de Nyaung-Ou
(1059-1089)

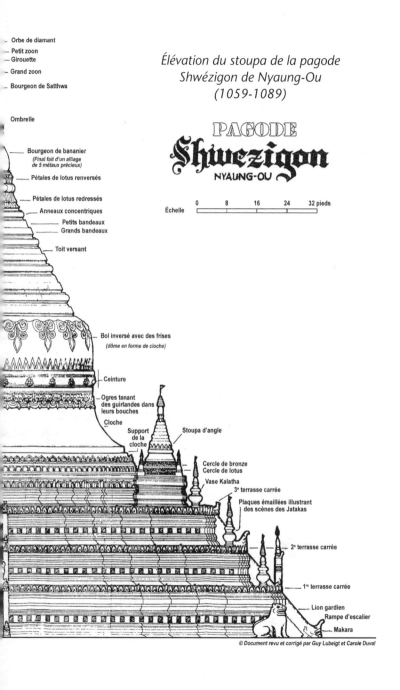

PAGODE
Shwezigon
NYAUNG-OU

Échelle: 0 — 8 — 16 — 24 — 32 pieds

Orbe de diamant
Petit zoon
Girouette
Grand zoon
Bourgeon de Satthwa

Ombrelle

Bourgeon de bananier
(Final fait d'un alliage de 5 métaux précieux)
Pétales de lotus renversés

Pétales de lotus redressés
Anneaux concentriques
Petits bandeaux
Grands bandeaux

Toit versant

Bol inversé avec des frises
(dôme en forme de cloche)

Ceinture

Ogres tenant des guirlandes dans leurs bouches

Cloche

Support de la cloche   Stoupa d'angle

Cercle de bronze
Cercle de lotus
Vase Kalatha
3ᵉ terrasse carrée

Plaques émaillées illustrant des scènes des Jatakas

2ᵉ terrasse carrée

1ʳᵉ terrasse carrée

Lion gardien
Rampe d'escalier
Makara

© Document revu et corrigé par Guy Lubeigt et Carole Duval

75

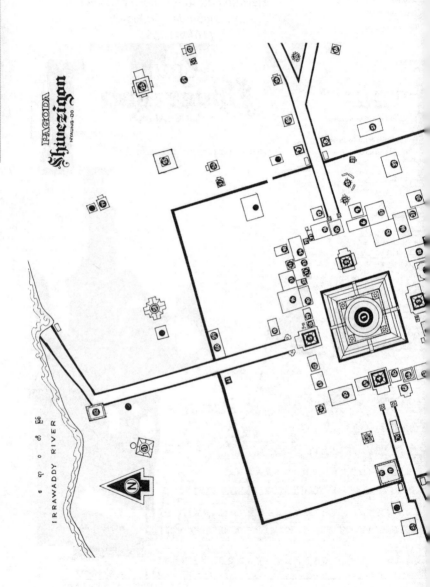

Plan du complexe de la pagode Shwézigon de Nyaung-Ou

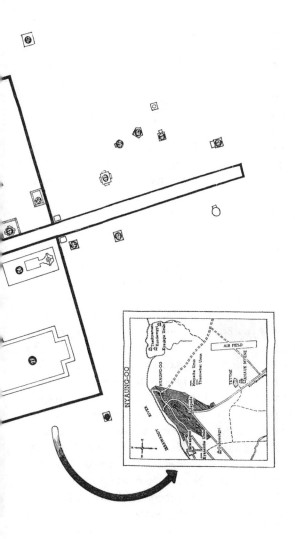

Liste des bâtiments du complexe de Shwézigon

01 Stoupa (zédi) de la pagode Shwézigon

02 Temple carré de l'est, surmonté d'un sikhara. Statue en plaques de bronze repoussé du Bouddha Konagamana. Période de Pagan. h = 4 mètres

03 Temple carré du sud, surmonté d'un sikhara. Statue en plaques de bronze repoussé du Bouddha Kassapa. Période de Pagan. h = 4 mètres.

04 Temple carré de l'ouest, surmonté d'un sikhara. Statue en plaques de bronze repoussé du Bouddha Gotama. Période de Pagan. h = 4 mètres.

05 Temple carré du nord, surmonté d'un sikhara. Statue en plaques de bronze repoussé du Bouddha Kakusanda. Période de Pagan. h = 4 mètres

06 Pavillon de repos d'U Kyan Bô (Bâtiment en briques)

07 –08 Piliers en grès de Kyanzittha, placés de part et d'autre de l'entrée Est, et relatant la construction du nouveau palais royal (1102)

08 bis - Angle sud-est de la base du grand stoupa : lion en grès stuqué (symbole du mardi) et bol à aumônes en grès. Offerts par Kyanzittha

09 Grande Cloche du roi Bayinnaung (1557)

10 Collection de stèles en grès

11 Stèle du roi Shinbyushin (1763-1776) relatant la donation d'une nouvelle ombrelle

12 Cloche offerte par le Gouverneur de Pagan, U Myat Bô, et sa femme (1814)

13 Temple-grotte de Panet The (est)

14 Temple-grotte de Panet The (ouest)

15 Myodô Thon (Salle de repos, en briques, offerte par les propriétaires de la fabrique de cigares Myodô Thon de Mandalay). Collection de statues anciennes (300 ans) du Bouddha. Empreinte du bouddha de la période de Pagan.

16 Sanctuaire de Shwéthalyaung (Bouddha couché)

17 Sanctuaire de Yoke Son (salle de prières)

18 Salle d'exposition

19 Zédis de Khin Oo-Khin Tan

20 Salle d'U San Shwé (Bâtiment en briques). Statues du Bouddha et de Dipankhara.

21 Salle de prières de Zin Gyan Ou (Statues en grès laqué-doré du Bouddha avec ses 5 disciples)

22 Zédi-sanctuaire de Shwé Bon Tha (face est) Peintures murales de la période Nyaungyan)

23 Zédi-sanctuaire de Tin Din gyi

24 Temple de Shwé Ba Ton (Boudha debout et peintures murales)

25 Temple-grotte de Thu Htay (Peintures murales de Pagan)

26 Salle d'ordination

27 Grande salle de prières de Vessantara

28 Salle de prières d' U Shwé

29 Ancien sanctuaire en bois

30 Sanctuaire de Zabu Yan Aung (grand Bouddha debout, en bois doré)

LA VILLE ROYALE ET SON EMPIRE

chap. II). **Le zédi du mont Tu Yin,** édifié à l'extrémité nord d'un chaînon de collines escarpées orientées nord-ouest–sud-est, domine la plaine de Pagan et en **constitue la limite sud-orientale.** À l'ouest, **le zédi du mont Tant Kyi,** construit au sommet du premier contre-fort de la chaîne de l'Arakan, **forme la limite occidentale de la cité.** Remarquable poste d'observation situé sur la rive occidentale de l'Irrawaddy, il surplombe la vallée et permet d'en surveiller les approches nord et sud sur une soixantaine de kilomètres. Au nord, **le zédi de la pagode Shwézigon** (construit avec les grès de la carrière du mont Tu Yin) **souligne en principe la limite nord de la cité,** que l'on peut prolonger jusqu'au temple souterrain (en grès à la base, fin du xie s.) de l'oasis de Kyaukkou. Mais la tradition assure que **le zédi du petit port de Myitché,** situé sur la rive occidentale du fleuve, en face du port de Nyaung-Ou, **définit la limite nord-ouest du territoire de la cité impériale.** Son importance est due au fait que, pendant l'âge d'or, **Myitché était le point d'arrivée ou de départ de la route de l'Arakan.** Construite sur la berge septentrio-nale de la rivière Chaungmagyi-nord, au niveau de sa confluence avec le fleuve, cette petite ville pouvait contrôler les échanges flu-viaux. Dressé à quelques centaines de mètres au sud-est des murailles de la cité royale, le zédi de Shwésandô était visible depuis le palais. Et le grand zédi du mont Tu Yin, placé à l'arrière-plan dans l'axe de Shwésandô, permettait d'embrasser d'un seul coup d'œil toute la partie méridionale du territoire de la cité impériale (cf. Épa nouissement de la culture bouddhique, chap. VI).

LA CITÉ IMPÉRIALE

L'AGGLOMÉRATION DE LA VILLE ANCIENNE

Installée sur la terrasse de la berge orientale du fleuve Irrawaddy, au cœur de la zone sèche, la cité impériale de la Pagan du XIIIᵉ siècle était constituée par une agglomération qui s'allongeait en ruban du nord au sud. Elle bordait le fleuve sur une dizaine de kilomètres et formait une bande urbanisée, large de 500 mètres à un kilomètre, qui s'étalait tout au long de la rive de l'Irrawaddy. La majorité des Paganais vivaient ainsi entre la berge du fleuve et la piste carrossable qui reliait la ville de Nyaung-Ou (ce foyer urbain a conservé son nom ancien : « le premier banyan ») et le village ancien de Thiripyitséya, à côté duquel est désormais édifiée Pagan-Myothit (Pagan-le-Neuf), agglomération créée ex nihilo en 1990 par la junte qui préside aux destinées de l'Union de Birmanie. Cette voie de communication terrestre, qui complétait la voie fluviale pour alimenter les échanges intérieurs, partageait le territoire de la cité impériale en deux parties. Tandis que la bande riveraine paraît avoir été réservée aux activités artisanales, semi-industrielles et commerciales, la bande de l'hinterland oriental semble avoir été consacrée aux activités religieuses et agricoles. L'agglomération ancienne, construite en matériaux périssables, se présentait en fait comme une vaste zone portuaire émaillée de petits ports spécialisés dont les traces sont encore clairement visibles de nos jours sur les rives du fleuve. La cité royale (rebaptisée « vieux Pagan » depuis 1990), protégée par de puissants remparts bordés de douves qui communiquaient avec l'Irrawaddy, s'étendait à mi-distance entre les foyers urbanisés de Nyaung-Ou et de Thiripyitséya.

UNE CAPITALE LIÉE À L'IRRAWADDY

Les rois de Birmanie ont toujours installé leur capitale près des fleuves à partir desquels ils pouvaient pénétrer en bateau dans leur palais. Mais l'entrée dans le palais ne se faisait pas directement par la voie la plus courte. On sait qu'à Mandalay les barques royales quittaient le fleuve au nord de la ville pour emprunter un canal qui contournait la cité en passant par le pied nord de la colline de Mandalay, bifurquaient d'abord vers le sud, puis revenaient vers l'ouest pour reprendre un autre canal qui aboutissait dans les douves à partir desquelles les barques accédaient au palais par l'entrée faisant face à l'est, c'est-à-dire celle du soleil levant et du Bouddha Konagamana. Ce parcours correspond en fait au chemin initiatique traditionnel de la *pradakshina*, suivi par le fidèle qui contourne le zédi saint par la gauche en suivant le sens des aiguilles d'une montre. En l'occurrence, le palais royal était un lieu saint puisqu'il était la résidence d'un monarque à prétention *chakravartin*, donc universel, que l'on assimilait à un futur Bouddha. **On retrouve la même disposition en Ava, Amarapura et Mandalay, capitales des second et troisième empire qui se sont attachés à préserver l'héritage culturel du premier empire de Pagan** (cf. Le mystère des douves, chap. II).

UNE VILLE CONTEMPORAINE DE L'EMPIRE KHMER D'ANGKOR

La capitale du premier empire était contemporaine de l'empire angkorien, et les deux peuples, qui partageait une frontière commune dans la péninsule du Tenasserim, entretinrent même quelques relations conflictuelles. **La cité royale de Pagan est à l'origine une agglomération fortifiée tracée selon un plan semi-rectangulaire caractéristique des anciennes villes pyu.** Elle est donc délimitée par de puissantes murailles en briques, crénelées, protégées de douves qui faisaient office de glacis, et percées de portes monumentales. De ces dernières ne subsiste de nos jours que l'impressionnante porte Sarabha, au centre de la muraille est. Le palais royal, qui constitue le cœur de la cité royale, était situé quelque part (des sondages qui apparaissaient de prime abord prometteurs n'ont pas permis d'identifier sa localisation avec certitude) dans le quart sud-est dans cette enceinte. Pagan se présentait alors comme **une riche et puissante cité marchande qui avait des ramifications commerciales, religieuses et diplomatiques avec de nombreux pays de l'Asie du Sud-Est.** Cette cité présentait trois caractéristiques : elle était largement ouverte sur le fleuve Irrawaddy ; menacée en permanence par diverses calamités naturelles (inondations consécutives aux crues annelles ; tremblements de terre et incendies) et par les invasions des États qui défiaient sa suprématie.

LA CITÉ ROYALE ET SES MONUMENTS

L'agglomération que nous pouvons voir de nos jours, avec ses milliers de monuments anciens (la majorité des quelque 2 900 recensés ne sont plus que des tas de briques informes), ne ressemble guère à ce qu'était la ville de l'âge d'or. **L'enceinte fortifiée** attribuée au roi pyu Pyinbya (849), dont les douves ont été excavées il y a quelques années (à la pelleteuse), **délimite seulement la cité royale** (dont un tiers a été emporté par l'Irrawaddy à une date indéterminée) **et non pas la ville ancienne.** Le roi, la cour et les brahmanes résidaient dans l'enceinte fortifiée de la cité royale qui **comprenait des espaces non bâtis** autour de ses nombreux zédis, temples et bibliothèques. Les pavillons qui constituaient le palais se trouvaient approximativement à l'intérieur d'un périmètre délimité

*Façade ouest
du temple Thatbyinnyou
(mi-XIIe siècle)*

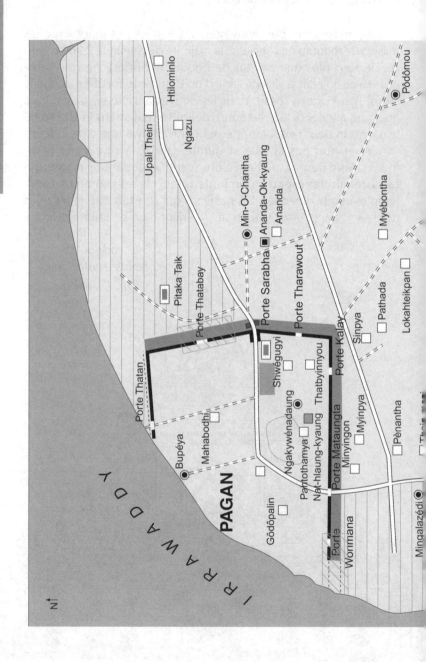

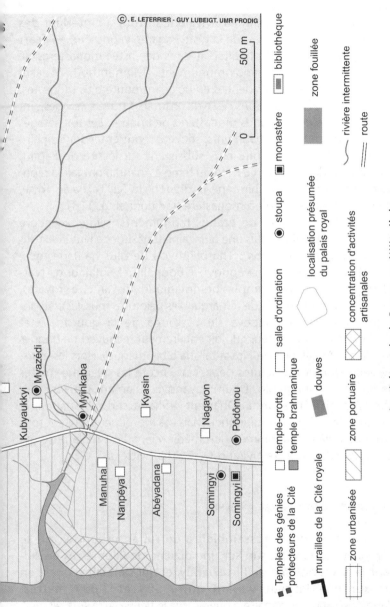

© . E. LETERRIER - GUY LUBEIGT. UMR PRODIG

Kubyaukkyi
Myazédi
Myinkaba
Kyasin
Nagayon
Pôdômou
Manuha
Nanpéya
Abéyadana
Somingyi
Somingyi

Légende :

Temples des génies protecteurs de la Cité

murailles de la Cité royale

zone urbanisée

zone portuaire

concentration d'activités artisanales

localisation présumée du palais royal

temple-grotte

temple brahmanique

douves

salle d'ordination

stoupa

monastère

bibliothèque

zone fouillée

rivière intermittente

route

0   500 m

La cité royale de Pagan au XIIIe siècle

par les temples Shwegugyi, Thatbyinnyou et Gôdôpalin. Les troupes chargées de la défense de la forteresse et du palais auraient pu être installées dans une série de bastions accolés aux murailles et aux portes de la ville. **Les religieux vivaient surtout à l'intérieur des terres**, à l'est et au sud-est de la piste Pagan-Nyaung-Ou, **à l'écart de l'agglomération.** Ils habitaient dans de vastes monastères de briques associés aux grands monuments (Minnanthou, Pouazô, Winithô), et dans des résidences en bois sans doute plus modestes. Ces monastères de bois, sans cesse reconstruits à travers les âges, ont servi de modèle aux grands monastères de briques. Les toits étagés et les sculptures de ces bâtiments, souvent représentés sur les peintures murales et dont plusieurs subsistent sur le site de Pagan, notamment devant l'entrée nord du temple Ananda, ont fait la réputation de l'architecture birmane traditionnelle (cf. Le palais royal, chap. II ; et Elévation d'un monastère traditionnel, p. 113).

Parmi les centaines de grands monuments religieux encore visibles dans la plaine, seuls une quinzaine sont situés à l'intérieur des remparts, parmi lesquels : Thatbyinnyou (le plus haut de tous, 60 m), Mahabodhi, Shwégugyi, Gôdôpalin, Mimalaung, Nat-Hlaung Kyaung (le temple brahmanique de la cité royale), Pahtothamya (qui recèle de remarquables peintures murales), Atwin-Zigon, les stoupas Bupéya (le « stoupa de la gourde ») et Ngakywénadaung (le seul qui soit entièrement recouvert de briques émaillées vert céladon) et Pitaka-taik (la bibliothèque). Hors les murs, plusieurs grandes structures dépassent encore les quarante mètres de hauteur : Htilominlo, Dhammayangyi, Sulamani, Shwésandô, Mingalazédi, Lôkhananda, Dhammayazikâ et surtout Ananda, le joyau de l'art birman traditionnel. Mais ces monuments étaient tous situés au-delà de l'agglomération médiévale, à l'est de la piste qui longeait le fleuve entre Nyaung-Ou et Thiripyitséya.

LA STRUCTURE DE LA VILLE ANCIENNE

La ville ancienne ressemblait à un ruban urbanisé, qui se déroulait du nord au sud sur une dizaine de kilomètres en suivant la rive orientale de l'Irrawaddy, et qui s'étalait d'ouest en est sur une largeur variant entre 500 et 1 000 mètres. L'agglomération paganaise s'ouvrait sur le fleuve. À la fois ressource naturelle et voie de circulation, son exploitation était vitale pour la survie de la cité impériale. Comme le prouvent les cendres des nombreux foyers domestiques et les anciens dépotoirs retrouvés, les maisons de la majorité des Paganais se trouvaient dans la zone ainsi définie. Entre 1980 et 1990, des fouilles sauvages, entreprises par les villageois à la recherche de trésors susceptibles de les sortir de la misère où les avait plongés la dictature Ne Win, ont été conduites dans toutes ces vieilles zones d'habitation et d'activité abandonnées depuis des siècles. Les trouvailles des villageois (pierres précieuses, bijoux anciens en or et en argent, statuettes et objets en bronze, poteries), promptement revendues aux orfèvres locaux, les ont récompensés de leurs efforts. Mais les archéologues qui leur ont succédé, lorsque les fouilles illégales ont été interdites, ont hérité d'un paysage lunaire. Ils ont définitivement perdu des sources de renseignements fondamentales pour la compréhension de la structure et du fonctionnement de la ville impériale. Ces fouilles ont cependant révélé que la population civile (petits fonctionnaires, lettrés, marchands, artisans, pêcheurs, bateliers et esclaves) résidait essentiellement entre les berges du fleuve, source de la prospérité de l'empire, et la route qui les suit. Cette bande de terre s'allonge du nord-est (Nyaung-Ou) au sud (Thiripyitséya) en traversant la cité royale et le village ancien de Myinkaba. Pendant la période médiévale, **cette zone était densément peuplée et formait une agglomération continue dont les actuels ville, cité et villages des bords du fleuve ne sont que des lambeaux. Les plus fortes concentrations se trouvaient autour des zones portuaires** de Nyaung-Ou, Wetgyi-In, Myinkaba et Thiripyitséya où l'on pouvait tirer les bateaux sur le sable, transborder les marchandises à l'aide de buffles et d'éléphants (cf. Le commerce, chap. IV) et entreprendre des constructions ou réparations navales (cf. carte de la plaine de Pagan au XIIIe siècle, p. 40-41).

LES SPLENDEURS DE LA CITÉ IMPÉRIALE

La seule description que nous possédions de la cité de Pagan est celle que nous a laissée, au XIIIe siècle, Marco Polo, qui ne la connaissait pourtant que par ouï-dire (cf. encadré, p. 89).

Après la conquête de la Chine (1257), Kubilaï avait installé sa cour à Khanbaligh (« la ville royale », en mongol) ou Cambaluc (l'actuelle Beijing) en 1260. Cette nouvelle capitale succédait à Caracom (Karakhorum) qui avait été fondée par Ogodaï. On peut supposer que les bouleversements en cours avaient incité des membres de diverses ethnies à venir se réfugier près du puissant Kubilaï, ou à se mettre à son service. L'ensemble constituait donc un vaste campement cosmopolite situé près du palais royal, et dont les habitants se distrayaient à la manière turco-mongole traditionnelle : luttes, exercices équestres et divers concours d'adresse. C'est la situation qu'a pu découvrir le jeune Marco Polo, accompagné de ses père et oncle, quand il est arrivé à la cour de Kubilaï à la fin de l'année 1275. Il avait alors 22 ans et n'a pu voir dans ces distractions traditionnelles, probablement organisées à l'occasion d'une grande fête qui pourrait aussi bien être l'inauguration du nouveau palais qu'un des moments importants de l'année. Le sens de cette fête n'a pas été retenu par Polo, c'est pourquoi il n'a vu dans cet événement qu'une série d'acrobaties. Mais l'importance et la proximité de ce camp « sauvage » pouvait également constituer un danger pour l'empereur. Il est donc possible que ce dernier ait cherché à en éloigner les habitants les plus remuants en leur proposant de rejoindre les troupes qui, depuis la région de Tagaung, capitale de **la nouvelle province chinoise de** *Chiang Mien*, se préparaient depuis 1278 à envahir le royaume de Pagan. La perspective d'un pillage pouvait attirer de nombreux soldats.

Ce n'est toutefois qu'en 1285 que **le révérend Disapramuk** mentionne l'arrivée à Tagaung d'une nouvelle armée mongole de 20 000 hommes. Cette date correspond au moment où Esen-Temûr, petit-fils de Kubilaï, devient gouverneur du Yunnan. Il serait donc le « bon capitaine » ayant dirigé l'expédition qui s'est emparée de Pagan en 1287-1288. Polo n'a pas participé à cette expédition, mais il séjournait encore en Chine. Il a pu assister au départ d'une partie des troupes et recueillir ensuite des échos de leur victoire, rendue d'autant plus facile que le roi Narathihapati, sa cour, son armée, et sans doute tous les habitants de la cité impériale avaient fui. Chinois et Mongols connaissaient alors le bouddhisme sous ses formes mahayaniques et tantriques depuis près d'un millénaire. Kubilaï savait donc parfaitement qu'il avait affaire à des stoupas-reliquaires et que les démonter pour les piller aurait été une erreur politique. Les peintures murales du temple souterrain de Kyanzittha prouvent que les Mongols ont bien séjourné à Pagan mais elles ne les montrent pas dans une attitude aggressive. Par ailleurs la tradition birmane ne rend pas les Mongols responsables de la destruction de la cité. Narathihapati y aurait participé en ordonnant la récupération de certains vieux monuments pour renforcer les remparts. La destruction physique de Pagan est attribuée au premier chef aux Shan qui l'ont pillée quelques années plus tard. Le temps, les tremblements de terre et la négligence ont fait le reste.

LA VILLE ROYALE ET SON EMPIRE

En 1287 le territoire de la cité était émaillé d'une multitude de monuments et de temples de grande taille, et pas seulement de deux grandes « tours » qui étaient des stoupas. L'une de ces tours pourrait être le stoupa de Shwézigon, près duquel un détachement mongol aurait pu camper (d'où les peintures murales les représentant), tandis que l'autre pourrait être Shwésando ou Lôkhananda. La description de Polo donne à penser que, pendant l'âge d'or comme aujourd'hui, ces grands stoupas étaient entièrement recouverts de plaques de bronze doré à la feuille : la tradition de la dorure des stoupas était déjà bien établie. Quant à la remarque concernant les objets ayant appartenu aux défunts, elle reste encore valide dans la Birmanie contemporaine.

Description des splendeurs de Pagan par Marco Polo

« Or sachez que, quand on a chevauché les quinze journées que je vous ai contées, par ces régions si éloignées de tout itinéraire, et où l'on doit emporter ses provisions parce qu'il n'y a aucune habitation humaine, on trouve une belle cité appelée *Mien* (nom donné par les Chinois à Pagan, à son royaume et à ses habitants), qui est très grande et noble, et est la capitale du royaume de Mien. Les gens sont idolâtres et ont un langage à eux. Ils sont au Grand Can. Et dans cette cité est une noble chose que je vous dirai. Il est vrai que jadis fut en cette ville un riche et puissant roi que tout le monde aimait ; quand il vint à mourir, il commanda que sur sa tombe, c'est-à-dire sur son monument, fussent faites deux tours rondes, l'une d'or et l'autre d'argent, en telle manière comme je vous dirai : car l'une était de belles pierres, puis couverte partout en dehors de plaques d'or épaisses d'un doigt. La tour en était si bien recouverte qu'ils semblait qu'elle fût d'or seulement. Elle était haute de bien dix pas, et grosse juste comme il convenait à la hauteur dont elle était. Le haut était une coupole, autour de laquelle étaient tout plein de clochettes dorées qui sonnaient chaque fois que le vent passait entre elles ; et c'est un grand triomphe à voir et à entendre. L'autre tour, elle, était d'argent, et toute semblable et en telle manière faite comme celle d'or, de la même grosseur et de la même façon, tout pareillement avec des clochettes d'argent. Entre ces tours il fit faire son tombeau, où il est sépulturé aujourd'hui, ce que fit faire le roi pour sa grandeur et pour son âme, afin qu'on eût souvenance de lui après sa mort. Et vous dis qu'elles étaient les plus belles tours à voir au monde, et elles étaient aussi de grandissime valeur. Et quand le soleil les atteint, une grande lueur en rayonne et l'on peut les voir de bien loin. »

La richesse et la beauté des monuments bouddhiques, qui faisaient la gloire de la cité et ornaient son territoire, avaient laissé une empreinte profonde dans l'esprit de ses conquérants mongols en 1287. Avec ses palais recouverts de tuiles d'or et d'argent, ses luxueux monastères en briques et en teck laqué et enrobé de feuilles d'or, ses riches résidences en bois sculpté et ses innombrables monuments religieux, le rayonnement culturel de Pagan s'est étendu à toute l'Asie. **Les splendeurs de la cité, observées par les religieux et marchands chinois qui empruntaient la voie de l'Irrawaddy, étaient connues jusqu'en Chine.** C'est dans ces conditions que Marco Polo, bien que la véracité de son récit ait été récemment mise en cause, a entendu parler de Pagan. En 1298, onze ans après la chute de la capitale impériale, la force des images véhiculées par les

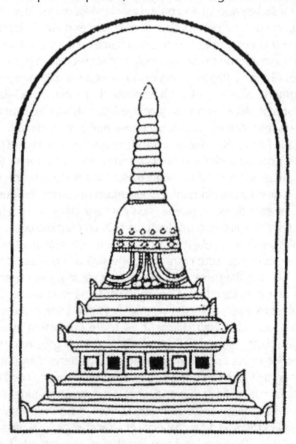

Un stoupa

membres de l'expédition qui avait occupé la ville, et par les voyageurs chinois, lui a permis de décrire la ville ancienne dans le *Livre des merveilles*, depuis sa prison gênoise, sans avoir jamais visité Pagan en personne.

Polo, qui a dicté son récit une vingtaine d'années après les évènements qu'il décrit (la bataille de Ngasaunggyan avait eu lieu en 1277), savait que la partie nord du royaume de Pagan était devenue une « province birmane » (*Chiang Mien*) de la Chine depuis 1284. Une autre province chinoise (*Chung Mien*), créée après la chute de Pagan en 1287, fut abolie dix ans plus tard lorsque les Mongols abandonnèrent définitivement la Birmanie centrale. Polo, qui avait quitté la Chine depuis 1291, n'avait pas connaissance de cet évènement. Le Vénitien, qui n'avait qu'une connaissance rudimentaire du bouddhisme, confond le Bouddha avec un ancien roi de Birmanie. Les « tours » qu'il décrit sont en fait des stoupas-reliquaires, monuments-souvenirs qui rappellent l'existence du Bouddha et témoignent de la bouddhisation de la cité. Pendant l'âge d'or, rien ne permet de dire que les stoupas de la capitale étaient utilisés comme des monuments funéraires comme l'ont cru les informateurs du Vénitien. Ils étaient essentiellement des monuments reliquaires. Selon la tradition, les rois étaient incinérés, et leurs cendres probablement dispersées dans le fleuve, ce qui explique que l'on n'ait jamais retrouvé de sépulture ni d'urne royale à Pagan. **La description du monument « en belles pierres » correspond sans doute à celle du stoupa (*zédi*) de la pagode Shwézigon de Nyaung-Ou, qui est construit en blocs de grès,** comme ceux des monts Tu Yin et Tant Kyi qui dominent Pagan (le temple Nanpéya de Myinkaba est lui aussi construit en briques de grès).

*Un archer et un officier de l'armée mongole
(sanctuaire souterrain de Kyanzittha)*

Coupe transversale de la façade ouest du temple Ananda (1105)

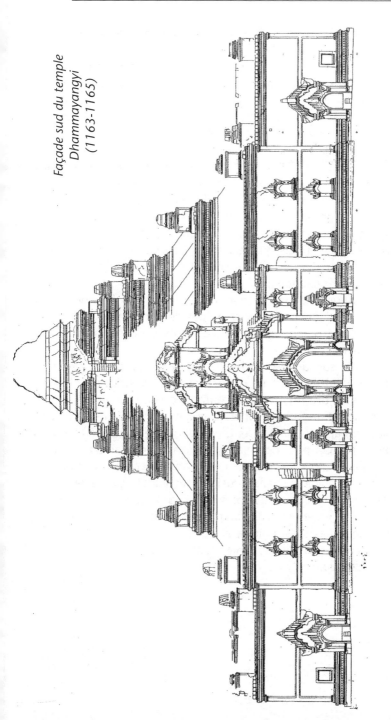

Façade sud du temple
Dhammayangyi
(1163-1165)

93

PAGAN

DES MONUMENTS RECOUVERTS DE PLAQUES D'OR ET D'ARGENT

L'utilisation de plaques d'or et d'argent pour recouvrir les zédis correspond exactement à une tradition que l'on peut encore voir de nos jours. Pendant le premier empire, les plus beaux zédis étaient traditionnellement recouverts de plaques de bronze dorées ou argentées. Sous le soleil de la zone sèche, leur éclat avait de quoi enflammer l'admiration, ou la cupidité, des divers visiteurs ou envahisseurs. Si l'on en croit la suite du récit de Polo (cf. encadré p. 96), ceux qui ont privé les deux stoupas de leurs précieux revêtements n'étaient peut-être pas les Mongols. La réinstallation des plaques d'or (en fait des plaques de bronze recouvertes de feuilles d'or que l'on visse dans la maçonnerie) sur les zédis de Pagan date du début des années quatre-vingt-dix. Elles sont du plus bel effet sur les zédis Shwézigon, Lôkhananda, Dhammayazikâ et Tant Kyi, qui sont éclairés chaque nuit.

Traditionnellement chaque zédi est surmonté d'une ombrelle étagée (*hti*) à laquelle sont suspendues de nombreuses clochettes en bronze doré ou argenté dont les battants, dorés eux aussi, sont souvent incrustés de pierres précieuses ou semi-précieuses. À chaque instant **le son de ces clochettes rappelle aux dieux des Orients, qui sont intégrés dans la cosmologie bouddhique, la foi des donateurs originels et des habitants du lieu.** Le zédi est lui-même surmonté d'un « bourgeon de diamant » (un bloc de cristal taillé en facettes) appelé *seinbou*, et d'une girouette incrustée elle aussi de pierreries. On peut donc imaginer sans peine l'ambiance quelque peu surnaturelle, baignée de rayons solaires, de lueurs magiques et de chants religieux, dans laquelle vivaient les Paganais de l'âge d'or. Dans un tel cadre, les membres de la cour les plus fortunés et les plus dévots pouvaient se croire au paradis Tavatimsa (*Tawatheinda*) que leur décrivaient les moines, et où résident les trente-trois dieux de la cosmologie bouddhique.

Un Sikhara

Ouest

Est

Les quatres bouddhas du temple Ananda

Sud

Nord

Description des splendeurs de Pagan par Marco Polo (suite)

« Et vous dis que le Grand Can a conquis cette province en telle manière comme je vous dirai, aussi nouvelle que plaisante. Vrai est qu'à la cour du Grand Can, lorsqu'il méditait de prendre cette ville, étaient une grande quantité de baladins et d'acrobates de toute sorte. Pour les éloigner, le Grand Can dit qu'il voulait qu'ils allassent conquérir **la province de Mien**, et leur donnerait un bon capitaine et un bon soutien. Car le roi de **Mien** n'était pas digne que des soldats allassent lui prendre sa terre, puisqu'il avait été assez fou pour se rebeller contre le Grand Can. Les baladins dirent qu'ils iraient volontiers pour obéir à son commandement. Le Sire fit alors apprêter pour eux ce qui convient à une armée et leur donna une compagnie d'hommes d'armes. Adonc se mirent en route avec ce capitaine et ce soutien. Ils chevauchèrent jusques à parvenir à la province de Mien, et que vous en dirai-je ? Sachez que ces baladins, avec ces gens, conquirent cette province de Mien. Et quand ils furent parvenus à cette noble cité, ils la prirent en peu de temps, et quand, y entrant, ils trouvèrent ces deux tours si riches et si belles, ils en furent tout émerveillés, et n'osèrent les détruire sans avoir d'abord obtenu la permission du Grand Can. Adonc lui mandèrent, là où il était, la description de ces tours et comme elles étaient belles et de grandissime valeur, mais que s'il le voulait, ils les déferaient et lui manderaient l'or et l'argent. Et le Grand Can, qui savait que ce roi chéri de tous jadis les avait fait bâtir pour son âme et pour qu'on eût remembrance de lui après sa mort, dit qu'il ne voulait pas qu'elles fussent démolies, mais qu'il voulait qu'elles demeurassent gardées et respectées, en l'état où le roi les avait imaginées et établies. Ce n'est pas là merveille, car je vous le dis, nul Tartare ne toucherait mie chose d'homme décédé, ni autre chose touchée de la foudre, du tonnerre ou de la peste, car ce peut être advenu par divin jugement ; il n'en prélèverait pas davantage le moindre impôt. Telle est la coutume des Tartares, qui pensent que c'est un grand péché que de mouvoir une chose appartenant aux morts. »

LA CITÉ FORTERESSE

À LA RECHERCHE DU PALAIS DE KYANZITTHA

En mai 1990, l'expulsion des Paganais du sol de leurs ancêtres fut officiellement justifiée par la nécessité de procéder à des fouilles archéologiques sur l'emplacement supposé de l'ancien palais royal de Kyanzittha. **Or il n'y avait pas d'habitations sur ce site puisque la coutume le désignait déjà, à tort ou à raison, comme celui de l'ancien palais royal.** Aucun villageois n'aurait osé s'installer sur un sol aussi sacré. Les travaux réalisés ont notamment permis de dégager une vaste structure, entre les temples Shwégugyi, Thatbyinnyou et la route, au lieudit « Aung-Myè-Kon » (« site de la victoire »), assigné par la tradition comme étant le site du palais royal d'Anôratha. Il s'agit de pans de murs en briques, parfois émaillées, délimitant des salles, et une structure élevée qui pourrait être la *cella* d'un temple, sans que l'on puisse définir quelle divinité s'y trouvait. Les archéologues birmans ont d'abord pensé que le site dégagé était celui du palais de **Kyanzittha** (cf. Le palais du roi, chap. II). Les fouilles, qui ne corroborent pas cette interprétation, ont depuis été abandonnées pour se concentrer, sans plus de succès, sur un autre secteur situé entre le temple Pahto Tha-Mya et la route qui traverse la ville ancienne.

Devant le temple Shwégugyi, nombre de puits alignés, au fond desquels se trouvaient des socles en plaques de grès, ont également été dégagés. Quelques morceaux de bois de teck pourris ont été retrouvés dans certains trous. Ceci permet de penser que d'énormes troncs de tecks auraient pu y être placés pour soutenir les plateformes et structures d'un ou plusieurs bâtiments de bois. Certains puits étaient reliés entre eux par des sortes de canalisations, et la plupart semblent avoir servi de dépotoirs. D'autres trous, ainsi que les murs de briques, appartiennent à des extensions réalisées à une période plus tardive. L'une de ces parois, dont les briques ont été vitrifiées, s'est incurvée sous l'effet d'une forte chaleur qui aurait pu être provoquée par un gros incendie. On remarque des couches de cendres sur différents niveaux du site dégagé, ce qui indique des incendies successifs. Malheureusement peu de soins semblent avoir été apportés à cette fouille (absence d'analyses des sols, des matériaux retrouvés, pas de tentatives de datation, aucune publication scientifique sur ces fouilles, etc.), que les anciens habitants soupçonnent d'avoir été provoquée par la simple volonté

97

des autorités de rechercher des trésors qui auraient pu être dissimulés par les anciens Paganais.

LE MYSTÈRE DES DOUVES

Les excavations entreprises dans les années quatre-vingt-dix ont permis de dégager complètement les douves de la forteresse impériale, notamment celles de la façade est qui étaient comblées depuis des siècles de part et d'autre de **la porte Tharaba.** Dans la section située au nord de la porte, une série de structures de briques enchevêtrées, accolées à la muraille, révèlent diverses salles ou cellules. L'imbrication de ces bâtiments n'a pas encore permis de définir avec certitude la fonction originelle de ces pièces. À l'évidence, de nombreuses réparations et adjonctions ont affecté les murailles depuis leur édification en 849. La dernière modification en date est peut-être celle du roi Naratihapathi (1254-1287) qui, selon les chroniques, aurait voulu rehausser les fortifications pour mieux assurer la défense de la ville contre les Mongols. Ces structures accolées aux remparts, à l'intérieur comme à l'extérieur, pourraient être des entrepôts royaux et militaires destinés aux approvisionnements et défenses de la cité. Les quais en briques, dégagés au pied des remparts extérieurs, étaient, semble-t-il, bien adaptés pour l'amarrage de longues barques effilées. On peut donc penser que, au niveau de la porte Tharaba, les douves remplissaient une fonction portuaire spécifique qu'on ne trouvait pas ailleurs. Or, traditionnellement, les portes principales des palais des rois de Birmanie s'ouvraient vers l'est. C'est le cas de la porte Tharaba, près de laquelle la coutume situe le palais royal. On peut donc émettre une hypothèse selon laquelle le palais royal possédait, dans les douves, son propre port situé à l'écart des grandes zones portuaires de l'agglomération (Lôkhananda, Myinkaba et Nyaung-Ou). Ces quartiers, nécessairement bruyants et pollués par les activités semi-industrielles, et où débarquaient les marchandises destinées à l'agglomération, étaient éloignés de la résidence royale. La présence d'un port spécialisé près du palais, avec une flotte de pirogues rapides, des équipages de rameurs entraînés, et des relais dans toutes les garnisons des bords du fleuve, garantissait la transmission rapide des ordres du souverain. Le roi pouvait ainsi conserver un contact permanent avec toutes les grandes zones économiques de son empire. Ce système de communications existait au XVIIIe siècle. Certains villages de l'Irrawaddy, tel Thitseinggyi (situé au nord d'Ava), dont les habitants étaient exemptés du versement de la taxe royale prélevée sur les foyers, avaient même été fondés pour fournir des équipages aux bateaux royaux. Dans la mesure où l'origine de la plupart des traditions perpétuées par les dynasties successives remontent au moins à l'âge d'or, on peut penser qu'il en va de même pour la création du système des communications fluviales.

LE PORT SUD DE LA CITÉ

La question de la fonction portuaire de la forteresse ne concerne pas seulement le palais royal. Elle se pose aussi pour la zone méridionale des douves. Pendant la crue annuelle du fleuve (juin-septembre), l'eau remonte le fossé sud, parfois jusqu'au niveau de la porte Mataung-ta. Au pied du rempart, à l'ouest de la porte (en contrebas de l'actuel Musée archéologique), on observe un autre quai, partiellement reconstruit pendant les travaux d'aménagement du musée. Ce quai semble bien correspondre à un autre port spécifique, installé dans les douves de la cité, différent de celui du palais royal. Pendant la crue, les eaux ne restent pas toujours au même niveau. Elles montent et descendent en fonction de la fonte des neiges tibétaines et des précipitations enregistrées au nord du pays. Par suite le niveau de l'eau dans les douves méridionales varie lui aussi. Or le quai méridional, qui se développe au pied du rempart entre les portes Ma-taung-ta et Won-ma-na, se présente sous la forme d'une série de marches d'escalier très allongées. Tout se passe comme s'il avait été construit en fonction des variations du niveau du fleuve. Les bateaux paganais de gros tonnage, proches de l'Irrawaddy, pouvaient donc aisément remonter cette portion des douves sud et venir s'amarrer au quai pour y décharger ou embarquer leurs marchandises. Compte tenu de sa localisation, on peut imaginer que ce port servait uniquement aux approvisionnements de la cité royale. Il pouvait aussi être utilisé comme port militaire pour embarquer facilement des troupes, des chevaux et même des éléphants sur des barges spécialisées.

UNE FORTERESSE COMMUNIQUANT AVEC LE FLEUVE

Après la campagne d'excavation des douves orientales, ces dernières ont été remises en eau, mais elles ne sont plus reliées aux autres portions du fossé, ni à l'Irrawaddy. Au nord, à la hauteur de la porte

Tha-tan (traditionnellement la porte par laquelle les Paganais transfé-raient leurs défunts, ou leurs cendres, hors de la cité), les douves sont situées à un niveau beaucoup plus haut (une dizaine de mètres) que le niveau actuel du fleuve. Les douves méridionales, qui restent visibles au pied des remparts, n'ont pas été recreusées. Mais, pendant la crue annuelle de l'Irrawaddy, les eaux remontent dans les vielles douves, parfois jusqu'au niveau de la porte Ma-taung-ta. **Bien qu'un bon tiers de la cité, avec ses murailles et ses douves, ait disparu dans les flots de l'Irrawaddy, on peut penser que pendant la période médiévale les douves de la forteresse étaient en communication directe avec le fleuve.** Il est donc probable que les bateaux royaux accédaient aux douves par quelque porte fluviale située sur le côté occidental des murailles, et aujourd'hui disparue.

Certains historiens pensent que le fleuve lui-même constituait les douves ouest. Quoi qu'il en soit, les pirogues ou barges royales pou-vaient suivre la *pradakshina* par les douves nord et s'amarrer à ce qui pourrait être le port royal dans les douves est. On retrouve ainsi la même disposition qu'à Ava (le fleuve servait de douves sur le côté nord de la ville) et à Mandalay (le canal d'accès aux douves contournait la ville par le nord pour arriver devant l'entrée est du palais). Mais **cet héritage cul-turel n'est pas nécessairement birman. Il se peut qu'il soit d'origi-ne pyu, car ce sont les Pyu qui ont les premiers choisi de situer leur capitale au bord du fleuve.** Le site et la situation de Pagan (une ville portuaire abritée dans un défilé du fleuve) sont similaires à ceux de Hmôza (Prome), la capitale pyu des Vᵉ-VIIIᵉ siècle. Ce sont les Pyu qui ont tracé à Pagan un plan et des fortifications caractéristiques de leurs villes. Cette tradition, qui souligne les rapports étroits existant entre les Pyu et le fleuve, explique le choix de la localisation de la forteresse au bord de l'Irrawaddy. Si l'entrée principale de la cité (qui avait douze portes) est aujourd'hui la porte **Tharabha**, dont le caractère monumental est bien conservé, il est permis de penser que, pendant la période médiévale, cette porte, qui était sans doute accessible aux piétons par un pont de bois enjambant les douves, n'était pas nécessairement la plus impor-tante puisqu'on ne sait rien des trois portes occidentales qui s'ouvraient en principe sur le fleuve (cf. page suivante).

LA CITÉ DISPARUE DANS L'IRRAWADDY

La fonction portuaire des douves de Pagan pose problème car, du fait de la différence de niveau entre le fleuve et au moins la partie

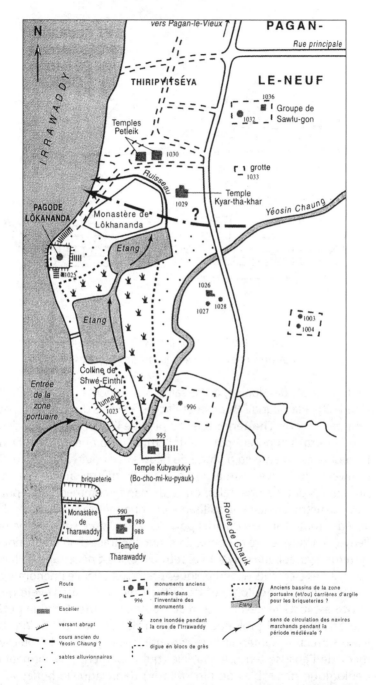

La zone portuaire de Lôkhananda pendant la période médiévale

PAGAN

*Bateaux utilisés pendant la période de Pagan
(croquis relevés sur les parois des temples).*

septentrionale des douves, on ne sait pas comment l'eau y pénétrait. Une visite à la pagode **Bupéya** et l'accès à la rive du fleuve en passant par la porte **Tha-tan** (située au pied de l'hôtel Aye Yar, anciennement Irra) s'imposent pour saisir l'ampleur du phénomène. Dans la mesure où, même en période de hautes eaux (juin à septembre), le niveau du fleuve reste à une dizaine de mètres au-dessous du niveau des douves orientales, on se demande comment l'eau pouvait y pénétrer en quantité suffisante pour permettre aux barques d'y accéder toute l'année. L'actuel port de Pagan, situé sur la berge du fleuve, se trouve entre ces deux sites. Aucune trace d'un quelconque système hydraulique n'ayant été retrouvée, il est nécessaire de faire appel à des éléments géographiques pour expliquer ce phénomène.

L'étude de **la géologie et de la tectonique du site révèle que la cité est installée exactement sur le flanc occidental d'un petit axe anticlinal** qui prolonge le chaînon des collines de Tu Yin. La lente surrection souterraine de cet anticlinal a entraîné le soulèvement de l'épaisse terrasse alluviale (qui appartient à la formation géologique des sables de l'Irrawaddy) dans laquelle le fleuve a recreusé son lit. Ce plissement permanent, invisible à l'œil nu mais rapide à l'échelle géologique, est lié avec **la tectonique de la région qui est également connue pour ses violents tremblements de terre. Le dernier, dont l'épicentre se trouvait à Pagan, date du 8 juillet 1975.** Mais les chroniques en rapportent d'autres, dont un si violent « que l'Irrawaddy aurait cessé de couler pendant quelques instants ». Il est certain que, à la faveur de ces mouvements tectoniques, la région de Pagan, qui est située dans le prolongement du plissement de l'arc himalayen, continue à se soulever depuis l'ère tertiaire. Depuis des siècles le fleuve a suffisamment déplacé ses méandres et creusé son lit pour ronger sa berge orientale au point de détruire le tiers de la ville (et les monuments qui devaient s'y trouver) comme le prouve ce qui reste des remparts. Par ailleurs la conjonction des deux phénomènes (soulèvement progressif du sol et creusement analogue du fleuve dans ses alluvions anciennes) permet d'expliquer la baisse du niveau de la nappe phréatique et l'assèchement des douves qui devaient être reliées au fleuve.

Il reste à savoir quand cet évènement s'est produit et s'il est la conséquence d'une catastrophe naturelle (tremblement de terre ou crue dévastatrice du fleuve) ou bien d'un mouvement progressif, comme c'est le cas actuellement. Ces questions restent encore sans réponse, puisque aucune inscription, faisant allusion à cet évènement qui, en principe, n'aurait pas dû passer inaperçu, n'a été retrouvée. On peut seulement dire que le phénomène s'est produit à une date forcément postérieure à la construction des murailles (849) et sans doute postérieure aussi au premier empire, puisque ni les stèles ni les *Chroniques* ne fournissent d'indications à ce sujet. Au XVIIIe siècle, les premiers voyageurs européens semblent avoir découvert la vieille capitale sous son aspect actuel. **La disparition du tiers de la cité dans le fleuve pourrait donc se situer entre le XIVe et le XVIIIe siècle.** Le plus curieux étant qu'il n'existe pas de traditions se rapportant à ce sujet sur le site, ce qui en fait un des mystères de Pagan. On peut supposer que, en perdant son statut de capitale, la cité impériale a perdu également son rôle stratégique. Il n'y avait donc aucune raison, pour les monarques successifs et les habitants des nouvelles capitales, de se préoccuper du sort des murailles en ruines de la ville ancienne. **Aucun fidèle n'avait d'ailleurs intérêt à les reconstruire puisque leur préservation ne lui aurait apporté aucun mérite** (cf. La pensée religieuse, chap. VI). Seul le souvenir de l'importance religieuse et culturelle du site s'est maintenue dans les consciences collectives. Les travaux conduits dans les douves, où sont intervenus bulldozers et pelleteuses, ont été conduits sans que des fouilles systématiques (analyses des couches de sol, analyses de prélèvements palynologiques, filtrage des déblais, datation des débris, etc.) aient été entreprises. Celles-ci conservent donc, avec le port du palais, leur secret.

UNE AGGLOMÉRATION PERPÉTUELLEMENT MENACÉE PAR DES CATASTROPHES NATURELLES

Trois calamités menaçaient en permanence l'agglomération : les crues annuelles de l'Irrawaddy qui rongeaient ses berges, **les incendies** qui dévoraient des quartiers entiers et **les tremblements de terre**, parfois très violents, qui secouaient toute la plaine de Pagan. La montée des eaux de l'Irrawaddy pendant la crue était un phénomène prévisible, mais les Paganais ne pouvaient pas en prévoir l'ampleur. Chaque année le fleuve recouvre ses îles et s'étale sur la totalité de son lit majeur. Il ronge ses berges en fonction de la force du courant qui l'anime. Mais il peut arriver que certaines crues prennent une ampleur catastrophique pour les hommes qui vivent sur les rives du fleuve. Postérieurement à la construction de l'enceinte fortifiée (IXe s.) il apparaît qu'environ un tiers de la cité a disparu dans l'Irrawaddy. Aucune date ne peut être attribuée à ce phénomène qui s'est produit après la chute de Pagan, lorsque la cité ne jouait plus aucun rôle politique, et à un moment où son sort n'intéressait plus personne. Dans le cas contraire, des inscriptions lithiques et des chroniques, dont les textes auraient pu nous parvenir, n'auraient pas manqué de faire allusion à cette catastrophe (cf. La cité disparue dans l'Irrawaddy, chap. II).

Les maisons des gens du peuple étaient construites en bois et en bambou, ce qui explique qu'il n'en reste aucune trace, d'autant que la ville ancienne a été complètement rasée par un grand incendie en 1225. Ce genre de catastrophe ne dérive pas nécessairement des guerres, il peut être accidentel et, à ce titre, est responsable de la disparition des vieux bâtiments et maisons de bois dont la beauté et les formes ont fait la réputation des architectes, sculpteurs et décorateurs birmans. Les maisons de l'agglomération civile étaient mitoyennes ou suffisamment proches pour qu'on imagine qu'un puisssant vent du sud (qui souffle en tempêtes à la fin de la saison sèche, en mai-juin) ait propagé l'incendie. Les grands monastères construits en briques à l'écart de la ville ont bien résisté aux incendies, mais les maisons individuelles des habitants étaient beaucoup plus fragiles. Elles sont repré-

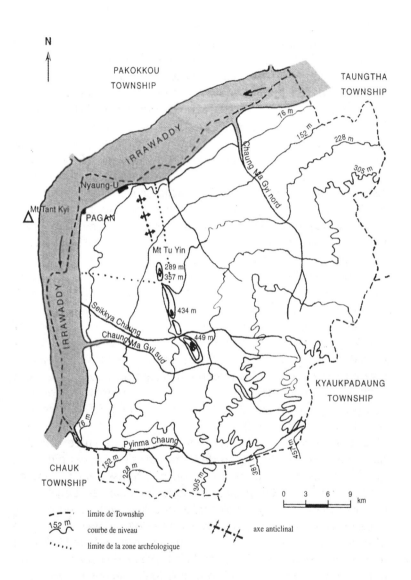

Topographie de la plaine de Pagan

sentées en grand nombre dans les peintures murales qui ornent les parois des grands temples. Les incendies accidentels sont responsables de la disparition de tous les vieux bâtiments de bois traditionnels. La majeure partie du patrimoine architectural birman (palais, monastères, temples, bibliothèques, maisons) a ainsi disparu dans les flammes. **La dernière maison « ancienne » (XIXᵉ siècle) en bois sculpté a été réduite en cendres dans le village de Monywè au début des années quatre-vingt.** Ce témoin de l'architecture civile du XIXᵉ siècle avait appartenu à l'ancien ministre des rois Mindon et Thibô, Kinwun Mingyi. Chaque année des dizaines de villages, des quartiers (centre ville de Mandalay en 1984), parfois des villes entières (Sagaing en 1968, Meikthila en avril 1991) sont ravagés par des incendies. Pendant l'âge d'or, les matériaux employés rendaient les reconstructions relativement aisées, car les Paganais pouvaient facilement se procurer du bois d'œuvre et des bambous qui arrivaient par radeaux sur le fleuve.

Les Mongols ont sans doute mis à sac Pagan en 1287, après leur entrée dans la ville, mais ils ne l'auraient ni détruite ni incendiée. Après une occupation de quelques années, ils auraient simplement abandonné la cité, sans même y laisser une garnison, mais « avec leurs chevaux chargés des trésors de la cité vaincue ». En fait ce sont **les envahisseurs thaïs-shans**, commandés par le chef de la ville de Myinsaing (ouest de Kyauksè) qui, en 1298, auraient **pillé et incendié ce qui restait** d'une cité traumatisée par la chute de la dynastie. Ce dernier pillage a sans doute joué un rôle décisif pour inciter les gens de la cour et les marchands à quitter peu à peu la cité déchue pour rejoindre le nouveau royaume birman en cours de constitution à Toungou, dans la vallée du Sittang (cf. Repères biographiques, Thihathou 2).

Les tremblements de terre constituent une autre calamité naturelle propre à la région de Pagan. Ils s'expliquent par le fait que la ville est située dans l'axe d'un petit plissement en voie de surrection. Dans les temps préhistoriques, la région était également menacée par une série de volcans, dont celui éteint du mont Popa, et de plusieurs autres situés dans la vallée du Chindwin au nord de Monywa. À l'échelle géologique, on peut dire qu'une chaîne de montagnes est en train de naître dans la plaine de Pagan. Les chroniques conservent le souvenir des principales secousses telluriques qui ont endommagé la ville pendant le dernier millénaire. La dernière, qui a, entre autres dégâts, provoqué l'effondrement de la partie supérieure du temple Gôdôpalin (reconstruit depuis), eut lieu le 8 janvier 1975.

Toutefois les calamités naturelles ne sont pas responsables des tous les dommages causés aux monuments tels qu'on peut encore les voir de nos jours. **Une partie des destructions résulte des Paganais eux-mêmes,** puisque certaines chroniques rapportent que le roi Narathihapati (1254-1287), surnommé plus tard *Téyopyimin* (« le roi qui a fui devant les Chinois »), aurait fait démolir d'urgence plusieurs milliers de temples, zédis et monastères afin d'en récupérer les briques et matériaux indispensables pour renforcer et rehausser les murailles de la cité royale avant l'arrivée des troupes mongoles. Selon les chroniques, cette opération aurait causé la destruction de « 1 000 grands temples et leurs porches, 1 000 plus petits et 4 000 temples carrés ». La rapidité de l'avance mongole aurait réduit cette tentative à néant, et la population aurait fui par le fleuve. De leur côté **les pilleurs de reliquaires et de temples,** qui agissaient déjà pendant l'âge d'or, ont poursuivi leur œuvre de destruction et **entrent pour une bonne part dans les dommages causés à la plupart des monuments isolés.**

Les Paganais chez eux

LE PALAIS ROYAL

PAGAN

Comme tous les monarques de l'Asie du Sud-Est, les premiers rois de la dynastie de Pagan vivaient dans des palais de bois laqué et doré, construits sur pilotis. L'utilisation de ces matériaux périssables explique pourquoi aucune de ces somptueuses résidences royales n'a survécu aux incendies et aux aléas de l'histoire. La seule exception est le monastère Shwénandô de Mandalay, construit vers 1853 en même temps que le palais du roi Mindon (1852-1878). Le pavillon que le souverain occupait au moment de sa mort (ce n'était qu'un des éléments du palais royal) fut démonté après les funérailles, transporté hors les murs et offert à un moine respecté. Pendant la seconde guerre mondiale, les Japonais se retranchèrent derrière les murailles du vieux palais, ce qui conduisit les Alliés à le bombarder. Par suite, tous les pavillons de bois dorés du dernier palais royal de la dernière dynastie birmane (Konbaung, 1762-1885) ont été incendiés. Mais le palais doré, qui avait été transformé en monastère, a survécu au désastre. Sa visite permet d'avoir une idée précise de ce à quoi ressemblaient les palais traditionnels des rois de Birmanie (cf. La cité royale et ses monuments, chap. II ; et Le palais du roi Kyanzittha, chap. II).

Le roi de Pagan habitait dans la résidence centrale d'un palais composé de plusieurs dizaines de pavillons alloués aux membres de la famille royale. Les quatre principaux princes logeaient dans des appartements privés placés aux points cardinaux. Le prince héritier, nommé « seigneur du palais oriental », était connu des Paganais comme « le beau prince » ou « la jeune majesté », noms par lesquels ils désignaient le futur roi Kyaswa en 1225. Les reines principales vivaient aussi dans des pavillons disposés aux points cardinaux de la résidence impériale. Les grandes lignes de l'organisation spatiale et de l'architecture traditionnelle des résidences royales ou privées étaient codifiées par l'édit du *Yazagaing* auquel nul ne pouvait se dérober. Elles sont restées à peu près les mêmes depuis l'âge d'or jusqu'à la chute de la monarchie en 1886. En fait l'architecture des pavillons privés occupés par les membres de la famille royale subsiste toujours. La visite des monastères de bois qui ont survécu aux catastrophes naturelles permet de constater qu'ils sont presque tous construits sur le modèle des anciens pavillons royaux dont ils sont les héritiers directs. Le plus vieux de ces bâtiments traditionnels (XVIIe s.) est actuellement le monastère Bagaya sis dans l'ancienne capitale,

Ava. À Pagan, le petit monastère du « palais des miroirs » (il était autrefois décoré de mosaïques de verre), situé près de l'entrée nord de la pagode Ananda, en face du monastère de briques (Ananda-Ok-Kyaung, XVIIe-XVIIIe s.), fournit un bon exemple de ce type d'établissement religieux. Toujours en activité, il est très fréquenté, notamment pendant la quinzaine du festival et de la foire de la pagode Ananda (décembre-janvier).

LE PALAIS DU ROI KYANZITTHA

Le palais royal du roi Kyansittha (1077-1113) à Pagan (*Râjasthân pukam*) nous est connu par une longue inscription d'un millier de lignes gravées en vieux môn (la plus longue connue à ce jour) sur quatre stèles que ce roi a fait ériger en 1102 pour commémorer la construction de sa nouvelle résidence. Ces stèles, contemporaines de l'inscription quadrilingue de Rajâkumâ à Myazédi, ont été retrouvées brisées et endommagées près de la porte Sarabha, au sud de la route et à l'intérieur des remparts. L'inscription, traduite par Blagden, nous révèle que le nom môn – langue officielle de la cour birmane à cette époque – donné à ce palais était *Râjasthan jeyabhûm,* ce qui signifie « le palais de la terre de la victoire ». Une autre inscription précise que, pendant la construction de ce palais, le roi résidait dans un pavillon temporaire édifié à cinq kilomètres de là, près du stoupa de Shwézigon, œuvre méritoire dont il venait de terminer la construction. Les travaux se sont poursuivis entre la fin 1101 et la fin avril 1102. La disposition du palais est clairement basée sur le principe môn des cinq pavillons (*pâncaprâsâda*), avec un « grand pavillon » central entouré aux quatre points cardinaux par des pavillons secondaires. Le complexe royal, composé de quatre bâtiments principaux (la salle du trône, la salle d'audience, l'antichambre où résidait le roi, et le pavillon du couronnement) entourés par quatre pavillons secondaires placés aux quatre points cardinaux, constituait une vaste plate-forme soutenue par des pilotis, avec un déambulatoire qui reliait tous les bâtiments entre eux. La poutre faîtière s'appelait « éléphant de la maison », et les principaux piliers portaient des noms spécifiques tels que « célébrité, renommée, homme, femme »). La poutre faîtière étant orientée est-ouest, le palais faisait face au nord selon la coutume môn. Comme le reste de l'agglomération, il s'ouvrait donc vers le fleuve.

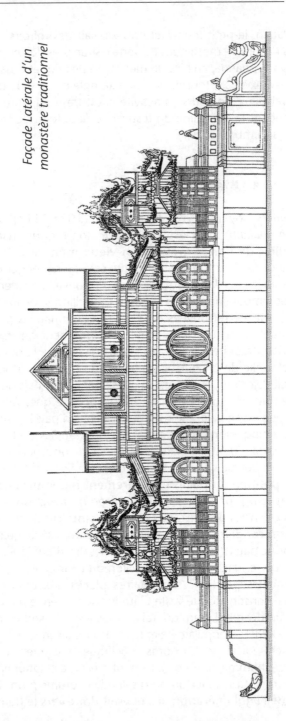

Façade Latérale d'un monastère traditionnel

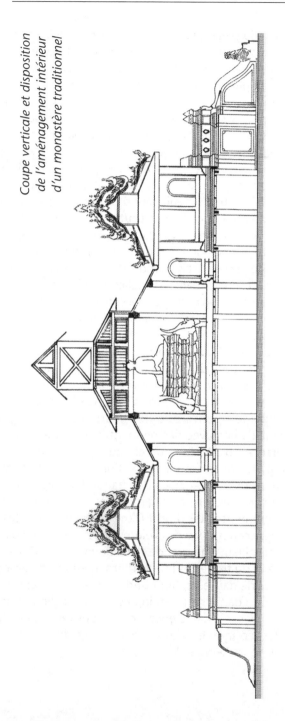

Coupe verticale et disposition de l'aménagement intérieur d'un monastère traditionnel

PAGAN

Le centre du palais était la salle du trône (*singhâsana*, « le trône du lion ») qui se trouvait sur le côté est du grand pavillon, tandis que la salle d'audience se trouvait sur le côté ouest. Chacune de ces salles d'apparât était précédée d'un porche (*muk*), mais les quatre pavillons secondaires n'en avaient pas. L'antichambre possédait un porche, des portes et sa propre salle de réception privée. Il semble qu'un pavillon des ablutions, réservé pour les bains rituels, se touvait à côté. Depuis le sol on accédait à la plate-forme du palais par des escaliers (*sopâna*) appuyés sur des pilotis. **Les décorations les plus significatives étaient les passages voûtés en arcades, qui protégeaient les gens de la cour du soleil lorsqu'ils se rendaient d'un point à un autre du palais, et les frontons qui encadraient toutes les portes et fenêtres.** Le pavillon du couronnement à lui seul possédait 28 frontons, ce qui suggère qu'il y avait une porte encadrée de trois fenêtres à gauche et à droite sur chaque côté. Mais les monastères de briques de Pagan (qui reproduisaient certaines parties du palais royal) donnent à penser qu'il pouvait aussi bien y avoir une porte à chaque extrémité d'une façade avec cinq portes au milieu. Toutes ces ouvertures étaient encadrées de frontons en bois sculpté :

« En haut, au milieu du fronton de l'arche, il y a la déesse Sri, faite d'or brillant et scintillante de pierres précieuses. De chaque côté, au-dessus des chapiteaux surmontant les piliers de l'arcade, se trouvent deux statuettes dorées de devas [divinités] répandant leurs bénédictions, ainsi que des fleurs d'or et des guirlandes mêlées dans l'arche avec des pendentifs de perles et des feuilles de bananiers en or. Au faîte de chaque arche se dresse une tige d'or en épi et… avec des nervures d'or. De chaque côté se tient un léogryphe doré. Au-dessus de chaque léogryphe se trouvent un capricorne doré et un canard doré tenant une tige et une feuille entièrement faites d'or brillant. Au-dessus des fûts de chacun des capricornes, il y a des volutes dorées avec une pincette en rubis et, au milieu, une grande fleur de lotus… » Dans les salles d'audience et du trône, les motifs d'ornementation comprenaient des figurines de danseurs, tambourinaires et musiciens divers. On y trouvait aussi dans chaque coin des statues de lions placés entre des lionnes, des montants encadrés par des têtes d'éléphants, et partout des léogryphes, des capricornes et des lotus avec leurs bourgeons, leurs fleurs et leurs fruits.

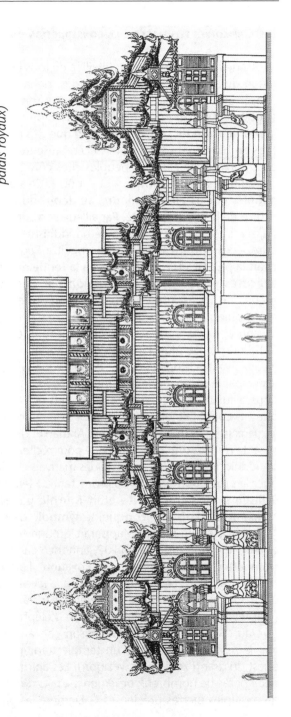

Élévation latérale d'un monastère traditionnel (construit sur le modèle des anciens palais royaux)

PAGAN

LES CÉRÉMONIES RITUELLES DE LA CONSTRUCTION DU PALAIS

Au-delà de la description détaillée de tous les rituels de la préparation du site, de l'érection des pilotis, de la construction et de la consécration du palais, les stèles nous fournissent de précieux renseignements historiques sur l'âge d'or du premier empire. **Pendant la préparation du site, on apprend que des prières étaient chantées en birman, môn et pyu.** Ceci représente la première mention épigraphique de ces trois peuples cités côte à côte, et la première mention des mots « birman » et « môn ». Cela prouve que **ces trois peuples coexistaient toujours, au début du XIIe siècle, sur le territoire de la cité impériale.** Par ailleurs, on constate qu'au moment où, si l'on en croit la tradition, le bouddhisme sous sa forme la plus pure – celle du *theravâda* – triomphait à Pagan, **Kyanzittha attachait la plus grande importance à la tenue de rituels vaishnavites exécutés pendant la construction par des astrologues brahmanes attachés à la cour** (cette tradition, commune aux autres monarchies indianisées de l'Asie du Sud-Est, s'est perpétuée jusqu'à la chute de la monarchie. Elle perdure en Thaïlande et au Cambodge). De plus, l'inscription mentionne deux fois le culte du *Nâga*, divinité chtonnienne pré-bouddhique. Malgré la ferveur manifestée par le roi envers le bouddhisme (démontrée par ses constructions religieuses), il n'en reste pas moins que le bouddhisme pratiqué à la cour était loin d'être pur. Or le cérémonial se déroulait sous les yeux mêmes du vénérable Shin Arahan et des 4 108 membres de sa secte qui ne sont intervenus que pour réciter les *parittas*, formules bouddhiques destinées à chasser les mauvais esprits du sol et à invoquer la protection des génies protecteurs. Même dans ce cas, **l'eau utilisée pour bénir le site était fournie par les brahmanes et transportée dans une conque, le symbole de Vishnou.**

Kyanzittha lui-même n'apparaît qu'une fois dans l'inscription quand, le vendredi 7 mars 1102, annoncé par des tambours et des trompettes, salué par une grande ovation, il arrive devant le chantier de son palais. Le roi vient assister à la levée des piliers de la salle du trône, avec d'un côté son éléphant blanc nommé *Airavana* (d'après Erawan, le dieu indien à tête d'éléphant qui sert de monture au dieu Indra), et de l'autre son cheval blanc (dont on peut voir la représentation dans un temple traditionnel placé au nord-ouest du grand zédi de Shwézigon). Les animaux royaux sont tous deux parés de nombreux ornements « faits d'or brillant et incrustés de multiples pierres précieuses ». Derrière le roi suivent les palanquins des reines et des dames de la cour invitées à la cérémonie. Le roi participe alors au rituel qui consiste à laver les piliers, à les vêtir d'un linge blanc, à nourrir les trous des pilotis avec du riz cuit, du lait frais et cinq types de pierres précieuses, et à rendre hommage à tous les piliers. La base de chacun de ces piliers avait été au préalable enveloppée de feuilles d'or, de feuilles d'argent et de feuilles de cuivre. En outre, d'autres feuilles d'or, d'argent et de cuivre avaient été enterrées le même jour à dix endroits différents du chantier. **Au cours des siècles, au gré des créations de bâtiment civils et religieux, un foisonnement de richesses se sont ainsi accumulées dans le sous-sol de la cité ancienne.** Avant le 28 mai 1990, date à laquelle le régime militaire a chassé les Paganais de la terre de leurs ancêtres, les habitants jouaient le rôle de gardiens de la cité royale. Désormais le génie protecteur du site, auquel les Paganais rendent encore hommage dans son petit temple situé près de la route qui traverse la ville, est le seul à remplir ce rôle. Il bénéficie notamment des offrandes des conducteurs de calèches-taxis qui sillonnent la zone archéologique.

LES LIMITES DE L'EMPIRE

Au début **la principauté qu'Anôratha avait hérité de ses ancêtres ne s'étendait que sur la zone sèche. Elle ne mesurait guère plus de 350 km du nord au sud et 120 km d'est en ouest.** La conquête de l'Arakan, du delta de l'Irrawaddy, d'une partie du Tenasserim et surtout de Thaton permit la constitution de ce qui était pour l'époque un empire. Quelques expéditions sur le plateau shan lui assurèrent la reconnaissance nominale de sa suzeraineté par un certain nombre de chefs montagnards. Une autre expédition dans le Yunnan se serait soldée par un échec devant Tali. Dès le début de la période, la menace des Shan, qui lançaient des incursions dévastatrices sur les zones rizicoles situées dans la plaine, fut suffisamment pressante pour qu'**Anôratha construise du nord au sud, au pied du plateau shan, une série de 43 fortins entourés de palissades.**

L'empire de Pagan commence son expansion sous la poussée des rois conquérants au xie siècle. Il atteint son apogée sous le règne de Narapatisithou (1174-1210), période où la succession des conquêtes donne au territoire du royaume sa plus grande exten-

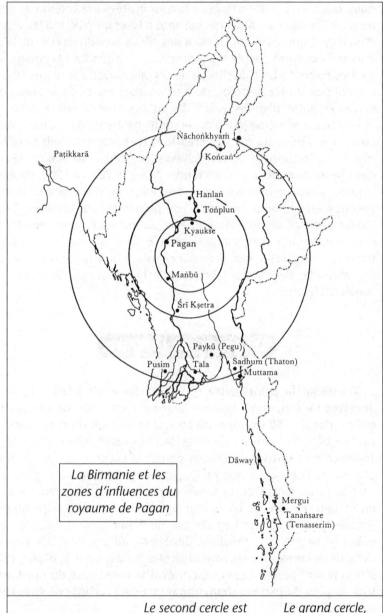

La Birmanie et les zones d'influences du royaume de Pagan

Le cercle central est contrôlé directement par le roi

Le second cercle est contrôlé par les membres de la famille royale ou les ministres

Le grand cercle, contrôlé par des gouverneurs, est celui des territoires conquis.

sion. **À l'ouest,** l'empire atteint l'Arakan, qui lui verse un tribut, et les collines Chin ; **au nord,** il s'étend sur l'actuel pays kachin (les Kachins venus de Chine ne sont pas encore rentrés en Birmanie) jusqu'aux environs de Bhamo (qui n'existe pas encore). Cette région frontière était très faiblement peuplée. Elle comprenait la ville de Tagaung (dont les Birmans se disent originaires) et les forteresses de Kangton et Kaungsin qui bordaient l'Irrawaddy ; ainsi que la forteresse de Ngasaunggyan située sur le plateau yunnanais. **À l'est, le cours du fleuve Salouen, qui sépare le plateau shan en deux parties, semble avoir été considéré comme la limite orientale de l'empire. Au sud-est,** les ambitions territoriales des Birmans étaient sans doute contenues par la présence d'un autre empire conquérant, celui des Khmers qui avaient installé une cité-forteresse à **Muang Singh** (la ville du lion) sur les marges de leur propre empire. **La ville était située dans la vallée de la rivière Kwaï, voie de passage antique entre les bassins de l'Irrawaddy et du Chao Praya. Au sud, les zones côtières** du Tenasserim et leurs ports (Tavoy, Tenasserim), qui commandaient des voies de passage vers la mer de Chine, se trouvaient sous l'influence de Pagan **jusque dans la région de Junk Ceylan** (l'actuelle île de Phuket, en Thaïlande).

Les premiers successeurs d'Anôratha ont poursuivi son œuvre de conquête, et **il semble que la limite nord de l'empire ait été Ngasaunggyan,** tandis que la forteresse de Kaungsin (près de Bhamo), située près de l'Irrawaddy, en était le centre administratif. **La limite sud était Dawei (Tavoy)** dans le Tenasserim. **Vers l'est, c'est le fleuve Salouen qui servait de frontière, tandis qu'à l'ouest les** Chroniques **disent que l'Arakan et les collines Chin appartenaient à Pagan.** Dans toutes ces régions des plaques vôtives portant la marque personnelle du roi Anôratha ont été retrouvées. Elles permettent ainsi de marquer avec certitude les limites de l'empire. En plus de ces territoires tributaires, il semble que de nombreuses principautés indochinoises reconnaissaient temporairement la suzeraineté de Pagan. **L'apogée de la cité impériale est atteinte sous le règne de Nadaungmya (1211-1234). À partir de Kyaswa (1234-1250), la capitale du premier empire amorce son déclin.**

Tablette votive avec son inscription située au dos

RĬ A NI RU DDHA DE VE NA KA

TO VI MU TTA TTHI... SA HA TTHE

NE VĂ TI

Texte de la dédicace d'Anôratha sur une tablette votive

III

L'ORGANISATION POLITIQUE ET SOCIALE

La société paganaise est une société féodale et cosmopolite fondée sur l'esclavage. Elle a imposé sa suprématie sur ses contemporains indochinois grâce à sa maîtrise de diverses techniques : organisation militaire (utilisation massive de l'éléphanterie pendant les opérations militaires), navigation fluviale sur l'Irrawaddy et ses affluents, agricoles (mise en valeur des terres sèches et irriguées), et au contrôle qu'elle exerçait sur tous les échanges commerciaux qui transitaient par l'Irrawaddy. Enrichis par le commerce, les Paganais ont adopté le bouddhisme theravâda, doté le territoire de la cité impériale de monuments à sa gloire, et enseigné cette religion aux peuples voisins. Grâce à son organisation politique et sociale, Pagan va ainsi rayonner en Asie du Sud-Est pendant deux siècles et demi.

LES PEUPLES DE L'EMPIRE

La cité impériale était une agglomération cosmopolite où Birmans, Chinois et Indiens côtoyaient tous les peuples de l'Indochine. Le nom des Birmans (*Mirmâ*) apparaît pour la première fois en birman (jusque-là le birman était une langue sans écriture) dans l'inscription quadrilingue (birman, pyu, môn et pâli) de Râjakumâ (1112). Mais les Paganais étaient depuis longtemps connus des Chinois sous le nom de **Mien**, et des Cham (habitants du royaume de Champa sur l'actuelle côte du Vietnam) qui, dans une inscription antérieure à 1050, les nomment « Pukam », nom sous lequel la cité birmane était connue des autres royaumes indochinois dans la première moitié du XIe siècle. Au plan intérieur, le nom apparaît pour la première fois sur une stèle de 1093 rédigée en môn. Les stèles birmanes de Râjakumâ (stèle de Myazédi), de la pagode Dhammayazikâ (1196), et de Sô Hla Wun (1236) désignent toutes Pagan sous le nom « Arimaddana Pura » (la ville

PAGAN

qui écrase ses ennemis). Mais le nom de « Pagan » apparaît pour la premièe fois sur une stèle de 1230 au sujet de la donation de 78 esclaves birmans (« *Pagan péyakyun* ») et indiens (*kula*). Ensuite les mentions se succèdent en grand nombre.

En plus des habitants libres, une large population d'esclaves (dont les stèles nous donnent parfois les noms) résidaient dans l'agglomération et dans toutes les zones agricoles du royaume qu'ils contribuaient à mettre en valeur. Cette population rapportée par les conquérants était composée de représentants de tous les peuples de l'empire et de ses voisins. Elle comprenait les Tircul (Pyu), Shan (Tay, Shan), Rmeñ (Môn), Karen, Kanyan, Thet, Sak, Kadou, Taungthou (Pa-oh), Arakanais, Khmer, Bengali et Indiens. On y trouve même la trace d'un étranger « blanc » (*kalapyou*) qui pouvait aussi bien être un habitant du nord de l'Inde qu'un musulman ou un mercenaire européen capturé à l'issue d'un combat puis revendu sur un des marchés aux esclaves de l'Orient (cf. Les esclaves, chap. III).

Une société cosmopolite

Les inscriptions, consacrées à des donations religieuses, donnent faussement à penser que la société de Pagan était monolithique. En réalité, **le rayonnement de Pagan résidait dans la richesse de sa composition ethnique et dans la multiplicité des cultures qui s'y côtoyaient**. La population de l'empire était constituée par des peuples qui exerçaient un rôle politique dominant (Birmans, Môn et Shan) et une nébuleuse d'ethnies qui tentaient d'échapper à cette domination (Arakanais, Chin, Kachin, Karen et Indiens). Des membres de tous ces peuples se côtoyaient à Pagan dont les rives étaient fréquentées régulièrement depuis des siècles par des voyageurs et marchands chinois, indiens et ceylanais. Mais ce petit peuple des bords du fleuve avait des croyances animistes et pratiquait des rites qui ne nécessitaient pas des dons importants, c'est pourquoi il n'en reste aucune trace. La stèle de Râjakumâ nous indique qu'on parlait quatre langues principales dans la cité : pyu, môn, pali et birman. Mais on peut penser qu'on y employait aussi d'autres langues telles que karen, shan, chinois, sanscrit, tamoul et ceylanais. La cohabitation séculaire de ces langues, de ces peuples et de ces cultures entre pour beaucoup dans la grandeur de Pagan, tout autant que le bouddhisme *theravâda* qui en fut l'élément unificateur. Un texte religieux d'un moine contemporain, Paung Laung

Maha Kassapa, rédigé en pâli et daté de 1201, se termine par un poème de 14 stances qui glorifient la prospérité de Pukam-Arimaddana : « Ici il y a beaucoup de nationalités différentes et on y trouve des gens de toutes les races. » (cf. L'arrivée des Birmans, chap. I ; et Le rôle du Bouddhisme, chap. VI).

Les échanges extérieurs du royaume étaient suffisamment développés au XIᵉ siècle pour conduire à l'installation permanente d'une colonie indienne et d'un temple dédié à Vishnou (Nat-Hlaung-Kyaung) à Pagan. On peut d'ailleurs se demander si cette colonie n'était pas installée en territoire pyu depuis le début de l'ère chrétienne. En effet les Pyu, proto-birmans indianisés, entretenaient des relations culturelles et commerciales avec l'Inde du Sud dès les premiers siècles de l'ère chrétienne, bien avant l'arrivée des Birmans dans la plaine de Pagan. Quoi qu'il en soit, cette communauté indienne était sans aucun doute numériquement très importante et socialement très influente. On est frappé de constater que toutes les illustrations de personnages contemporains relevés dans les peintures murales présentent des traits clairement indianisés sinon purement indiens. **L'existence d'une société cosmopolite à Pagan est également soulignée par la rédaction et l'édification de la stèle quadrilingue de la pagode Myazédi** (pyu, môn, birman et pâli). Gravée sur l'ordre de Rajâkumâ (le fils de Kyanzittha), la stèle, datée de 1112-1113 (période de la construction du temple Kubyaukkyi), n'était pas placée au hasard sur le site : elle se trouvait vraisemblablement devant le temple Kubyaukkyi de Myinkaba. La topographie des lieux nous montre que, pendant l'âge d'or, les barques pouvaient régulièrement remonter la rivière de Myinkaba jusqu'au niveau du temple. De nos jours encore, pendant la crue de l'Irrawaddy, certains bateliers viennent échouer leurs embarcations sur la grève située devant le temple. Pendant la période médiévale, la zone portuaire de Myinkaba regroupait de nombreuses activités artisanales ou semi-industrielles : fours à briques, à céramiques émaillées, à perles de verre, fabrication de poteries, fonderies (fer, bronze), travail du bambou, du bois et de la pierre, etc. **Au moment où ils débarquaient, les bateliers étrangers au pays ou à la région pouvaient ainsi s'informer, en lisant la stèle, des lois et coutumes de Pagan rédigées dans leur propre langue.** La fréquentation d'un temple bouddhique comme Kubyaukkyi ne pouvait dépayser les Indiens. En effet, ce monument possède de très belles peintures murales parmi lesquelles les voyageurs indiens n'avaient aucune peine à identifier des représentations du dieu indien **Subrâhmanya** (« cher aux brahmanes »). Les peintures de ce dieu, nommé aussi Skanda, sont placées de part et d'autre de l'entrée du sanctuaire intérieur. Il ne s'agit pas d'une divinité secondaire puisque, selon la mythologie indienne, ce dieu est le plus jeune des fils de Shiva et Pârvathî. **À Kubyaukkyi, il est représenté debout, avec six bras tenant les attributs traditionnels du pouvoir, et montré aux fidèles comme une divinité protectrice du Bouddha.**

Le village de Myinkaba recèle également **un autre monument attestant l'influence indienne au XIᵉ siècle : le temple de Nanpéya.** Selon l'inscription de la stèle du temple Manuha, cet édifice est l'œuvre de Naga Tha-man, l'arrière-petit-fils du roi môn déchu, Manuha. Entièrement construit en briques de grès, ce temple aurait été construit (fin XIᵉ-début XIIᵉ s.) sur l'emplacement du palais où résidait le roi Manuha au début de sa captivité. **L'originalité du temple réside dans le fait que son sanctuaire intérieur abrite quatre gros piliers. Sur chacun d'eux sont sculptés deux représentations du dieu Brahma, assis sur un piédestal entouré de lotus.** Le dieu (qui possède quatre visages) est ici montré avec trois visages. On peut trouver 51 autres sculptures de Brahma en adoration sur la base des trônes des quatre statues du Bouddha qui ornent le temple de Mye Bon Tha (sud-est de Thatbyinnyou).

L'influence indienne est également omniprésente dans l'architecture paganaise, car la plupart des temples sont surmonté d'un *sikhara* (tour qui surmonte le sanctuaire principal d'un temple dans l'architecture hindoue de l'Inde du Nord). Il en est de même pour les peintures murales : **tous les personnages représentés dans les peintures de l'âge d'or possèdent un visage indéniablement indianisé** (cf. L'arrivée des Birmans, chap. I ; et Les femmes à Pagan, chap. VIII).

LA DÉMOGRAPHIE DU ROYAUME DE PAGAN

On ne sait pratiquement rien de la démographie du royaume de Pagan. Dans l'état actuel de nos connaissances, on peut seulement dire que l'**État paganais était faiblement peuplé. L'ensemble de la population atteignait peut-être deux millions d'habitants**, chiffre qui s'est maintenu pendant toute la durée du premier empire. À titre comparatif, on sait qu'au milieu du XIXᵉ siècle la population du royaume d'Ava-Mandalay était estimée à deux ou trois millions de personnes, c'est-à-dire à peine plus que pendant la période de Pagan. L'édit de

ORGANISATION POLITIQUE ET SOCIALE

Kyaswa (cf. La justice, chap. III) nous révèle qu'**en 1249 l'empire comptait 444 villages de plus de 50 habitants. Mais en 1983 la seule zone sèche de Birmanie centrale nourrissait tant bien que mal à elle seule plus d'une dizaine de millions d'habitants.** La pression démographique ne semble pas avoir augmenté pendant l'âge d'or de Pagan. Elle n'a guère augmenté entre les XIIIᵉ et XIXᵉ siècles. Mais il n'en est plus de même en ce début du troisième millénaire : l'explosion démographique, qui a pour corollaire une pression accrue sur les terres, n'est pas sans conséquences sur le couvert végétal de la région, d'où un effet de désertification qui n'existait pas pendant la période pagan.

En se basant sur des sources chinoises énumérant les différents royaumes pyu de la Birmanie, on a estimé que le nombre des habitants de l'agglomération de Pagan atteignait une centaine de milliers de personnes, chiffre considérable pour l'époque médiévale. Les fouilles sauvages, qui ont montré l'étendue de la ville tout au long du fleuve, donnent quelque crédit à cette hypothèse. Compte tenu des dimensions de l'empire, on ne peut s'attendre à des chiffres beaucoup plus importants. On est cependant un peu mieux renseigné sur le nombre des religieux. **En 1102**, l'inscription du palais de Kyanzittha nous apprend que **4 108 moines**, conduits par Shin Arahan, ont participé aux rites de fondation.

Ce chiffre relativement faible, eu égard à la densité des fondations religieuses, permet de penser que seuls les moines de la secte de Shin Arahan, qui n'était peut-être pas la plus importante, étaient présents à ces cérémonies. Vingt-huit ans plus tard, **une autre inscription précise qu'il y avait dans l'empire 2 008 monastères où vivaient des religieux**. Certains ont estimé qu'une vingtaine de moines et novices résidaient dans chaque établissement, ce qui porterait **le *Sangha* à 40 160 personnes**. À nouveau on a estimé que, du fait que chaque fidèle mâle doit entrer au moins une fois au monastère dans sa vie, **le nombre des religieux correspondait à 3 % de la population**. Si on applique ce pourcentage aux quelque cent mille habitants de la cité, on constate que Pagan abritait au moins 3 000 moines… **Mais on ne sait pas combien il y avait de monastères à Pagan** même, puisque toutes les structures en bois ont disparu. Selon la tradition, corroborée par une inscription de Narapatisithou qui mentionne en 1190 la présence de huit grands vénérables participant à une cérémonie de donation royale, **il existait huit grands complexes monastiques à Pagan**. Un siècle plus tôt, on ne relevait la présence que de six grands dignitaires du *Sangha* lors de la célèbre donation du prince Râjakumâ (stèle de Myazédi) (cf. Le personnel monastique, chap. VI).

LA SOCIÉTÉ PAGANAISE

UNE SOCIÉTÉ FÉODALE

La société paganaise est organisée, comme le reste de l'empire, selon une structure féodale. Le roi (*mingyi*) est la personne suprême du royaume. Dans chacun de ses édits il rappelle qu'il est le seigneur de toutes les terres et de toutes les eaux du royaume, ainsi que de la vie de ses sujets. Tous les seigneurs féodaux, c'est-à-dire les gouverneurs ou les chefs des pays conquis, ainsi que ceux qui reconnaissaient sa suzeraineté, devaient lui verser un tribut annuel. En pratique, les petites seigneuries étaient aux mains des chefs locaux qui gouvernaient leurs peuples comme le roi le faisait directement dans les territoires proches de Pagan. **Le pouvoir royal s'exerçait à travers un conseil** (*hluttô*) présidé par le prince couronné, composé de quatre ministres (*wun*), quatre ministres-adjoints (*wundauk*), et plusieurs secrétaires d'État (*séyadôgyi*). Tous étaient directement nommés par le roi. Dans les provinces, le gouverneur (*myo-wun*) était un puissant personnage autour duquel gravitaient les chefs de ville (*myo-thugyi*) qui contrôlaient eux-mêmes les chefs de village (*ywa-thugyi*). À Pagan, tous ces hauts personnages voulaient imiter les actions royales dans le domaine religieux, c'est pourquoi ils ont largement participé au mouvement des constructions religieuses sur le territoire de la cité.

La société paganaise se composait de deux groupes principaux : **ceux qui étaient au service du roi, et les citoyens ordinaires.** Les premiers se divisaient en deux classes : ceux qui devaient **un service civil,** et ceux qui relevaient du **service militaire.** Dans les provinces, la majorité cultivaient héréditairement les terres de la couronne, creusaient et entretenaient les canaux d'irrigation, ou fournissaient les rameurs de la flotte, mais à Pagan ils étaient employés comme cuisiniers du palais, ou chargés de son entretien. Ceux qui devaient un service militaire (cavaliers avec leurs chevaux, lanciers avec leurs éléphants surmontés de tourelles en bois, fantassins-archers, bateliers avec leurs bateaux de transport et de guerre) étaient entretenus, équipés et fournis par les villages (cf. L'armée, chap. III).

Les citoyens ordinaires étaient classés en communautés professionnelles telles que : agriculteurs, chasseurs, pêcheurs, mariniers, forgerons, bronziers, orfèvres, potiers, maçons, peintres, décorateurs, artistes de toutes sortes, laqueurs, charpentiers, bûcherons ou coupeurs d'herbe. Cette dernière activité avait une importance particulière car les éléphants, chevaux et bovins (pour le trait) étaient certainement nombreux dans la capitale. Les îles du fleuve fournissaient une herbe de qualité (*kaing*) qui servait aussi bien de fourrage pour les bovins et les éléphants que de couverture de chaume pour les toits des maisons de bois.

LE ROI ET LA COUR

La structure politique de la société de l'âge d'or était en fait basée sur l'inextricable réseau des relations personnelles qui s'établissaient entre les diverses composantes de la cour qui contrôlaient chacune un segment de la société. La survie de la personne royale, et quelquefois du royaume, dépendaient de la manière dont le roi gérait ce réseau. Gardien et propriétaire de fait

Le roi et la reine

du royaume, le roi était « le seigneur de la terre et des eaux », phrase qui apparaît régulièrement dans les inscriptions de la période. Il était donc situé au-dessus de tous les autres seigneurs locaux et de tous les propriétaires des grands domaines. **Comme législateur suprême** (sauf pour les questions religieuses), il est le garant des lois ordinaires qui reconnaissent les coutumes locales et régionales. Au plan religieux, **il est le défenseur de la foi bouddhique** et de la religion officielle que l'on peut déjà appeler « nationale ». Pendant l'âge d'or, la structure centralisée de l'État birman se précise et transcende l'autorité personnelle du roi : l'armée est « royale », les cours de justice sont « royales », les taxes « royales » sont perçues par des collecteurs spécialisés. **Le pouvoir politique et économique du roi était basé sur le contrôle qu'il exerçait sur la terre, sur la main-d'œuvre qui la mettait en valeur, sur son utilisation et sur sa tenure.** Les droits accordés par le roi sur les terres, les habitants et les revenus qu'on pouvait tirer de ces fiefs étaient appelés *mahâdan* (le grand cadeau). Ils étaient offerts selon le bon vouloir du roi (*sa nâ tô* ou « la compassion royale »). Mais ces droits étaient révocables quand la compassion disparaissait. De nombreux ministres et favoris malchanceux en ont fait les frais au profit du trésor royal, ravi de récupérer des terres, ou de leurs rivaux dont les services étaient récompensés.

À la tête de la pyramide sociale de la société féodale paganaise se trouve le roi (*mingyî*). Au-dessous vient **la cour,** avec les membres de la famille royale, reines (*mibeya*), princes (*mintha*) et princesses (*minthamies*) et les concubines (*minma*). **Les ministres** (*amat* ou *amatayâ*), qui sont parfois des membres éloignés de la famille royale. **Les conseillers** (parfois d'anciens moines lettrés qui avaient quitté le Sangha à la demande expresse du roi) et quelques personnes avisées parmi lesquelles se trouvaient le *Sangharâja*, **chef spirituel du clergé bouddhique.** À ces membres influents de la cour, il faut ajouter **les brahmanes.** Comme dans toutes les

Un roi de Pagan

Une reine de Pagan

sociétés indianisées de l'Asie du Sud-Est, ces derniers, dont les connaissances en astrologie étaient très appréciées de la cour, étaient traditionnellement chargés de définir les moments propices à **l'organisation des rituels propres aux manifestations du pouvoir royal**. Ils avaient leur propre temple (le Nat Hlaung) au cœur de la cité royale, ce qui prouve la considération et le respect dont ils bénéficiaient à la cour. Les brahmanes de la cour, appelés *ponna*, ont conservé leurs fonctions jusqu'à la chute de la monarchie en 1886. (Certains de leurs descendants sont encore sollicités par les puissants du moment.) Les titres, rangs, insignes divers et marques sur les costumes, fiefs et autres récompenses servaient à maintenir une relation directe de fidélité avec la royauté.

DEVENIR ROI : UNE LUTTE IMPITOYABLE

Pour espérer devenir roi, les futurs souverains de la cité devaient réunir un nombre de conditions : appartenir à la famille royale ou remplir les conditions requises pour accéder légitimement au trône. Par exemple en ayant des aïeux prestigieux ou en étant le fils du roi ou son frère. À ces conditions s'ajoutaient des qualités personnelles qui faisaient d'un prétendant au trône un chef incontesté, tels le prestige tiré de campagnes militaires victorieuses (ainsi le prince Nadaungmya, fils du roi Narapatisithou et de la reine Veluvati, fut général sous le règne de son père. Mais il était le cadet des cinq fils du couple royal. De ce fait il n'aurait jamais dû accéder au trône) ; ou l'habileté à nouer des alliances avec les courtiers afin de bénéficier d'un maximum de soutiens à la cour et dans les diverses branches de la famille royale, richesse des propriétés terriennes, succès commerciaux, reconnaissance par tous de qualités héritées de vies antérieures et dont le résultat permettait de devenir un monarque légitimé par la religion.

Pour s'emparer du trône, Anôratha (1044-1077), fils de la reine du Nord, quatrième épouse du roi, dut se battre contre son demi-frère aîné, Sokkate, qui était le fils de la seconde reine. Kyanzittha (1084-1112), lui aussi fils de la quatrième reine, lutta contre Sôlou (1077-1084) qui avait pourtant l'avantage d'être à la fois le fils de la reine mère et l'héritier couronné. Alaungsithou (1112-1167), qui n'était que le petit-fils de Kyanzittha par une fille de la reine mère, réussit à monter sur le trône malgré l'existence de Râjakumâ qui était pourtant le fils de la reine mère (peut-être pour des raisons politiques afin de renforcer les liens de la dynastie avec les Môn). Narathou (1167-1170), qui soit n'appartenait pas à la famille royale ou était très éloigné de la ligne de succession, se débarrassa du fils de Kyanzittha (Minshinzô) en l'exilant (ce qui lui permit d'échapper à une mort certaine en ces temps impitoyables) ; Naratheinka (1170-1173), héritier couronné de Narathou, dut d'abord lutter contre son frère Narapatisithou (1173-1210) pour accéder au pouvoir que ce dernier récupéra quand même trois ans plus tard. Nadaungmya (1211-1234), fils cadet d'une concubine, fut désigné malgré la présence de ses frères aînés. Son successeur, Kyaswa (1234-1250), n'avait pas de concurrent à écarter pour monter sur le trône. Mais son fils Uzanâ (1250-1254), qui ne régna que quatre ou cinq ans, fut probablement déposé par Narathihapati (1255-1287), dernier roi de la dynastie, dont la généalogie était moins prestigieuse (donc moins légitime dans l'optique bouddhique des Paganais) que celle d'Uzanâ, puisqu'on retrouvait à son origine une simple famille d'artisans... C'est pourquoi, afin d'asseoir la légitimité de ses prétentions et de raffermir son pouvoir, Narathihapati fut obligé d'épouser la première reine du défunt roi. Ce fait entre sûrement pour une part dans le sobriquet méprisant dont la postérité l'a affublé : « celui qui a fui devant les Chinois ». Ce qui sous-entend que, dès le départ, il n'était pas digne de régner. Au moment de l'offensive mongole sur Pagan, il avait abandonné sa capitale, faute de temps pour organiser la résistance (cf. L'armée, chap. III).

LE POUVOIR ROYAL

Dans la conception birmane traditionnelle, la personne du roi incarnait les trois composantes essentielles de la royauté : le caractère divin d'un *Bodhisattva* (futur Bouddha) ; le caractère royal des dix qualités que doit posséder un roi ; et les qualités surhumaines inhérentes à un monarque universel. **Le caractère divin** (*devarâjika*) du roi était prouvé quand il aidait ses sujets à trouver le salut (en favorisant la religion), comme le fait un Bodhisattva. La seconde composante (*dhammarâjika*) concernait **les attributs moraux et l'efficacité** que devait posséder un monarque gouvernant selon la tradition bouddhique. Cette méthode de gouvernement était illustrée par l'empereur indien Asoka et les histoires des vies antérieures du Bouddha. Ces attributs faisaient du roi le gardien de la dimension surnaturelle de la société comme le ferait un *nat* qui règne sur le paradis des dieux (*Tâvatimsa* ou *Thawatheinda*). La troisième composante (*kammarâjika*) concernait **les pouvoirs surnaturels** qui, dérivant des mérites accumulés par le roi dans ses vies antérieures, lui permettaient de conquérir le monde des hommes. Ces trois caractères conféraient **au roi une dimension surhumaine qui faisait de lui un monarque universel** (*cakkavattî*). La possession du plus grand nombre possible d'éléphants blancs, qui sont par essence de futurs Bouddhas, témoignait de toutes ces qualités aux yeux des sujets.

Les rois de Pagan se percevaient comme les descendants d'une dynastie solaire. Narapatisithou se décrit de la manière suivante : « le grand roi qui ressemble au *nat* flamboyant, qui possède la couleur du soleil, qui réside au sommet du *Tâvatimsa* ». Leurs noms de règne étaient non moins prestigieux, tels ceux de Naratheinkha en 1231 : « le roi victorieux, soleil des trois mondes, le plus excellent roi de la loi, roi des rois, seigneur de la charité ». **Les traditions du *dhammarâja* (roi protecteur du *dhamma*) et du *cakkavattî* (monarque à vocation universelle) permettaient au roi de justifier son pouvoir. Intermédiaire entre le ciel et la terre, il disposait du soutien des divinités.** Kyanzittha soignait ainsi sa popularité auprès de ses sujets : « La pluie tombera 120 fois, tous les hommes, femmes et enfants atteindront un âge avancé, seront en bonne santé, échapperont aux calamités, à la malchance, mangeront autant qu'ils le veulent et profiteront du bonheur. » En 1365, le roi Swasôké réclame des terres : « Les rizières de l'État ne sont pas tombées dans mes mains parce que j'ai été élu roi, mais en vertu du droit de conquête effectuée dans l'intérêt de la religion. » **L'instrumentalisation du bouddhisme commence en Birmanie avec les dynastes de l'âge d'or.**

Il arrivait que le roi assume une attitude paternaliste et fasse allusion à son rôle terrestre auprès de ses sujets. Kyanzittha s'identifie au père de famille « qui essuie la morve du nez de ses enfants ». Au sommet de la pyramide du pouvoir, après le roi venaient les princes. Le plus souvent il s'agissait de ses frères et de ses nombreux fils. Tous ceux qui étaient nés d'une concubine royale portaient le titre de prince. Il en était de même pour ceux qui étaient nés d'une union avec une fille du roi. Cette catégorie étant particulièrement fournie, seuls les fils du roi et de la reine étaient éligibles pour accéder au trône. Les autres recevaient des titres honorifiques et des fiefs. Kyanzittha, « le prince-officier », avait reçu le fief de Htilaing (village actuellement situé dans le township

Divers personnages familiers aux Paganais.

*De gauche à droite : Le futur Bouddha, Homme, Femme, L'ogre, Le roi
des Nagas, Le dieu Brahma, La danseuse, Le musicien*

de Wundwin), ce qui en faisait le « seigneur de Htilaing », nom qu'il a conservé sous son règne. Quand ils en étaient capables, les princes assuraient des fonctions officielles telles que ministre ou général. Au XIe siècle, le prince Alaungsithou servait comme commandant en chef des armées de Kyanzittha. Le prince Nadaungmya fut un des généraux de Narapatisithou, et Uzanâ devint lui aussi commandant en chef des troupes de son père, Kyaswa.

LES MINISTRES

Sous le règne de Nadaungmya, le royaume était administré par un conseil (*hluttô*) composé du roi et de cinq ministres, personnages éduqués et influents, qui n'appartenaient généralement pas à la famille royale, mais qui étaient plus ou moins connectés à certains de ses membres. En 1278, une stèle précise les qualifications d'un ministre qui « connaissait aussi bien les *Tipitaka* (les textes du canon bouddhique) que le sanscrit, la grammaire, l'astrologie et la médecine ». Sous le règne de Nadaungmya, une inscription nous révèle que les ministres s'appelaient : **Asankyâ, Aswat, Rajâsankram, Caturangasû et Anantasûra**. Ce dernier a conservé une place dans l'histoire de l'âge d'or car il est l'auteur de plusieurs dédicaces qui ont fourni de nombreuses indications aux historiens du premier empire birman. Dans le plus important de ces textes (rédigé en 1223), Anantasûra explique pourquoi il a fait construire un complexe religieux (temple, salle de prière, monastère et grand réservoir) près du village de Minnanthou (cf. Un artisanat développé, chap IV, encadré p. 167).

Les ministres assuraient aussi bien des fonctions civiles que militaires. Ils pouvaient être administrateurs, généraux, juges – comme Manurâja, le premier ministre de Kyaswa – qui était également vice-roi de Kaungsin (la province la plus septentrionale du royaume) et commandant de sa garnison. Les ministres étaient assistés par des assistants chargés de faire exécuter les lois, ainsi que par des secrétaires et des scribes qui s'occupaient de les faire graver sur des stèles. L'exercice de fonctions ministérielles ne concernait pas seulement des responsabilités administratives. **Un ministre devait aussi posséder des qualités militaires.** Ainsi ces cinq ministres du roi Nadaungmya ont participé à une campagne militaire destinée à écraser la rébellion des demi-frères du roi, Pyamkhî et Singhapicañ. Pour les remercier d'avoir conduit les opérations avec succès, le roi leur a offert à chacun 700 *pay* (490 ha) de terres cultivables, probablement prises sur celles qui appartenaient auparavant aux demi-frères du roi (cf. Le personnel monastique, chap. VI).

L'ARMÉE

Depuis la création du premier empire birman, l'armée n'a jamais cessé de jouer un rôle majeur dans l'évolution politique du pays. Sous la monarchie, le noyau dur de l'armée, instrument de la politique et des ambitions des souverains, était constitué de cultivateurs soumis au pouvoir royal qui leur avait accordé l'autorisation d'occuper les terres qu'ils cultivaient. En échange de ce droit, ces paysans-soldats à temps partiel devaient au roi un service militaire obligatoire. Le financement de cette armée était assuré par les familles et les villages de ses propres membres. Il s'y ajoutait les contributions versées par les alliés et les habitants des régions traversées en temps de paix.

UNE ORGANISATION PUISSANTE

La prospérité de l'âge d'or du premier empire s'est appuyée sur trois piliers économiques : une agriculture riche et variée où les cultures sèches (millet, sésame) dominaient dans la savane des plaines centrales et les terrasses de l'Irrawaddy ; le travail des esclaves et les échanges (intérieurs et extérieurs). L'ensemble était maintenu sous contrôle permanent grâce à la suprématie des troupes birmanes sur tous les peuples environnants. La volonté des souverains birmans était soutenue par une armée puissante et mobile dotée d'une marine fluviale, d'une éléphanterie de guerre chargée de précéder l'infanterie dans les batailles, et d'une cavalerie chargée de harceler les arrières ennemies. Ces troupes pouvaient être rapidement rassemblées grâce au système de la conscription des hommes libres qui devaient un service militaire au roi. En cas de victoire, le pillage était la récompense. Anôratha ayant reçu une formation militaire, son premier soin lorsqu'il monta sur le trône fut de développer puis de renforcer une armée qui soit à la hauteur de ses ambitions. **Tous les villages du royaume furent classés en fonction du nombre d'hommes et de chevaux qu'ils devaient fournir pour les campagnes militaires. Grâce à la cavalerie, les troupes pouvaient être rapidement rassemblées.** Chaque soldat et fantassin connaissait ses chefs. Une discipline de fer fut imposée aux généraux comme aux troupes. Anôratha fut le premier à introduire de nouvelles tactiques militaires en Asie du Sud-Est. Cette stratégie assura la stabilité de son empire. La suprématie militaire de Pagan résidait en grande partie dans les nouvelles tactiques mises en œuvre, notamment l'emploi massif de l'éléphanterie et de la cavalerie. Les incursions de ce conquérant en Indochine continentale et péninsulaire furent assez conséquentes pour avoir laissé un souvenir durable. Les chroniques birmanes, thaï et môn décrivent le roi et ses paladins chevauchant à la tête des armées avec leurs armures d'or (cf. La confédération de Pagan, chap. II).

Les premiers empereurs ont beaucoup guerroyé en Birmanie et dans les royaumes voisins. Le pouvoir coercitif et défensif de l'armée royale était la clé de la perpétuation du contrôle de l'État paganais. Tout déclin du pouvoir central rendait possible une rébellion provinciale et la chute de la monarchie. Ce fut le cas en 1083 quand les Môn révoltés remontèrent l'Irrawaddy pour venir assiéger Pagan. **La puissance de l'armée paganaise reposait sur son éléphanterie de guerre.** Les éléphants capturés dans les vastes jungles du royaume, très prisés dans les royaumes voisins, faisaient l'objet d'un commerce. Les peintures murales de Pagan montrent que **la flotte birmane était alors capable de transporter non seulement des hommes de troupe et des chevaux sur l'Irrawaddy, mais aussi des éléphants qui étaient exportés jusqu'à Sri Lanka.** Le conflit qui aurait opposé en 1170 Ceylan et Pagan aurait pu être provoqué par le fait que Pagan aurait soudainement refusé d'exporter des éléphants à Ceylan. Cette décision aurait provoqué une expédition cinghalaise de représailles à Pagan et se serait soldée par l'exécution du roi birman. Dans une inscription, **Narapatisithou se décrit comme le seigneur de 17 645 soldats-cavaliers permanents (sans doute ceux qui gardaient la cité royale et les forts du royaume) auxquels s'ajoutaient 30 000 autres cavaliers fournis et entretenus par les villages.**

L'objectif premier de l'armée paganaise est de faire peur pour s'emparer non pas des territoires envahis que l'on pille au passage, mais des populations conquises. Ces dernières étaient ramenées en esclavage dans le royaume et réinstallées en communautés sur des terres désignées qu'elles devaient mettre en valeur pour le roi. Or la puissance d'un roi se mesurait aussi bien à l'aune des courants d'échanges qu'il contrôlait qu'à l'importance des ressources humaines dont il disposait pour donner une valeur ajoutée à ses territoires. Les conquêtes se traduisaient donc par : des rafles de populations (cultivateurs, artisans, lettrés) qui, réduites en esclavage, étaient ramenées en Birmanie et réinstallées sur les terresroyales pour les mettre en valeur ou assurer un service particulier (scribes, potiers, rameurs, etc.) ; et par l'arrivée de nouveaux contingents de troupes fournis par les États tributaires pour renforcer l'armée royale.

En 1277 à Ngasaungggyan, selon Marco Polo, l'armée birmane opposée aux 12 000 hommes de la cavalerie mongole était composée de 60 000 fantassins, d'une poignée de cavaliers et de 2 000 grands éléphants, équipés de petits fortins occupés chacun par une dizaine d'archers. Mais les annales chinoises évaluent cette armée à 800 éléphants, 10 000 cavaliers et 40 à 50 000 fantassins qui auraient été opposés à seulement 700 cavaliers mongols. Ces derniers, cachés dans la forêt, ont criblé de flèches les éléphants qui, affolés de douleur, se sont retournés contre les fantassins et les ont écrasés. Cette rencontre, qui s'est soldée par une défaite cuisante et un massacre des troupes birmanes, a mis fin à la suprématie stratégique des Birmans qui devront lutter tour à tour contre les Shan en Birmanie centrale et les Môn dans les zones deltaïques, pendant près de trois siècles avant que Tabinshwehti puisse fonder une nouvelle dynastie birmane à Toungou, dans la vallée du Sittang.

UNE SOCIÉTÉ ENRÉGIMENTÉE

Dans la société féodale birmane, tous les habitants du royaume appartenaient, que ce soit par naissance ou par mariage, à un « régiment » particulier faisant partie intégrante de l'armée royale. Ces régiments, nommés *athin* ou *asu* (peloton), étaient composés de deux groupes principaux :

    * **Les *ahmudan*,** qui occupaient héréditairement les terres royales irriguées proches de la capitale (à laquelle ils accédaient librement),

portaient la marque de leur statut supérieur tatouée sur la nuque. Ils comprenaient tous ceux qui, en plus des corvées auxquelles ils étaient astreints, **devaient fournir un service militaire ou civil régulier**. En échange ils ne payaient pas de taxes agricoles.

* **Les** *athi* englobaient tous les paysans qui payaient des taxes sur leurs terres et sur les produits de leurs terres, mais ne devaient aucun service régulier. En revanche, ils **pouvaient être recrutés en cas d'urgence pour servir dans l'armée royale** quand le chef de « *myo* » recevait l'ordre de lever des troupes. Astreints à de nombreuses corvées et services, ils s'en libéraient parfois en argent. **Installés dans des zones non irriguées plus éloignées de la capitale, leurs villages étaient établis selon des initiatives locales.** Ils payaient une taxe par foyer, mais leurs terres étaient reconnues comme des propriétés ancestrales. Contrôlés par des chefs de village héréditaires, ils étaient considérés comme inférieurs aux *ahmudan*. **À ces deux groupes traditionnels s'ajoutaient les esclaves qui, à Pagan, étaient particulièrement nombreux.**

Les *ahmudan* **pouvaient être divisés en deux catégories : ceux qui devaient un service militaire au roi, et ceux qui devaient héréditairement lui assurer un service personnel sous une forme ou une autre.** Parmi les *ahmudan* militaires se trouvaient ceux qui étaient susceptibles de servir dans la cavalerie (*myin*) ; l'éléphanterie ; les archers ; les lanciers (*hlan-kaing*) et les ingénieurs (*daing*). Chacune de ces branches se composait de plusieurs régiments qui possédaient leurs propres fanions et uniformes colorés.

Les *ahmudan* **civils étaient cultivateurs des terres royales** (*lamaing*) pour leur subsistance (*sa-mye*), cuisiniers du palais (*sadaw-chet, pwe-daw tan*) et balayeurs du palais (*ne-mye*). Le plus souvent ces fonctions n'étaient que nominales. Quand ils recevaient l'autorisation d'occuper une parcelle pour leur résidence (*lok-mye*), ils devaient alors payer un loyer à leur capitaine ou à un autre fonctionnaire. Le chef percevait aussi certains droits relatifs à l'administration de la justice, et des cadeaux à l'occasion des mariages et de diverses cérémonies. Les hommes, comme les femmes, pouvaient passer d'une classe à l'autre à condition d'y être autorisés par leur capitaine et de lui verser un droit coutumier.

La classe des *athi*, **inférieure aux** *ahmudan* **militaires ou civils, était plus homogène et se composait essentiellement de cultivateurs diversement taxés.** Tenus d'obéir à leur capitaine, ils devaient aussi s'acquitter des taxes qui lui étaient dues à titre personnel, et pour lesquelles un paiement en nature était accepté. En matière criminelle, ils étaient les sujets du *myothugyi*, le chef local, quelle que soit l'unité à laquelle ils appartenaient. Le *myothugyi* gouvernait un groupe de villages ou de hameaux qui n'étaient pas séparés par des limites territoriales clairement définies. Chaque village subordonné était dirigé par un adjoint désigné sous le nom de *kaung*. Mais les résidents vivant dans la juridiction du *myothugyi* n'étaient ses sujets que s'ils étaient membres reconnus (notamment grâce au tatouage) de son régiment.

LES PAYSANS-SOLDATS

L'armée de l'État traditionnel était basée sur une relation féodale du type patron-client. Jusqu'en 1886 (annexion de la Birmanie), il n'existait qu'une seule unité d'administration permanente : le *myo* ou *taïk* (ville ou arrondissement). Mais le territoire de cette unité recouvrait une ville ou un groupe de villages et hameaux, qui n'étaient pas nécessairement contigus. Par suite l'administration de cette entité n'était pas strictement territoriale, mais féodale. **Donné en récompense des services rendus à la couronne, le *myo* appartenait personnellement à un puissant personnage. En échange de ce fief, dans lequel il exerçait son pouvoir, le seigneur devait être en mesure de fournir en cas de nécessité un certain nombre d'unités, calculées en fonction de la richesse du fief, composées de cavaliers et de fantassins. La réunion de ces pelotons constituait l'armée royale.** Villes et villages étaient donc considérés en fonction du nombre de troupes qu'ils pouvaient équiper et fournir (généralement entre 20 et 1 000). Mais le seigneur local n'avait pas autorité sur tous les habitants du village, seulement sur ceux qui appartenaient à son régiment. En outre **l'armée royale n'était pas permanente.** Elle s'appuyait sur un système de recrutements tournants temporaires d'une partie des habitants peuplant chaque agglomération du royaume.

Les terres royales étaient la propriété personnelle du roi ; les terres officielles comprenaient celles qui avaient été données en apanage au chef d'un régiment ; et les terres privées ancestrales (*pobabaing*) ne payaient pas de taxes. Les terres officielles devaient être redistribuées aux cavaliers pour assurer tout à la fois leur résidence, leur subsistance et leur lieu de travail (*ne-mye, sa-mye, lok-mye*). Ceux qui étaient autorisés à résider dans un village situé sur des terres officielles avaient le droit de prendre les terres qui n'étaient pas encore occupées ou cultivées, mais ils devaient payer une contribution pour l'entretien des membres du régiment qui étaient en service à la cour ou ailleurs. Les tatouages des paysans-soldats étaient placés derrière leur cou. Le *myin-gaung* (chef de la cavalerie) était supposé fournir un certain nombre de cavaliers équipés quand on le lui demandait. De leur côté, les hommes de son régiment savaient que, en échange de la terre qu'ils cultivaient, ils devaient payer certains droits et assurer divers services. Le chef d'un régiment de cavalerie était assisté par deux *myin-si*. La toponymie de Birmanie centrale permet encore d'identifier des villages qui, dans l'État pré-colonial, fournissaient des troupes spécialisées, tels Myinywa (« village [qui fournit] des chevaux »). Sous la monarchie, la mise à jour périodique des listes de recensement (*sittans*), commandée par les rois pour connaître les revenus qu'ils pouvaient attendre des diverses composantes territoriales du royaume, contenaient invariablement une colonne montrant le statut de chaque personne et spécifiant le régiment auquel elle appartenait. Les membres des régiments constitutifs de l'armée royale avaient le droit d'occuper leur terre à condition de rendre divers services coutumiers. Mais ils étaient avant tout des agriculteurs. Les troupes de l'armée royale étaient donc composées de paysans-soldats à temps partiel.

Le maintien d'une armée dans la cité royale permettait au roi de se défendre contre ses ennemis extérieurs et d'assurer sa domination sur ses rivaux de l'intérieur. Des détachements de chaque régiment, et en principe de chaque village, devaient résider dans la cité et l'agglomération. Soutenus financièrement par des contributions de ceux qui restaient au village, ils étaient relevés par une rotation régulière qui permettait d'assurer une présence permanente de leur régiment. En principe chacun devait cultiver sa propre terre. À l'issue de leur permanence, les hommes du détachement regagnaient leur village et retournaient à leurs occupations agricoles, tandis qu'un nouveau contingent venait les remplacer. Ce système avait pour avantage, en temps de paix, d'éviter de perturber les travaux agricoles. En temps de guerre, tous les membres du régiment étaient en principe mobilisés, mais, dans les faits, le système de rotation restait en place. La levée d'une armée, et le coût de son entretien qui reposait entièrement sur les villages fournisseurs de régiments ou d'unités, étaient donc une affaire compliquée. Avant toute opération militaire, il fallait certes tenir compte du nombre d'hommes disponibles (que l'on connaissait grâce aux recensements), de la possibilité de les approvisionner, mais aussi de la saison afin d'éviter la perte des récoltes et la famine qui s'ensuivait nécessairement. De ce fait **le contrôle de la main-d'œuvre des paysans-soldats revêtait une importance primordiale pour les monarques birmans.** Les recrutements chez les peuples tributaires (Shan, Môn, Arakanais) permettait aussi de lever des troupes auxiliaires. **De fait l'armée paganaise en campagne vivait des contributions des régions amies traversées et du pillage des régions conquises.** En dernier ressort, la capture des prisonniers de guerre permettait de compenser partiellement les pertes et de peupler certaines campagnes. La vallée de l'Irrawaddy, au nord de l'actuelle Mandalay, était très peu peuplée. Les armées qui empruntaient ce passage devaient donc transporter avec elles non seulement les provisions mais aussi tous les matériels nécessaires aux opérations militaires, d'où l'importance des moyens de transport lourds comme les éléphants.

LES INVASIONS THAÏ

Au XIIIe siècle, l'effondrement de la puissance birmane, qui dominait depuis deux siècles et demi tout ou partie de l'Indochine occidentale, centrale et péninsulaire, correspond au moment où se créent les premières principautés thaï (Maw Shan) au nord de la Birmanie (Mogaung, 1215 ; Muong Naï, 1223 ; Monhyin, 1223), et au nord du bassin du Chao Phraya (Sukhothaï, 1253 ; Chiang Raï, 1262 ; en 1292, le roi Rama Kamheng s'empare de la principauté de Lamphun, dernier vestige de la puissance môn dans le bassin du Chao Phraya ; et en 1296 le prince Mangraï fonde Chiang Maï qui devient la capitale de son royaume, le Lan Na ou « pays du million de rizières »). Le dernier roi de Birmanie, Kyaswar, sans pouvoirs et qui ne réussit pas à s'entendre avec les Mongols, en est même réduit à offrir des vice-royautés à des chefs thaïs (Myinsaing, Mekkara et Pinlé) en Birmanie centrale. Les Thaïs, au contraire, s'allient avec les Mongols et entretiennent avec la cour de Pékin des relations régulières dès 1282. Pour ces derniers, le royaume de Sukhothaï était vassal de la Chine. De ce fait, tous les cadeaux offerts par Sukhothaï à l'empereur de Chine étaient considérés comme le versement d'un tribut et non pas comme une simple marque de courtoisie entre les deux souverains. Les annales chinoises, qui mentionnent toutes les ambassades étrangères reçues à la cour,

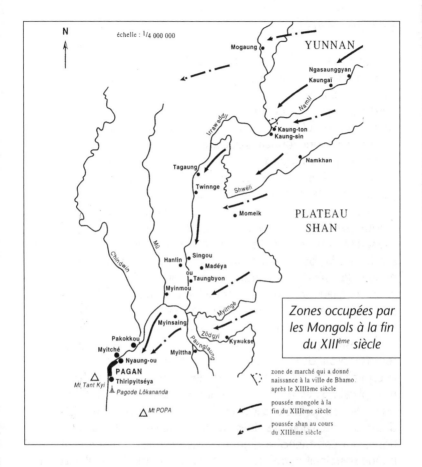

Zones occupées par les Mongols à la fin du XIIIème siècle

zone de marché qui a donné naissance à la ville de Bhamo. après le XIIIème siècle

poussée mongole à la fin du XIIIème siècle

poussée shan au cours du XIIIème siècle

notent la venue de Rama Kamheng (1287-1317) en personne une première fois en 1294, période au cours de laquelle il aurait rencontré Kubilaï Khan (mort en 1295), et une seconde fois en 1300. Entre 1291 et 1300, les Thaïs du bassin du Chao Phraya envoyèrent ainsi cinq missions tributaires aux Chinois. Ces relations cordiales permettaient à Rama Kamheng d'être officiellement reconnu par la Chine, ce qui faisait de lui et des princes thaïs situés dans sa mouvance des interlocuteurs privilégiés, ce à quoi les Birmans ne pouvaient plus prétendre malgré le succès partiel de la mission de Shin Disapramuk en 1285 (cf. La cité impériale, chap. II).

LA CHUTE DE PAGAN

L'âge d'or prend fin en 1287 avec la chute « officielle » de Pagan. Mais la cour et la cité royale continuent à vivre, pendant une cinquantaine d'années, sur la lancée des splendeurs de l'empire. La cité perd peu à peu sa prééminence commerciale au profit des Môn, sa prééminence politique au profit des Shan, et sa population de marchands et de fonctionnaires qui émigrent vers Toungou. L'occupation de Pagan par les Mongols possède une valeur symbolique, mais ce n'est qu'un épiphénomène. Les Mongols ne sont pas vraiment responsables de la chute de l'empire. Ce dernier aurait pu perdurer sans les faiblesses des derniers membres de la dynastie d'une part, et d'autre part si les souverains de l'âge d'or, enveloppés par l'enseignement dispensé par les religieux et soumis à leur influence comme l'ensemble de la société paganaise, avaient su résister à la pression des moines. Pressés de s'emparer d'un maximum de terres pour les mettre en valeur à leur profit grâce au travail des esclaves, les religieux ont peu à peu dépossédé les souverains de leurs revenus (cf. Tableau des donations au Sangha pendant la dynastie de Pagan, p. 215).

À mesure que les rois féodaux de Pagan perdaient peu à peu leurs terres au profit de la religion, leur pouvoir se restreignait aux limites de la capitale. Avec des menaces extérieures de plus en plus précises, la multiplication des intrigues de cour pour s'emparer d'un pouvoir agonisant, le désintérêt croissant des guildes marchandes pour les habitants d'une cité insolvable, les élites nobiliaires, militaires, religieuses et artistiques ont commencé à quitter la ville déchue où une royauté moribonde se traînait entre des murailles trop grandes pour elle. Les courtiers ont abandonné peu à peu ce qui restait de la cité impériale pour rallier selon leurs affinités les cours birmane de Toungou (vallée du Sittang) ou shan d'Ava (vallée de l'Irrawaddy).

La cité ancienne, ayant perdu son importance politique, stratégique, commerciale et religieuse, est devenue une simple bourgade provinciale administrée par un gouverneur. Mais la capitale du premier empire a continué à conserver une place emblématique dans le souvenir collectif des habitants des nouveaux royaumes. Malgré leur éloignement, les membres des nouvelles cours, profitant des savoir-faire ancestraux restés sur les lieux, ont continué à faire construire et entretenir des monuments religieux sur le site de Pagan. Mais les véritables Paganais, paysans ou esclaves des grandes propriétés monastiques, ceux qui vivaient du sol de la cité ancienne, n'ont jamais quitté le site de leurs ancêtres. Leurs descendants vivent encore dans les villages de la zone archéologique. Quant aux simples citoyens, ils entretiennent le souvenir d'un âge d'or de Pagan, embelli par les récits légendaires qui leur sont contés par les moines qui assument la mémoire collective des Paganais.

LES ESCLAVES

Le système des castes n'a jamais eu cours en Birmanie. Mais l'esclavage existait avec les esclaves de pagodes (*péyakyun*), dont le statut était héréditaire. Liés au bouddhisme, ces esclaves étaient tenus de servir et d'entretenir les pagodes auxquelles ils avaient été dédiés.

Les esclaves étaient nombreux à Pagan et dans tout le royaume, car la prospérité de l'empire était fondée sur leur travail. Certains donateurs pouvaient même consacrer jusqu'à « 500 esclaves birmans, 500 esclaves indiens, 116 tisserands indiens, 850 esclaves Mani Sak… » à un établissement religieux. Il s'agissait généralement de prisonniers de guerre et d'autres esclaves qu'on pouvait se procurer sur le marché. Les inscriptions permettent de définir six types d'esclaves : les volontaires pour des raisons religieuses ; les héréditaires dès la naissance ; les prisonniers de guerre ; les victimes de pirates et de kidnappeurs ; les enfants vendus par des parents libres, mais endettés et insolvables, pour se libérer de leurs dettes ; les personnes achetées aux marchands d'esclaves. La plupart des auteurs s'accordent pour reconnaître que, si la société paganaise était une société esclavagiste, cela ne voulait pas dire pour autant que la condition des esclaves était aussi dure que celle qu'ont pu connaître les esclaves africains des XVIIᵉ et XVIIIᵉ siècles. Il semble même que, durant le premier empire, les esclaves de Pagan aient pu jouir d'une certaine « liberté » consécutive à l'influence du bouddhisme sur la cour et les fidèles ordinaires. C'est la raison pour laquelle certains **dévots n'hésitaient pas à dédier leurs propres enfants et à se dédier eux-mêmes à des pagodes.**

LES ESCLAVES VOLONTAIRES

À la fin du XIIIᵉ siècle, un ministre de Narathihapati, Gangâbijan, fait fabriquer une série de statues à l'image du Bouddha, en argent, en bronze, en marbre, ainsi que des zédis miniatures en or, argent, santal, ivoire, etc., qu'il fait enchâsser dans le reliquaire d'un temple. Il complète sa donation avec 26 recueils de *pitaka*, la construction de deux grands monastères et de trois pavillons pour le repos des moines, auxquels il donne également des robes pendant la céremonie de *Kathin* qui marque la fin de la saison des pluies. À ces actes méritoires, il ajoute : « Je remets trois fois entre les mains du Seigneur mes deux [enfants], fils et fille. » En 1248, une princesse offre 3 779 *pay* de terres et 1250 esclaves pour les cultiver et se dédie elle-même à la pagode : « En plus de ces esclaves, je suis moi aussi l'esclave des trois pierres précieuses (le Bouddha, le *Dhamma* sa doctrine, et le *Sangha* la communauté des moines)… Aussi longtemps que je vivrai, je les servirai. À la fin de ma vie, quand mon corps sera détruit, que mes deux enfants les servent comme je les ai servis. » En 1244, un autre donateur offre deux esclaves et 30 palmiers à sucre et il précise : « Je me suis nourri toute ma vie avec ces 30 palmiers à sucre. Après ma mort, je veux que ma femme et mes deux enfants continuent à servir la pagode et le monastère pour moi. » Même le roi Narapatisithou, à la fin du XIIe siècle, consacre trois de ses enfants pour l'entretien d'un zédi construit par son maître le mahâthera Dhammavilâsa. Il est vrai qu'il les a rachetés quelques années plus tard contre un don de 30 *pay* de terres.

LES ESCLAVES HÉRÉDITAIRES

Les propriétaires considéraient que leurs esclaves héréditaires, dont la descendance avait souvent conduit à la création de véritables villages, faisaient partie de leurs domaines au même titre que les terres ou le bétail. Ils pouvaient les vendre ou les utiliser pour règler une dette. C'est pourquoi les inscriptions font allusion à de nombreux conflits entre propriétaires (parfois le roi et les seigneurs ecclésiastiques) pour savoir, au moment d'un héritage, à qui appartenait tel esclave ou tel village d'esclaves. Parfois les donateurs veulent manifester que leur offrande d'esclaves correspond à un véritable sacrifice financier et affectif : « Ces esclaves sont le produit de notre travail » (1231). « Ces sept esclaves ne sont pas les esclaves de la mère ni du père. Mon mari et moi les avons achetés comme fruit de notre travail » (1233). « Ces esclaves ne sont pas hérités de nos parents. Nous, mari et femme, les avons achetés et élevés » (1238). « Ces esclaves ne viennent pas de mon arrière grand-père, de mon grand-père, de ma mère ou de mon père. J'ai dû beaucoup travailler pour les acheter » (1242).

« Quant à ces quatre esclaves, on ne me les a pas donnés pour rien simplement parce qu'ils étaient les esclaves de mon père. Je les ai obtenus après avoir remboursé toutes les dettes de mon père. »

LE COMMERCE DES ESCLAVES

Les déclarations des Paganais prouvent qu'il existait un commerce des esclaves, confirmé par les nombreuses inscriptions où les donateurs rappelaient la valeur marchande de ces esclaves : pour le prix de « sept esclaves mâles adultes [et de] quatre jeunes esclaves mâles, ensemble 11 esclaves, 330 [kyat] d'argent ont été pesés et donnés » (1214), ce qui correspond à un coût moyen de 30 kyat par personne. Un esclave pouvait s'échanger contre un bateau, du riz, du cuivre et même des aréquiers au taux de 30 aréquiers par personne. Un débiteur insolvable était parfois obligé de rembouser ses dettes en se vendant lui-même à son créditeur, mais le plus souvent il vendait d'abord sa femme et ses enfants. « Nous sommes ruinés et misérables, déclare en 1227 un fabricant de feuilles de palmes lourdement endetté au ministre Anantasûra, c'est pourquoi je veux que ma femme et mes deux filles deviennent vos esclaves. Comme nous sommes pauvres, certains de nos esclaves se sont déjà enfuis, d'autres s'apprêtent à en faire autant. Certains ont accepté d'être vendus, mais cela n'a pas rapporté assez pour régler nos dettes. Je vous donne ceux qui restent en vous demandant de racheter ceux qui ont déjà été vendus et de régler toutes nos dettes. » En 1272, un dévot, ayant engagé un sculpteur pour faire une statue du Bouddha, se trouve dans l'impossibilité de le payer. Pour le rembourser, il vend une de ses esclaves : « J'ai vendu Ai Lat afin de payer la nourriture, la boisson et le salaire du sculpteur de cette statue. » Il existait sans doute quelque part à Pagan et dans les grandes villes des marchés où il était possible d'acquérir des esclaves. Les inscriptions n'en founissent aucune preuve directe.

LE PRIX DES ESCLAVES

On ne sait pas où se trouvait le marché aux esclaves dans la capitale, ni même s'il y en avait un, puisque les inscriptions sont muettes à ce sujet. Par contre le prix des esclaves était parfaitement connu, et les stèles en précisent souvent la valeur. Un esclave valait environ 20 à 35 kyat d'argent, ou 5 à 20 viss de cuivre, ou 20 paniers de paddy plus 3 viss de cuivre. Quand les acheteurs ne disposaient pas des fonds nécessaires, ils se livraient au troc. Ainsi 66 esclaves s'échangeaient contre un éléphant et 40 contre un cheval. L'éventail des prix du rachat d'un esclave de pagode était très large. En 1243, une concubine consacre ses esclaves à une pagode. Peu après elle décide de récupérer l'une de ses esclaves et paie 100 kyat pour la libérer. Certains maîtres étaient plus charitables que d'autres, car ils libéraient gratuitement leurs esclaves. Parfois des esclaves pouvaient racheter eux-mêmes leur liberté : en 1253, l'un d'eux se libère contre 5 viss (environ 10 kg) de cuivre. Il arrivait que des esclaves s'enfuient : en 1266, un groupe d'Indiens consacrés à une pagode proche de la mer s'échappe et ne semble pas avoir été repris.

Activités et professions

Les esclaves restaient généralement attachés à la localité où ils vivaient et exerçaient leur profession. Dans les provinces, ils se consacraient aux activités agricoles, tandis qu'à Pagan ils étaient regroupés autour des établissements qu'ils servaient dans leurs capacités respectives. Les revenus agricoles des terres religieuses provinciales, exploitées par les esclaves ruraux mais appartenant à des complexes religieux de Pagan, étaient transférés dans la capitale. Ils assuraient à la fois la maintenance du monument, le bien-être des moines et l'existence des nombreux esclaves spécialisés (intendants, coupeurs de bois de feu, cuisiniers, gardiens des greniers et réserves, laitiers, etc.), et artistes (danseurs, chanteurs, musiciens, tambourinaires, etc.), liés aux rituels bouddhiques et aux offrandes de spectacles (au Bouddha, au zédi – donc aux moines, ce qui explique comment l'un des grands vénérables est tombé amoureux d'une danseuse – et aux fidèles pendant les grandes fêtes religieuses), qui vivaient avec leurs familles dans l'établissement (cf. La vie économique, chap. IV).

Le futur des esclaves

Après la prise de Thaton, Anôratha aurait dédié le roi Manuha, ainsi que sa famille, comme esclave héréditaire de la pagode

Shwézigon qu'il faisait construire. Au début du XXᵉ siècle, le chef du village de Nyaung-Ou ouest, situé à côté de Shwézigon, était considéré par les villageois comme étant le descendant direct de Manuha. À ce titre il bénéficiait de marques de respect particulières. Selon la tradition, l'un des membres de la famille du roi serait mort victime de la lèpre. Cette fin terrible lui aurait aussitôt conféré le statut de *nat*. Ce *nat*, qui porte le nom de Nyaungyin, veille au maintien de la tradition. Il est devenu le génie des lèpreux. C'est pourquoi les *péyakyun*, qui ont peur d'être punis par cette maladie au cas où ils cesseraient de s'occuper de la pagode à laquelle ils sont attachés, lui vouent toujours un culte spécifique. Le village est encore habité par les descendants directs des esclaves consacrés aux pagodes pendant la période médiévale. Au début des années soixante-dix, le régime socialiste a voulu mettre fin à l'ostracisme qui les frappait **(la tradition, qui les oblige à mendier leur nourriture, leur interdit de faire autre chose que servir les besoins de la pagode à laquelle ils sont dédiés héréditairement)** en leur offrant des emplois dans l'administration. Les anciens villages d'esclaves ont été rasés et ceux qui ont refusé de quitter le site pour maintenir leurs traditions ont été regroupés dans l'ancien village de Nyaung-Ou ouest, situé sur une haute berge du fleuve. Ce village, Mingalathazi, figure anonymement sur la carte touristique officielle de Pagan.

LA JUSTICE

Vers la fin de l'âge d'or, il semble qu'une certaine insécurité régnait dans les campagnes où les rois de la décadence, qui n'entretenaient pas de police royale, n'avaient plus les moyens financiers de faire régner l'ordre, tâche qui était abandonnée aux seigneurs et chefs locaux. Voleurs et bandits de grands chemins s'enhardissaient, car ils pouvaient agir à leur guise sans craindre la moindre sanction. En 1249, le roi Kyaswa (1234-1250) décida de frapper un grand coup et de s'adresser directement à ses sujets pour les inciter fermement à respecter les lois. **Un édit royal, qui reprend exactement les paroles du roi, est alors diffusé dans tous les villages de l'empire.** Ce texte invoque les lois bouddhiques et décrit en détail toutes les souffrances auxquelles s'exposent les contrevenants. Le roi, que les

145

chroniques présentent comme un souverain dévot capable de traduire certains textes canoniques tels que le *Paramatthabindu*, a probablement recopié la liste des punitions réservées aux voleurs dans ces textes. Grâce à ces menaces, Kyaswa espérait maintenir le respect de la loi bouddhique et l'ordre dans son royaume. Son ambition était de diffuser ce texte dans tout l'empire :

« 444 stèles portant cette inscription devront être dressées. Tous les villages ayant plus de 50 maisons doivent en installer une. Un grand dais sera placé au-dessus et un pavillon sera construit pour abriter chacune d'entre elles. Le jour de la pleine lune, tous les habitants devront s'assembler autour de ce pilier avec de la musique et des offrandes. Le chef de village devra porter son costume de cérémonie et lire cet édit à voix haute devant l'assemblée. Les habitants des hameaux où il n'y a pas de pilier devront se rendre dans le village le plus proche afin d'écouter la lecture de ce commandement. »

La gravure d'un texte aussi long ne pouvait être entreprise sur les stèles que par des sculpteurs qualifiés, dont les travaux étaient contrôlés par les scribes de la cour. On peut donc penser que ces travaux ont été réalisés dans la cité royale où se trouvait le personnel qualifié. Mais Kyaswa n'a guère survécu à son édit. La fabrication des stèles, leur transport et leur diffusion ont été certainement mis en œuvre rapidement, mais la disparition du roi a stoppé tout le processus puisque **les archéologues n'ont retrouvé que onze exemplaires de ces piliers sur les 444 initialement prévus.** Uzanâ, le successeur de Kyaswa, n'a en tous cas pas poursuivi cet acte méritoire et coûteux qu'il n'avait sans doute pas les moyens de faire respecter. **À la fin de l'empire, le contrôle royal sur les régions périphériques éloignées de la capitale était donc faible.** Le foisonnement des inscriptions pendant l'âge d'or donne à penser que toutes les élites du royaume savaient lire. Mais il n'est pas certain que la pratique de la lecture ait été chose courante en dehors des monastères. Il est également douteux que tous les chefs de village qui devaient faire appliquer la loi aient su lire et écrire.

L'Inscription du roi Kyaswa de 1249

Le jeudi 6, 1249, notre Seigneur, Kyaswa, nous a ordonné de rédiger cette inscription :

« Ceux qui désirent la prospérité dans cette vie et dans leurs vies futures devraient écouter attentivement mes paroles et leur obéir respectueusement. Je ne m'exprime pas avec mes propres mots, ni avec ma propre sagesse. Mais je parle avec la voix de notre plus excellent et omniscient Seigneur.

Les rois du passé punissaient les voleurs avec diverses tortures, d'abord avec l'empalement. Je ne veux pas ce genre de destruction. Je considère tous les êtres comme mes propres enfants et j'ai de la compassion envers tous. C'est pourquoi je dis que mes conseils devraient être écoutés avec une intense révérence. Écoutez mes paroles avec attention parce qu'elles sont dites avec les mots de notre plus excellent Seigneur. L'obéissance vous donnera certainement la prospérité dans cette vie et dans les vies futures. Écoutez avec attention !

Est-ce que ceux qui vivent du vol pensent qu'ils vont gagner de cette manière ? Ils acquièrent la prospérité en détruisant les villages des autres, les femmes, les enfants, et en volant leurs richesses. Les biens ainsi acquis seront la cause de leur destruction à la fin. Demandez-vous si ces actes sont vraiment méritoires ou pas.

Quand il est attrapé, un voleur est puni par l'une ou l'autre de ces punitions. Il est empalé. Sa poitrine est coupée en deux avec une hache. Il est rôti. Ses intestins sont sortis. Ses jambes et ses membres sont coupés. Ses yeux sont arrachés. Des morceaux de sa chair sont arrachés. Il est pelé et plongé dans le sel. Son crâne est ouvert et on y verse de l'huile bouillante. Il est enterré jusqu'au cou et une charrue passe sur lui. Il est cloué au sol et écrasé par des éléphants. Il est cloué vivant sur un arbre. Il est enterré vivant. Il est décapité. Avec de telles tortures il ressent de grandes souffrances. Même s'il s'échappe, il ne peut avoir la paix de l'esprit pendant qu'il dort, qu'il vit, qu'il est debout, qu'il va, etc. Il ne peut en rien prospérer. Il vit dans une terreur constante. Il devient un hors-la-loi et ne peut donc avoir aucun abri correct pour éviter le soleil et la pluie. Même ceux qui vivent paisiblement dans leur maison souffrent beaucoup quand ils sont malades. La souffrance de cet homme sans abri sera inimaginable. À ce jour aucun voleur n'a jamais échappé à la punition. Il peut peut-être échapper à la loi pendant deux ou trois ans, mais à la fin il sera attrapé et puni. Il ne peut jamais s'échapper. Selon « la loi », après la mort, les quatre *apâya* (*niraya*, *tiracchâna*, *peta* et *asura*) seront sa résidence. Il n'y a aucune alternative. Quand on l'attrape avant sa mort, le voleur est conduit devant le roi qui demande à ses magistrats de le juger. S'il n'est pas coupable, il est libre. S'il est coupable, le code criminel est consulté. Les punitions varient selon la nature de l'offense, et il est condamné en fonction de son crime. C'est la manière de faire de tous les rois.

Le voleur souffrira diverses tortures, telles que le fouet en cuir incrusté d'épines en fer, et le bâton à épines. Ses oreilles et son nez seront coupés. Ses jambes et ses membres seront arrachés. Son crâne sera trépané, et du fer en fusion y sera versé afin que sa cervelle puisse bouillir comme de la purée de millet. Sa bouche sera ouverte avec un coin et une lampe allumée sera placée à l'intérieur. Il sera pelé en bandes du cou jusqu'aux hanches, afin que la peau tombe en lanières autour des jambes. Il sera écorché vivant à partir du cou, et chaque lanière de sa peau sera aussitôt rattachée à ses cheveux de façon à ce que ces bandes forment un voile autour de lui. Des lambeaux de chair seront coupés sur tout son corps. Il sera ferré comme un cheval et forcé à marcher. Sa tête sera clouée au sol par un pieu lui transperçant les deux oreilles et ensuite il sera tiré par les jambes autour de cet axe. Il sera battu jusqu'à ce que tout son corps soit aussi doux qu'un matelas de paille. Son corps sera enveloppé et enroulé dans un paquet puis coupé en tranches. Des entailles seront faites sur tout son corps, et du sel ou de l'alcali sera versé dedans. Il sera découpé vivant, et les morceaux de sa chair seront donnés aux chiens. Il sera décapité, emballé dans des ordures, et cuit vivant. Telles sont les punitions réservées au voleur.

En outre, dans sa vie future, il sera cuit dans l'enfer *Tapano*. Dans cet enfer, tout le corps, à l'intérieur comme à l'extérieur, est brûlé jour et nuit sans arrêt pendant 100 000 ans qui sont l'équivalent de dizaines de millions d'années de notre monde humain. Quand il est réincarné comme un être humain, il renaît aveugle et vivra en grande pauvreté. De grandes calamités viendront périodiquement lui rendre visite… Il est donc essentiel de mener une bonne vie. En récompense, ceux qui obéissent à ces conseils profiteront de la richesse et de la prospérité. Faites des donations et pratiquez la piété. Dans votre existence future, afin d'obtenir la prospérité, il ne faudra pas voler mais vivre dans l'honnêteté.

Que cet acte méritoire puisse servir à atteindre le nibbâna. Que tous les êtres puissent profiter de la prospérité. Que la pluie et le vent soient aussi bons. Que la capitale soit prospère. »

IV
LA VIE ÉCONOMIQUE

La vie économique de l'empire de Pagan a été parfois définie comme un système basé sur la redistribution, mais une telle économie, qui bénéficiait à une petite élite, ne pouvait pas fonctionner seulement en circuit fermé. Le développement économique de l'empire était seulement limité par un manque permanent de main-d'œuvre, d'où la nécessité de se procurer régulièrement des esclaves, notamment en Inde. Les ressources matérielles du royaume étaient contrôlées, puis transformées en pouvoir politique, en rang social et en statut spirituel, tous éléments profondément imbriqués les uns dans les autres.

Les richesses naturelles de l'empire : minerais non ferreux et éléphants
Depuis le début de l'ère chrétienne, la Birmanie est connue pour ses richesses minérales : l'or et les pierres précieuses, notamment les rubis qui attiraient les Européens, et le jade qui séduisait les Chinois. Mais les ressources en cuivre de la zone sèche de Birmanie centrale étaient aussi appréciées par les Môn qui faisaient même de cette terre « le pays du cuivre » (*Tambradipa*), ce qui laisse supposer qu'ils s'intéressaient à l'exportation de ce métal vers d'autres États de l'Asie du Sud-Est. L'intérêt des anciens pour le cuivre s'explique par le fait qu'il entrait dans la composition du bronze dans lequel étaient coulés les armes et de nombreux objets utilitaires et ornementaux. **Les immenses forêts qui couvraient alors le pays recelaient aussi une autre richesse convoitée par les monarques asiatiques : les éléphants. Dès le début de l'empire, ces animaux, très prisés par les souverains indianisés qui voyaient en eux des réincarnations de futurs Bouddhas, étaient exportés par les Birmans, notamment vers Ceylan.**

PAGAN

LES ACTIVITÉS AGRICOLES

Pendant l'âge d'or, les principales activités économiques de la région de Pagan sont très diversifiées. Elles peuvent se classer en : **activités liées à la construction** (coupes de bois de feu, briques, tuiles, maçonnerie, carrières de grès) ; **activités métallurgiques** (fonderies artisanales d'objets utilitaires et religieux en fer et en bronze, orfèvrerie) ; **poterie** (fabrication de céramiques utilitaires, de briques et plaques émaillées) ; production de divers objets religieux (décoration des stoupas, perles de verre colorées, bronzes et images du Bouddha) ; **activités artistiques liées à la décoration des monuments religieux** (moules à stucs, sculptures sur bois et sur pierre, peintures murales) ; **arts du spectacle** dont les Paganais étaient friands (danse, musique, chant) ; **activités liées à la diffusion de l'enseignement religieux** (copistes, graveurs de stèles) ; **activités liées à l'entretien des monuments** (réparations, nettoyage, décoration) ; **toutes les activités liées à l'agriculture** dans une zone de terres fertiles (élevage, coupes de fourrages dans les îles) ; et **les transports** (fluviaux par bateaux et radeaux, et routiers par charrois). À toutes ces productions étaient liées les activités commerciales des associations marchandes qui commerçaient avec tout l'empire.

Les recherches archéologiques ont permis d'établir que la plaine de Pagan fut le centre d'une importante activité de production de poteries entre 870 et 1350. Les fours étaient installés à l'actuel lieudit *Otein Taung* (« la colline des poteries »), à l'est du temple Sulamani, qui ne fut construit qu'en 1183 par Narapatisithou (1174-1210). Cette « colline », qui atteint encore sept mètres de hauteur, n'est en fait qu'un énorme tas de débris de poteries et de cendres qui ont été datées au radiocarbone. Cette masse atteste de l'occupation humaine de la zone et de l'activité des potiers qui vivaient sur le site. Les fours d'Otein Taung s'expliquent par le fait qu'une couche argileuse de bonne qualité affleure à ce niveau. Les potiers pouvaient donc extraire leur matière première sur place. Une autre « colline » de même type existe à une dizaine de kilomètres au nord-est de Pagan, à Ngathayauk, village où des potiers façonnent encore les poteries à la main avec des maillets de bois. Les traditions paganaises sont donc toujours bien vivantes dans la région.

LES CULTURES SÈCHES

Les cultures de millets (*pyaung* = mil-sorgho) étaient prépondérantes sur toutes les terres cultivables des savanes de Birmanie centrale où vivaient les Pyu et les Môn. Elles sont citées occasionnellement en vieux môn et en birman. Au début du XIe siècle, ces cultures étaient si répandues qu'**on a pu comparer la civilisation birmane à une « civilisation des *pyaung* »**. Il est évident que dans ces régions le sorgho était destiné à l'alimentation humaine. Ceci donne à penser que les autres cultures tenaient une place secondaire dans les activités agricoles. Mais le régime des pluies sur la Birmanie centrale conduisait d'une année à l'autre à des variations pluviométriques qui provoquaient, dans certains districts, la perte de la récolte une fois sur trois. Ces pertes étaient compensées par d'autres cultures résistant mieux à la sécheresse, notamment le **sésame** qui fournissait l'huile de cuisine indispensable. **Les berges du fleuve étaient consacrées aux cultures de haricots et pois, tandis que les champs situés sur les terrasses produisaient des cucurbitacées.** La gourde, sans doute très appréciée des Pyu si l'on en juge par la forme architecturale de certains stoupas qui leur sont attribués, est la seule culture nommée dans la légende de la fondation de la cité (cf. Les origines légendaires, chap. II). Enfin l'arboriculture des palmiers à sucre (*Borassus flabellifer*) permettait la production de mélasses qui pouvaient alimenter le commerce intérieur et extérieur. Cette production n'était pas marginale car, dans une inscription de 1244, un donateur précise que l'exploitation des 30 palmiers à sucre qu'il possédait « avait suffi à le nourrir toute sa vie », lui, sa famille et ses deux esclaves. Il est évident que le riz, qui servait de monnaie d'échange, faisait l'objet d'un commerce important, mais on ne sait pas avec certitude qui étaient les acheteurs, que l'on peut présumer indiens puisqu'il existait des associations de marchands. La rentabilité de son commerce peut expliquer la volonté royale de développer les rizières.

LA RIZICULTURE IRRIGUÉE

Dans la seconde moitié du XIe siècle, une véritable révolution agricole se produit dans les plaines de la Birmanie centrale : sous l'impulsion d'Anôratha et de ses successeurs, la riziculture irriguée se développe. Celle-ci devient une des bases de l'économie du royaume, ainsi qu'en témoignent les innombrables travaux d'irrigation (creusement et réparation de canaux et de réservoirs) entrepris par les grands rois bâtisseurs dans toute la zone sèche, berceau de la civilisation birmane. **Le prestige tiré de la possession de ces terres irriguées était sans doute très grand, puisque des milliers d'inscriptions mentionnent des dons de rizières aux monastères dans les deux siècles qui suivent. Les régions de Kyauksè, Meiktila, Taungdwingyi, Minbou, Myinmou et Taungbyon sont connues pour avoir été « les greniers à riz » de l'empire, car les travaux d'irrigation et aménagements qui s'y déroulaient à longueur d'année requéraient l'intervention permanente des souverains** (fourniture des terres, construction des réservoirs, tracé des canaux, dédicace des villages d'esclaves). C'est pourquoi la majorité des inscriptions retrouvées sur le site de Pagan concernent en fait des donations de terres irriguées situées dans ces zones et non pas sur le territoire de la cité. Mais les revenus de ces terres agricoles servaient à l'entretien de monastères qui pouvaient aussi bien se trouver dans des zones éloignées de la capitale que sur le territoire de la cité elle-même. **Par contre il n'est jamais question de l'agriculture des régions deltaïques du Sud puisque ces provinces étaient naturellement arrosées par la mousson et que le paddy y poussait naturellement sans irrigation. Or les populations pyu et môn qui vivaient dans ces régions (Pusim-Pathein, Twanti-Dallah, Thaton, Paykû-Pègou) pratiquaient elles aussi la riziculture** Bien qu'ils n'apparaissent dans l'histoire de Pagan qu'après le milieu du XIIe siècle, lorsque le royaume organise systématiquement ses conquêtes, l'abondance des toponymes môn dans ces zones (le plus courant est *kyaik,* équivalant du birman *zédi* pour « stoupa ») prouve l'existence d'établissements fondés par cette ethnie. Les communautés môn ont donc participé avec les Pyu, dès ses débuts, à la vie économique de l'empire.

LES RIZ CULTIVÉS

Riz et rizières sont cités des milliers de fois dans les textes, car ils sont des marques de prestige. À la fin de la dynastie, le vénérable Shin Disapramuk a été envoyé par le roi Narathihapati pour plaider la cause de Pagan menacée d'invasion par les Mongols. Cette mission ayant réussi, Disapramuk a fait graver le récit de ses négociations sur une stèle. Dans ce texte il rapporte qu'il a rappelé au khan Kubilaï que le riz est la base de la prospérité d'un pays. Il précise ensuite que, du fait de la guerre avec la Chine, les rizières n'étaient plus cultivées

« depuis un an ». Des inscriptions fournissent quelques indications sur les variétés cultivées : « le petit riz » (*kyaukyin*) pousse sur une période courte (140-150 jours) et mûrit dans la seconde moitié d'octobre. « Le grand riz » (*kyaukkyi*) nécessite 170 à 200 jours et atteint sa maturité début décembre. Les variétés les plus communément utilisées sont *mayin*, un riz de printemps dont la durée de croissance est similaire au *kyaukyin*. Ce riz de saison sèche est planté en novembre dans les zones marécageuses et moissonné en mars. Au contraire, *san* désigne un riz cultivé en pluvial pendant la mousson d'été. Son nom dérive probablement du pâli *vassâna* (« saison des pluies »). **Ces variétés se cultivaient à l'évidence dans les zones irriguées (Kyauksè, Minbou) ou proches d'une source d'humidité (sur les berges du fleuve et des affluents).** Les stèles révèlent également que, **dans les régions de Kyauksè, Minbou et Myémou, la riziculture irriguée se pratiquait avec pépinières et repiquage.** Cette technique permettait de faire, après la moisson du paddy, une seconde récolte de légumineuses sur la même parcelle. La récolte était engrangée dans des greniers sur pilotis, comme on peut encore en voir dans la région de Myittha près de Kyauksè. Après la récolte, les chaumes étaient brûlés afin de fournir l'engrais pour la nouvelle saison de culture. Les champs ainsi enrichis s'appelaient « la terre cuite » ou « les rizières cuites ». Les champs sans culture se nommaient « terres en friches » ou « terres de jungle ».

Les principaux travaux d'irrigation de la période de Pagan

Localisation	Nombres d'acres	Période de construction
ac de Meiktila	18 000	Avant XIe siècle
ac de Kyauksè	5 000	Préhistorique
ac de Yamethin	5 000	Préhistorique
ac de Nanda	?	Préhistorique
ac de Maungma	?	Alaungsithou (1173-1167)
District de Sagaing	68 000	Pagan
Canaux de la rivière Mu	300 000	Narapatisihou (1173-1210)
District de Mandalay	20 000	Pagan
Canaux de la rivière Man	15 000	Préhistorique
Canaux de la rivière Salin	20 000	Préhistorique
Zones irriguées de Kyauksè	119 465	Pré-Pagan et Pagan
Total	570 465	

LA VIE ÉCONOMIQUE

RÔLE ÉCONOMIQUE ET CULTUREL DU RIZ

La civilisation birmane du premier empire a été définie comme une « civilisation du riz », car la production de cette céréale touchait à l'essence même du royaume. C'est elle qui aurait permis à la petite cité fortifiée de la berge orientale de l'Irrawaddy de devenir la capitale d'un puissant empire indochinois. **Pendant trois siècles, paddy et riz ont servi à payer les fonctionnaires qui administraient le royaume.** Ils permettaient aussi de récompenser les soldats qui le défendaient ou servaient à l'agrandir, depuis Bhamo au nord jusqu'aux villes du Tenasserim et parfois jusqu'à l'isthme de Krâ au sud. **Cette céréale prestigieuse a également rétribué les artisans et les artistes qui construisaient et décoraient les quelque quatre mille monuments (dont plus de trois mille à Pagan même) qui ornaient les paysages du royaume.** Elles ont nourri la cour, les moines et leurs disciples et au moins une partie de la population des hommes libres et peut-être des esclaves vivant dans les zones de production. **Le Roi « nourrissait » les fonctionnaires et ceux qui le représentaient dans les provinces. En échange de leurs services, ils recevaient officiellement le droit de « manger » la part de grain qui leur revenait, d'où le titre que portaient les gouverneurs des villes :** Myosa (de myo, **« ville » et** sa, **« manger », ce qui en langue birmane sous-entend obligatoirement « manger du riz »).** Paddy et riz ont ainsi permis la perpétuation du premier empire, le développement de sa culture bouddhique, la création d'un patrimoine artistique qui fait encore la fierté du régime et l'admiration des voyageurs, préparé les fondements des deux empires ultérieurs et jeté les bases essentielles d'une civilisation qui perdure. Au point que de nos jours encore le Birman ne saurait envisager de vivre sans son riz quotidien.

L'ÉLEVAGE

Chaque année les îles de l'Irrawaddy, aux riches terres alluviales, sont recouvertes pendant plusieurs mois par la crue du fleuve qui les fertilise en déposant ses limons. (cf. carte « la vallée de l'Irrawaddy et ses îles au niveau de Pagan »). Pendant l'âge d'or, les Paganais utilisaient ces terres en saison sèche, à la fois comme jardins pour les cultures maraîchères, comme prairies naturelles pour parquer les animaux d'élevage (chevaux, bovins), et fournir un fourrage riche (l'herbe kaing) apprécié des éléphants. Les chevaux semblent avoir été les plus importants pour la cavalerie ; les pachydermes pour l'éléphanterie et les transports lourds parfois pour les labours. Les bovins fournissaient la viande, le lait (dans les monastères) et le trait dans la zone sèche (agriculture et chars à bœufs). Les chèvres, moutons, porcs et volailles semblent avoir assuré l'essentiel de l'alimentation carnée des habitants, en dehors des festins (cf. L'alimentation, chap. VIII). **Les monastères entretenaient des esclaves spécialisés dans l'élevage bovin, et notamment dans un exercice particulièrement déméritoire, celui de recueillir le lait des vaches, dont les moines étaient friands.** En effet, en milieu bouddhique, traire une vache signifiait que le veau serait privé du lait de sa mère. Ce travail étant assuré par des esclaves, les moines pouvaient se régaler sans craindre les conséquences futures de cet acte. Le seul responsable était l'esclave (cf. Les esclaves, chap. III).

LA CHASSE ET LA PÊCHE

La plupart des inscriptions découvertes à Pagan concernent des donations de terres et d'esclaves en faveur de la religion. Par suite on ne sait quasiment rien d'activités telles que la chasse et la pêche, car ces activités s'appuient sur des atteintes à la vie des animaux. Il aurait donc été inconvenant de les mentionner dans les textes gravés sur ces stèles. À la fin du XIIIe siècle, les richesses de la faune birmane avaient pourtant retenu l'attention de Marco Polo : « Les gens de ce pays ont en abondance éléphants, bœufs sauvages [les célèbres gaurs de l'Indochine continentale], grands et beaux, cerfs, daims, chevreuils et toutes sortes de bêtes. » Les grandes savanes de Birmanie centrale semblent être restées giboyeuses jusqu'à la fin de l'âge d'or. Pendant qu'elles séjournaient près de la pagode Shwézigon, les troupes d'occupation mongoles passaient le temps en chassant les oiseaux avec leurs arcs, comme le montre une peinture murale du monastère Kyanzittha-Umin de Nyaung-Ou.

La chasse tenait une place importante dans la vie des gens de la cour comme dans celle des hommes libres. La chasse jouait même un rôle important dans la vie (ou la mort) des souverains. Selon la tradition, l'empereur Anôratha a lui-même péri en 1077 au cours d'une chasse au buffle sauvage quelque part aux environs de Myitché (village situé en face de Pagan, sur la rive occidentale de l'Irrawaddy). Entre le piémont de la chaîne de l'Arakan et le fleuve s'étendait alors une savane boisée très giboyeuse. Loin du regard réprobateur des religieux, les souverains pouvaient s'y livrer à leur sport favori. Une mésaventure mortelle de type similaire est arrivée à un autre monarque de la dynastie, Uzanâ, fils et successeur du roi Kyaswa, qui fut tué par un éléphant pendant une chasse près de Dallah.

Au contraire de cette activité appréciée des élites féodales, la pêche est rarement mentionnée dans les inscriptions. Les communautés de pêcheurs qui vivaient au bord de l'Irrawaddy étaient sans doute tenues à l'écart de la cour du fait que leurs activités étaient malodorantes, et entachées des stigmates de la réprobation des religieux puisqu'elles constituaient une manière de donner la mort. Ainsi les pêcheurs de Pagan vivaient encore (avant 1990, année où ils furent déplacés par les autorités) dans un village riverain, situé à l'écart des autres maisons de la cité ancienne et caché sous d'épaisses frondaisons. Pendant l'âge d'or, les habitants de l'agglomération consommaient du poisson pêché au filet dans les eaux du fleuve. Le revenu annuel d'une pêcherie atteignait 10 viss (16 kg) de cuivre (équivalant de 32,5 *tical* d'argent). Certains monastères possédaient aussi des esclaves spécialisés comme chasseurs, garde-chasse et pêcheurs, ce qui indique que ces professions ne bénéficiaient pas d'une grande considération du reste de la communauté.

LA CONSTRUCTION

L'ŒUVRE DES BÂTISSEURS DE PAGODES

Nourrir les moines, les vêtir, les soigner, permettait aux dévots d'acquérir de grands mérites, construire un temple pour le Bouddha en apportait encore plus, mais le summum de l'action méritoire était sans conteste la construction d'un monastère. Après la fin des travaux de construction d'un monument, il fallait encore prévoir les conditions de sa pérennité, donc de son entretien. Le fonctionnement, l'entretien et le gardiennage des temples ne pouvaient être assurés par les moines eux-mêmes, trop occupés par leurs études religieuses et leur vie spirituelle. L'emploi d'un personnel rémunéré était également hors de question puisqu'il impliquait une relation intéressée avec le temple. Dans ces conditions, les donateurs devaient obligatoirement donner un certain nombre d'esclaves qui étaient dédiés au monument et chargés d'assurer toutes ces fonctions à titre héréditaire (cf. Les esclaves, chap. III).

LA VIE ÉCONOMIQUE

Pendant toute la durée de l'âge d'or, et même longtemps après, toute la plaine de Pagan a connu une fiévreuse activité générée par les innombrables chantiers de construction qui parsemaient son territoire. Ces travaux, qui concernaient notamment les établissements religieux, étaient engendrés par la prospérité de l'empire, les bénéfices commerciaux et les richesses qui affluaient dans la capitale. L'élite paganaise, famille royale, courtisans et marchands confondus, rivalisait d'ingéniosité pour entreprendre des constructions de temples, monastères, bibliothèques et palais divers qui prouvaient et rehaussaient le prestige des donateurs. Encouragées par les religieux qui en tiraient profit, ces constructions prestigieuses étaient réalisées sur des modèles initiés par les rois et leurs familles. La construction des monuments religieux participait donc à la grandeur des souverains birmans. La capitale impériale, dont le rayonnement culturel et religieux illustraient le prestige, apparaissait alors comme une vitrine pour le reste de l'Asie du Sud-Est avec lequel la monarchie entretenait des relations commerciales.

Une inscription de 1236 (cf. Tableau « Coût de la main d'œuvre et des matériaux », p. 171-173), permet d'établir une liste non exhaustive des corps de métiers qui intervenaient dans la construction de ces établissements : architectes, tailleurs de pierre et carriers, maçons, concasseurs de craie, plâtriers, charpentiers, briquetiers et céramistes, sculpteurs sur bois et sur pierre, polisseurs de bois, forgerons, orfèvres, artistes-peintres et charretiers…

LE TRAVAIL DU GRÈS

Les nombreuses grottes qui parsèment la zone archéologique de Pagan ont toutes été excavées dans **les épaisses couches de grès qui caractérisent la géologie de la région.** Certaines sont excavées au flanc des collines (monts Tu Yin et Tant Kyi), d'autres le sont dans les terrasses de l'Irrawaddy (près des temples Thetkyamuni et Kyaukkou Umin), d'autres encore sont creusées directement dans la masse des grès qui affleurent en surface (Thamiwhet Umin, Hmyathat Umin, Minnanthou, Kyansittha Umin). L'observation du terrain permet de constater qu'en fait toutes ces grottes sont situées à proximité immédiate des sites et des monuments les plus anciens. Or **ces monuments sont tous édifiés en blocs de grès** et non pas en briques comme les temples plus tardifs. L'utilisation du grès comme matière première de la construction des monuments s'explique par le fait que c'était la seule roche dure disponible en quan-

157

tité dans toute la Birmanie centrale, cœur du pays birman. En outre cette roche est relativement tendre et facile à travailler en comparaison des quelques roches métamorphisées, donc très dures, que l'on peut trouver dans la région de Kyauksè, au pied du plateau shan. Enfin **il existe en Birmanie centrale, de part et d'autre de la vallée de l'Irrawaddy, une très ancienne tradition du travail du grès dont les origines sont sans doute à rechercher dans les civilisations proto-historiques** qui se sont épanouies dans cette zone.

En effet, les techniques rudimentaires utilisées pour exploiter les affleurements gréseux et travailler la pierre, techniques que l'on peut encore observer de nos jours en Birmanie centrale, notamment l'utilisation des coins et des masses en fer pour tailler les blocs avant de les affiner au marteau, se revèlent bien adaptées aux propriétés physiques de cette roche et s'avèrent d'une remarquable efficacité. L'édification des premiers grands monuments (Tu Yin, Tant Kyi, Lôkhananda, Shwézigon, Shwésandô et, dans une moindre mesure, Kyaukkou-Umin) semble bien correspondre à des traditions locales d'utilisation du grès dans les constructions. Ces traditions étaient certainement en usage au début de l'ère chrétienne lorsque les proto-birmans pyu, peuples nomades à l'origine, et par conséquent dépourvus de traditions du travail de la pierre, se sont installés dans la région. À l'appui de cette hypothèse, on constate que tous les vieux villages de la zone archéologique, installés à proximité du fleuve (Nyaung-Ou, Pagan, Myinkaba, Thiripyitséya, Monatkon, Twin Ywa, etc), utilisaient massivement les blocs et dalles de grès : soubassements des maisons, seuils, amorces d'escaliers, dallages des établissements religieux, puits, etc. On retrouve une utilisation identique de la pierre dans les vieux villages situés sur la rive orientale de l'Irrawaddy, au-dessus du niveau des hautes eaux. L'un des premiers voyageurs ayant exploré le site de Pagan mentionne même l'existence d'un dolmen, aujourd'hui disparu, près du stoupa Shwésandô.

LES CARRIÈRES DE LA PLAINE PAGANAISE

La construction traditionnelle des établissements religieux nécessitait l'ouverture de carrières où les tailleurs de pierre produisaient sur place des blocs aux dimensions requises par les bâtisseurs de pagodes. Le poids de ces blocs et la difficulté de les transporter sur de longues distances faisaient que les carrières devaient se trouver à proximité immédiate des monuments en construction. À la fin des travaux, ces carrières étaient abandonnées, car l'abondance de la roche permettait l'exploitation d'autres carrières plus proches des nouveaux chantiers de construction. **Pendant l'âge d'or, la multiplication des chantiers a conduit à l'abandon progressif de la pierre comme matière première.** Faute de main-d'œuvre suffisante, sans doute raréfiée à mesure que les ouvriers carriers (ou les esclaves spécialisés dédiés aux établissements religieux après leur construction) se tournaient vers des activités moins pénibles, les carrières de grès ne pouvaient plus fournir rapidement l'ensemble des blocs nécessaires à l'édification des monuments, ce qui ralentissait les travaux et en grevait lourdement le coût. Ainsi, peu après son retour de Thaton, Anôratha s'est lancé dans la construction d'une série de zédis (Shwézigon, Lôkhananda, Shwésandô, Tu Yin et Tant Kyi) qui nécessitaient la production massive des blocs de grès indispensables. On peut imaginer que toute la main-d'œuvre spécialisée disponible à Pagan fut mobilisée pour ces travaux dont l'ampleur semble avoir dépassé les possibilités locales. C'est sans doute la raison pour laquelle le chantier de Shwézigon, ouvert en 1059 par Anôratha, ne fut terminé par Kyanzittha qu'en 1089. Entre-temps beaucoup d'autres zédis, temples, monastères, bibliothèques et de multiples bâtiments avaient été mis en chantier. **Dès la fin du XIᵉ siècle, l'utilisation massive de la brique pour construire les monuments a permis de réduire à la fois le temps consacré aux chantiers et le coût des constructions. Dans la seconde moitié du XIᵉ siècle, il a fallu une trentaine d'années pour édifier un simple stoupa en blocs de grès comme Shwézigon,** que l'on pourrait comparer à un simple tas de pierres taillées. **Un siècle plus tard, on pouvait construire un grand temple en briques en deux à quatre années.** La brique, qui pouvait être produite rapidement en quantité et facilement transportée, était d'un prix de revient inférieur. Ce matériau l'emporta définitivement au XIIᵉ siècle, et le grès ne fut plus utilisé qu'exceptionnellement dans certaines parties des monuments (pierres d'angle, entrées, marches, dallages) ou réservé aux sculptures des images et aux fenêtres perforées taillées dans un seul bloc qui ornent encore de nombreux temples.

Cependant, sur le territoire de Pagan, toutes les carrières abandonnées par les tailleurs de pierre ont été réutilisées par les moines après l'achèvement des constructions. Ces carrières présentaient en effet un grand intérêt pour les religieux, car les traditions monastiques venues de l'Inde (Ajanta, Ellora), de Sri-Lanka et de Chine (Dunhuang) autorisaient les religieux à vivre en communautés ou en reclus dans des cavernes plus ou moins isolées des villages. Malheureusement **aucune grotte naturelle n'existe dans la région de Pagan.** Les moines souhaitant mener ce genre d'existence devaient donc faire appel aux donations des fidèles pour financer l'excavation dans les grès de résidences troglodytiques agréables. Les carrières abandonnées, avec leurs fronts verticaux, fournissaient des points de départ idéaux pour le creusement de telles grottes qui pouvaient servir aussi bien de refuge contre les grandes chaleurs de la plaine de Pagan – ce que la tradition a retenu – que de monastère, de sanctuaire ou de cellule de méditation.

LES SANCTUAIRES EXCAVÉS

Pendant l'âge d'or, de nombreux temples souterrains, dont le prototype semble être le temple Kyaukkou-Umin, furent excavés dans les couches de grès qui affleurent en de nombreux points de la plaine de Pagan. Certains avaient des façades monumentales (Kyaukkou-Umin), des cours intérieures (Anôratha-Umin) et des couloirs bien aménagés (Kyanzittha-Umin) avec des parois en briques, tandis que d'autres avaient une apparence beaucoup plus modeste et austère (mont Tu Yin, Sagaing). Le plus souvent ces « temples » n'étaient en fait que de simples cellules de méditation réservées à l'usage des religieux. Les cellules s'ouvraient sur une galerie principale qui reliait toutes les cellules entre elles. Il ne pouvait s'agir de temples, car on n'y trouvait aucun autel destiné à recevoir les statues du Bouddha et les objets du culte. En réalité le lieu de culte était un pavillon en bois pourvu d'un autel, qui pouvait recevoir les fidèles et était situé devant l'entrée de la grotte où le moine conduisait ses exercices de méditation.

L'utilisation, par les religieux de l'âge d'or, de cellules excavées apparaît dans les légendes locales. Ainsi Pyuminhti aurait construit deux temples-grottes à **Hgnet pyit taung** : un pour abriter une statue du Bouddha à l'endroit où le crâne de l'ogre volant aurait été enseveli, et un autre à l'endroit où l'animal aurait été abattu. On sait qu'un grand monastère fut construit sur le site dès la première période de Pagan, peut-être pour bouddhiser un lieu où se pratiquait un culte pré-bouddhique, mais les deux stoupas de l'actuel complexe religieux sont postérieurs à l'âge d'or. Celui du nord est daté de 1364. Selon la tradition, le premier primat du *Sangha* birman, **Shin Arahan**, y séjournait avec ses disciples. Au sud de Nyaung-Ou, un autre sanctuaire souterrain doté d'une façade monumentale en briques vient d'être restauré. Il aurait lui aussi abrité une communauté dirigée par Shin Arahan. On peut avoir une idée de ce à quoi ces monuments ressemblaient en visitant la pagode hnget pyit taung où les autorités viennent de faire construire un bâtiment mi-temple mi-monastère sur le site où aurait résidé le célèbre prélat (cf. Les origines légendaires, chap. II).

De nombreuses grottes, reliées par un réseau de galeries, ont été anciennement excavées sur le site dans l'épaisse couche de grès qui affleure au niveau du sol. On dit qu'elles servaient de cellules aux moines qui y trouvaient refuge pour échapper au climat torride de la région. Les pèlerins apprennent que l'une de ces grottes abritait la tanière de l'ogre-volant, dont le souvenir est perpétué dans une cour intérieure par une grande statue propre à leur inspirer l'horreur. Ils apprennent aussi que les grottes de **Thamiwhet**, situées non loin de Hnget pyit taung, étaient utilisées par les anciens habitants du royaume qui y cachaient leurs filles pour les dérober à l'appétit du féroce ogre volant. Ces grottes se composent de sept alvéoles-sanctuaires excavés à faible profondeur, à partir d'un ancien front de carrière, dans un renflement gréseux qui affleure au niveau du sol. Chaque structure est décorée de peintures murales et ornée d'une statue du Bouddha taillée dans la masse du grès en position de *Bhumisparsha*. Cinq des sanctuaires sont reliés par un corridor parallèle à la façade. Les archéologues pensent que ces structures, qui s'ouvrent vers le sud, ont été creusées au XIIIᵉ siècle. Le complexe des grottes de **Hmyathat**, qui s'ouvrent vers le nord, est excavé à l'autre extrêmité du renflement dans la même couche de grès. Il serait l'œuvre du roi bâtisseur Narapatisithou (1173-1210). On y trouve une stèle, sans doute liée à un réaménagement postérieur, portant une dédicace du roi Mohnyin (1427-1440), qui régnait à Ava. Ceci prouve que le site était toujours occupé par les religieux et servait encore de lieu de culte un siècle et demi après la chute de Pagan.

En fait l'expérience prouve que, faute d'aération, l'atmosphère de ces grottes est étouffante. Elles offrent tout au plus une protection efficace pendant les nuits des périodes les plus fraîches de l'hiver (10 à 18 °C en janvier). Les aménagements spécifiques à des résidences monastiques sont absents, mais **certaines grottes servaient clairement de sanctuaires** comme **Thamiwhet Umin et Hmyathat Umin**. La plupart des grottes excavées ne sont pas aménagées, ce qui permet de penser que les moines résidaient en fait à l'extérieur dans des pavillons ou dans des monastères en bois contigus. Les cavernes excavées étaient sans doute précédées d'un simple porche ou d'un toit étagé, dont on distingue encore la trace des anciennes charpentes sur les parois situées au-dessus de l'entrée de quelques grottes. Certaines de ces installations subsistent de nos jours, notamment à Kyaukkou-Umin où le vénérable supérieur du monastère, isolé dans son oasis,

161

réside dans un pavillon attenant aux grottes-sanctuaires qui, lorsqu'elles ont perdu leur image du Bouddha, ont également perdu leur fonction première et ne servent plus que de débarras. Ailleurs les cellules qui s'ouvrent sur les corridors des plus grandes grottes (dont les parois sont parfois appareillées en briques) ne pouvaient servir qu'à fournir des lieux de recueillement isolés propices aux exercices spirituels de méditation des résidents des grands monastères. C'est le cas par exemple à Kyansittha Umin où les bâtiments du monastère contigu aux grottes, peut-être abandonnés en 1287 par les moines fuyant l'invasion mongole, semblent avoir servi de lieu de garnison pour un petit contingent de cavaliers mongols à la fin du XIIIe siècle, ainsi qu'en témoignent quelques peintures murales représentant des scènes de chasse (des Mongols tirant à l'arc sur des oiseaux perchés dans des palmiers) que ces soldats, si ce ne sont les moines eux-mêmes, ont pu réaliser (cf. le dessin relevé sur ces parois p. 91).

Parmi les rares grottes qui soient encore utilisées occasionnellement par les moines pour pratiquer des exercices de méditation, on peut citer les grottes insalubres de Minnanthou, creusées en sous-sol, ou la galerie située près du temple Thetkyamuni qui part de la plateforme du monastère pour déboucher sur un à-pic en plein centre de la falaise qui domine l'Irrawaddy. Ouverte sur le plateau de Pagan et sur le fleuve, bordée de quelques cellules, elle est bien aérée et pouvait remplir plusieurs fonctions, notamment celle de poste d'observation de la navigation sur le fleuve ou d'embarcadère puisque la falaise porte encore les traces d'un escalier de bois qui descendait jusqu'au niveau du fleuve. Mais cet exemple est unique. **Pendant l'âge d'or, contrairement à ce que donne à penser la tradition, les grottes excavées ne servaient pas de résidences permanentes pour les moines.** Aménagées, elles donnaient naissance à des petits sanctuaires parfois richement décorés de peintures murales, tandis qu'à l'état brut elles servaient seulement de cellules où les moines s'isolaient temporairement pour se livrer à leurs exercices de méditation (cf. Le personnel monastique, chap. VI).

LE COMPLEXE RELIGIEUX DE HNGET PYIT TAUNG

Dans ce contexte, l'un des sites les plus intéressants à visiter, qui est aussi l'un des moins connus alors que la légende des origines de Pagan et l'histoire de l'introduction du bouddhisme theravāda dans le royaume s'y mêlent intimement, est certainement le complexe religieux de **Hnget Pyit Taung** (la colline de l'oiseau abattu) que moines et fidèles ont aménagé au cours des siècles dans une série d'anciennes carrières de la période médiévale. Une stèle d'albâtre placée dans un jardin intérieur récemment aménagé en rappelle l'histoire officielle (cf. encadré ci-dessous). L'existence du monastère de Shin Arahan en ces lieux n'est assurée que par la tradition, mais elle est plausible.

La nouvelle stèle de Hnget Pyit Taung

« Quand Shin Arahan, le vénérable Mahâthera de Thaton, est arrivé à Pagan, le roi Anôratha, qui s'intéressait depuis longtemps à la vraie foi du bouddhisme theravâda, fut ravi de le rencontrer et lui manifesta [peut-être avec quelques arrière-pensées, car le bon moine n'avait guère plus de dix-neuf ou vingt ans] une grande dévotion. Il lui fit construire un monastère au lieudit Hnget Pyit taung afin qu'il puisse y résider un peu à l'écart de l'agglomération de Nyaung-Ou qui servait alors de grand port fluvial au nord de Pagan. C'était en effet le lieu d'aboutissement des routes intérieures qui conduisaient au mont Popa et de là vers les riches rizières irriguées de la région de Kyauksè-Myittha et vers la route du Sittang et des pays shans. Les fidèles voyageurs n'avaient pas grand effort à faire pour rendre visite au monastère du mahâthera. Accessoirement, c'était aussi la route du sud et du pays môn. Le monastère était une structure mixte construite en briques et en bois. Devant la structure en briques [le corps du monastère] se trouvait une salle de prières (*dhammayon*) construite en bois, avec 24 colonnes en bois de teck posées sur une plateforme en briques, et ornées de sculptures sur bois. Cette salle avait une double toiture superposée, et sur les deux côtés du vestibule central se trouvaient des abris annexes couverts. Dans la salle de prières, Shin Arahan prêchait le *Dhamma* aux fidèles. Juste derrière la salle de prières se trouvait une structure en briques (*vihara*), c'est-à-dire le monastère proprement dit où vivait et méditait Shin Arahan. Il y avait deux entrées connectant la salle de prières et le *vihara*. Le toit étagé du *vihara* était dans le style de Pagan. Par suite des ravages du temps, du climat et des tremblements de terre, l'ensemble du complexe était tombé en ruine et serait resté ainsi pendant plusieurs années. Sous la direction de Son Excellence le senior général Than Shwé, président du State Law and Order Restoration Council, les travaux de recontruction ont commencé le jour de la pleine lune de kason en 1357 de l'ère birmane, le samedi 13 mai 1995. Ils ont été terminés le jour de la pleine lune de waso de l'ère birmane 1358, le dimanche 30 juin 1996. »

Les carrières de Hnget Pyit Taung appartiennent en fait à la même formation gréseuse que celles de Thamiwhet et Hmyathat Umin. Les grottes excavées de ces deux derniers sites ont leur propre légende qui complète celle de Hnget Pyit Taung : les villageois racontent que, sous le règne du roi Thamôdarit, époque à laquelle l'ogre oiseau réclamait chaque jour une vierge, les gens de la cour y cachaient leurs filles (cf. Les origines légendaires, chap. II).

UN ARTISANAT DÉVELOPPÉ

Les fouilles entreprises dans la plaine de Pagan, officielles ou sauvages, ont montré que, pendant l'âge d'or, de nombreuses activités artisanales prospéraient dans toute l'agglomération et ses environs. Les chercheurs de trésors paganais ont intensément fouillé les sols où vivaient leurs ancêtres, comme en témoignent les foyers, les épaisses couches de cendres et les dépotoirs anciens. Ces fouilles anarchiques ont heureusement fourni une multitude de trouvailles : **de larges puits asséchés construits en briques, d'innombrables poteries, des petits fours pouvant produire des poteries émaillées mais qui semblent surtout avoir servi à la production de perles de verroterie à partir de verre importé** dont on ignore la provenance (Les services archéologiques ont identifiés six de ces fours à Myinkaba, dont deux dans le village même), **de multiples objets utilitaires en bronze** (écuelles, lampes à huile, miroirs), **ainsi que des objets religieux** (nombreuses statuettes du Bouddha et de quelques divinités), des bijoux, de l'or, des pierres précieuses et semi-précieuses en quantité. Certaines d'entre elles, liées à la métallurgie, à la céramique (fabrication de larges briques) ou à la verrerie, sont directement héritées des activités de la période antérieure, que l'on peut appeler l'âge des Pyu (cf. L'histoire, chap. I). D'autres au contraire sont liées au développement économique qui a caractérisé l'âge d'or paganais.

L'origine des plaques de terracottas émaillées de couleur verte qui ornent de nombreux monuments de Pagan n'est pas encore formellement établie. Aucun four pouvant produire des poteries de type céladon en grande quantité n'a été retrouvé à ce jour à Pagan. Un petit four (1,07 x 0,47 m), identifié à Myinkaba en 1963, aurait pu servir à fabriquer des poteries émaillées, mais il aurait fallu le mettre à feu régulièrement pendant un an pour qu'il produise assez de plaques pour une seule pagode. **D'autres fours similaires**

découverts (le dernier en 1994) révèlent des méthodes de construction inconnues ailleurs en Asie du Sud-Est, ce qui pose le problème de l'origine de ces techniques. On est certain que cinq des six fours avaient seulement une production spécialisée de perles de verroterie polychrome obtenues à partir de blocs de verre brut (du vert translucide au noir olive) venu d'ailleurs, **peut-être de l'Inde qui fabrique du verre depuis au moins deux mille ans.** Mais les couleurs des perles retrouvées (bleu translucide, marron et jaune) montrent que des pigments colorés étaient ajoutés pendant la fonte du verre brut. La localisation de ces fours, installés près des monuments les plus anciens, suggère qu'ils ont été construits au moment de la construction de ces temples. **Les archéologues pensent que la production de ces fours étaient contrôlée par les religieux.**

Divers motifs figurant sur les céramiques de Pagan

La tradition bouddhique fait référence aux « Sept Trésors » [or, argent, lapis lazuli –parfois remplacé par du verre bleu –, cristal naturel (verre), perle, pierre rouge ou corail, agate ou ammonite]. Ces trésors, qui symbolisent les meilleures matières de ce monde et des autres mondes, sont donc utilisés, et notamment le verre, pour les rituels bouddhiques et la décoration des stoupas, notamment avec le « bourgeon de diamant » (*seinbou*) taillé dans du cristal. **Les fidèles de Pagan portaient vraisemblablement des chapelets de perles de verre colorées qui pouvaient également servir d'offrandes. Les fours à perles produisaient sans doute de larges quantités de ces produits de luxe qui faisaient l'objet d'un commerce, puisque des perles analogues ont été retrouvées à Pègou et Martaban.** Quoi qu'il en soit, on ignore toujours où étaient produites les poteries émaillées – certaines auraient pu être fabriquées en petite quantité dans ces fours –, les plaques de jatakas, les briques émaillées et certains éléments de la décoration des monuments. Les terrasses du Mingalazédi fournissent un bon exemple de **la richesse de ces décorations, qui faisaient sans doute l'objet d'un commerce en provenance d'autres régions du royaume ou de pays étrangers.**

LE COMPLEXE RELIGIEUX D'ANANTASÛRA

L'histoire nous a légué le texte d'une donation célèbre, datée du 17 décembre 1223, faite par un ministre de l'âge d'or, Anantasûra, et son épouse. Ce ministre appartenait au conseil royal de Nadaungmya (1211-1231), dont il était le commandant en chef des armées (*mahâsenâpati*). La stèle qui relate les circonstances de cette donation nous fournit une description précise du complexe religieux qui était situé à Amanâ (l'actuel Minnanthou, village situé à 3 km à l'est de Pagan). Pour assurer la pérennité de l'enseignement délivré dans ce monastère, Anantasûra prit grand soin de doter l'établissement d'une copie complète fort coûteuse du Canon bouddhique. Les lieux sont célèbres, car on peut reconnaître sur place une partie des bâtiments décrits, dont le temple **Let-Myet-Hna** (« les quatre visages » ou « les quatre façades »), qui est en parfait état de conservation. Le plan des bâtiments qui ont disparu est encore marqué au sol. Quant au réservoir mentionné par Anantasûra, il est resté en usage et approvisionne encore les villageois de Minnanthou.

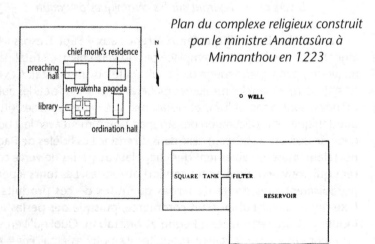

Plan du complexe religieux construit par le ministre Anantasûra à Minnanthou en 1223

LA VIE ÉCONOMIQUE

PAGAN

Texte de la stèle du ministre Anantasûra décrivant fièrement la beauté du complexe religieux de Lay-Hmyet-Hna, qu'il a fait construire dans le village de Minnanthou (plaine de Pagan, à l'est de la cité royale) en 1223. Les motivations du donateur sont clairement indiquées.

Description d'un établissement religieux construit au XIIIᵉ s. à Pagan

« Près du réservoir d'Âmana (Minnanthou) nous avons planté de nombreux palmiers à sucre dans l'enclos d'un monastère. Puis nous l'avons entouré de deux murs de briques à l'intérieur desquels nous avons construit un temple qui repose sur une base ayant la forme d'un pot kalasâ. Dans le reliquaire de ce temple, nous avons enchâssé des reliques du Bouddha placées dans un écrin en bois de santal, recouvert d'un coffret en cristal, puis d'un coffret en bois de santal rouge, d'un coffret en or, puis en argent, puis dans un coffret doré et incrusté de pierres précieuses, puis un coffret en ivoire, un coffret en cuivre rouge et placé le tout dans une petite pagode de pierre sculptée. En outre nous y avons installé avec dévotion des coussins d'or et des coussins d'argent, des grains de riz en or, en argent, ainsi que des chandeliers en or et en argent. Quant à la petite pagode en pierre sculptée, nous l'avons peinte et cerclée de fils de cuivre. Le pinacle a été fait en or. Au-dessus de ce pinacle, nous avons installé une ombrelle en or à laquelle sont suspendus des perles et du corail. Nous avons emporté la petite pagode jusqu'au pinacle enroulée sept fois dans un tissu sur lequel se trouve un sceau en or. Il y a aussi une statue en or du Seigneur coulée avec 30 *tical* d'or, une statue en argent du Seigneur coulée avec 50 *tical* et une statue du Seigneur en marbre doré. Nous avons placé au-dessus de tout cela des ombrelles en or et en argent. Nous avons enchâssé toutes ces choses. À l'intérieur du temple, nous avons construit quatre statues du Seigneur placées dos à dos, faisant chacune face à un point cardinal, et nous les avons fait briller merveilleusement avec des gemmes. Beaucoup d'autres statues ont été installées au long des murs. Sur les murs, des scènes tirées des 500 *Jâtaka* ont été magnifiquement peintes. Pour décorer le pinacle du temple avec un ornement, nous avons pesé et déposé 47 *viss*, 8 *buih* et 4 *tical* de cuivre entre les mains d'un forgeron. 7 *viss* et 9 *tical* ont été perdus pendant la fabrication, et le poids total du pinacle est de 40 *viss*, 7 *buih* et 5 *tical*. Le poids de bon or inclus est de 39 *tical* trois quarts et pour le mercurede 159 *tical*. Avec tous ces objets précieux, nous avons réussi à faire briller le pinacle du temple. Nous avons aussi

167

fabriqué une copie des trois *Pitakâ*, le Canon de la Loi. Là où la congré-gation de ceux qui veulent écouter la loi peut se réunir, nous avons construit une agréable salle de prêche en pierre de taille. À l'endroit où la loi est prêchée, nous avons installé un trône d'or. Au-dessus du trône, nous avons placé une ombrelle en or et un dais par-dessus. Un grand et agréable monastère – résidence de notre Seigneur Séyadô – a été construit pour que tous les braves gens désireux d'accéder au nir-vana puissent y recevoir une instruction. Autour du mur intérieur, nous avons édifié une rangée de monastères où nos Seigneurs, qui prati-quent la piété par amour pour la religion, pourront résider. Afin que nos Nobles Seigneurs puissent se sentir à l'aise avec l'eau, un puits en briques a été creusé ainsi qu'un réservoir carré en briques. Vers l'est, un grand réservoir a été construit avec deux niveaux. Afin que l'eau puisse y entrer, des canalisations et des déversoirs ont été magnifi-quement réalisés. Autour de ce réservoir, on a créé un jardin. À l'ex-térieur du monastère, nous avons construit un vaste et agréable pavillon de repos, magnifiquement décoré avec toutes sortes de figures, où toutes les bonnes gens qui viennent des quatre points car-dinaux ont la possibilité de séjourner, dormir ou passer le temps. À l'ouest de ce pavillon, nous avons construit une maison des aumônes permanente, en briques, où les bonnes gens qui souhaitent donner des offrandes peuvent le faire. À la périphérie de la ville, nous avons aussi solidement construit un entrepôt en briques. Pour le confort du Seigneur, de la loi et de la communauté qui vivent dans ce monastè-re, nous avons donné de nombreux serviteurs. Dans le but que tous les bonnes gens qui viennent des quatre points cardinaux puissent exaucer leurs désirs, nous avons fait construire solidement un puits en briques. Pour que tous les actes méritoires réalisés par nous, ménage affectionné, puissent durer pendant les 5 000 ans de la religion, nous avons fait de nombreux arrangements. Afin que les réparations puis-sent être régulièrement faites en notre nom, que les lieux soient net-toyés, que des offrandes régulières de nourriture, d'huile à lampe, de bétel et de fleurs puissent toujours être données au Seigneur et à la Loi, et du riz offert aux patients Nobles Seigneurs, nous, le couple affec-tionné, dédions les esclaves suivants... »

(La suite du texte mentionne le nom des esclaves (peyakyun) offerts à la pagode pour assurer le bon fonctionnement de cet établissement. Traduction française de l'auteur d'après la version anglaise de Than Tun publiée dans son ouvrage : *History of Buddhism in Burma* (AD 1000-1300), Journal of the Burma Research Society, December 1978, p. 131.)

Coût de construction d'un complexe religieux

Un autre établissement fondé en 1248 à Minnanthou, village situé à 3 kilomètres à l'est de Pagan, par une princesse de la dynastie, fille du futur roi Uccanâ (1250-1254), nous apporte des précisions sur le coût de construction d'un complexe religieux pendant l'âge d'or. Il comprenait : **un temple avec quatre statues du Bouddha, une bibliothèque avec une série complète des** *pitaka*, **une salle de prêche, un grand monastère de bois aux toits étagés, un grand monastère de briques avec une terrasse sur le devant, et un mur d'enceinte autour de l'ensemble.** Afin de valoriser ses mérites devant ses contemporains paganais (et peut-être aussi pour impressionner le souverain), la princesse-donatrice, qui s'avère également une excellente comptable (cf. Les femmes à Pagan, chap. VIII), a fait graver, sur la stèle de consécration, le montant détaillé des dépenses réalisées pour cette construction (voir tableau, p. 250-257).

Les graveurs ont à l'évidence reproduit le texte de l'inscription en respectant l'ordre de la rédaction du document qui leur a été soumis. Sa composition suggère que plusieurs équipes de constructeurs spécialisés travaillaient en même temps sur le site. Des comparaisons effectuées avec d'autres inscriptions ont montré qu'**un complexe de ce type pouvait être construit dans un laps de temps compris entre un et deux ans,** ce qui donne une idée de la masse de main-d'œuvre esclave, non comptabilisée, qui devait être employée sur le chantier. La direction des travaux pouvait être confiée à des artisans maçons dont il fallait payer le travail, mais qui utilisaient la main-d'œuvre gratuite des esclaves. Ces derniers appartenaient sans doute aux entrepreneurs, mais ils pouvaient aussi être fournis par les donateurs, ce qui réduisait le coût des constructions sur lesquelles ils étaient employés.

De nombreuses pagodes birmanes portent le nom de Soulâmani. Cette inscription de 1248 ne concerne pas le grand temple Soulâmani (consacré en 1183) qui se trouve à mi-chemin entre Minnanthou et Pagan. Le coût rapporté et le poids des métaux utilisés suggèrent l'édification d'un petit stoupa. On constate également que **le coût de la copie des textes du canon bouddhique** (*pitaka* ou *tripitaka*) **était alors plus élevé en poids d'argent que celui de la construction du temple,** ce qui suggère une pénurie de lettrés et de scribes spécialisés dans cet art. Ces derniers, des moines ou d'anciens religieux, devaient nécessairement lire et écrire les pâli,

169

môn et birman pour diriger et contrôler les graveurs. Pour acquérir ces connaissances, ils passaient de longues années dans les monastères à étudier ces langues sous la direction des érudits religieux. Les efforts consentis devaient donc se monnayer au prix fort. En comparaison, une inscription concernant un temple du XVIᵉ siècle montre que **le coût de la construction d'un monastère était devenu cinq fois plus élevé que celui des** *pitaka*. Cette distorsion suggère qu'après l'âge d'or le coût du travail des copistes avait été grandement réduit du fait que les érudits étaient plus nombreux qu'au XIIIᵉ siècle.

Le coût du mur d'enceinte du complexe est plus élevé que celui des deux monastères en briques. L'anomalie s'explique par le fait que les murs étaient à la fois élevés et épais, et que le périmètre de l'établissement était très long. Ils sont encore visibles de nos jours à Minnanthou, car ils bordaient une voie de communication importante entre le port de Pagan et l'intérieur du pays. Par ailleurs, de nombreux charrois étaient nécessaires pour apporter les briques destinées à la construction du mur (cf. Le commerce, chap. IV).

COÛT DE LA MAIN-D'ŒUVRE ET DES MATÉRIAUX

Les coûts d'une construction religieuse, où sont différenciés ceux des matériaux et ceux de la main-d'œuvre, sont précisés dans une stèle incomplète de 1236. Son donateur est inconnu. Le texte se présente sous la forme d'un livre de comptes qui détaille les dépenses du donateur. Celui-ci, ou son intendant, n'a pas cherché à établir de récapitulatif. Il s'est contenté d'enregistrer les sorties au fur et à mesure pendant la construction du monument. Les feuillets originels, sans doute rédigés sur feuilles de palmes, pourraient avoir été confiés de même aux graveurs pour être immédiatement incisés sur la stèle en fonction de l'avancement des travaux. En effet l'achat d'un monolithe de grès destiné à cet usage apparaît dès la dixième ligne du compte. La localisation de cet établissement n'est pas mentionnée, mais on peut supposer que le complexe est éloigné de la résidence du donateur puisque ce dernier a eu recours à un comptable pour suivre les progrès du chantier.

L'intérêt porté aux peintres et à la peinture dans la construction des établissements religieux de l'âge d'or s'explique par le fait que, comme les sculptures polychromes de nos églises romanes, les œuvres figuratives visaient à éduquer des fidèles souvent analphabètes. Il fallait leur montrer visuellement les avantages méritoires que l'on pouvait tirer des actes de donation. Les bâtisseurs de pagodes et monastères, qui accumulaient des mérites pour eux-mêmes, se voulaient aussi utiles à leurs contemporains moins fortunés en leur donnant l'occasion de s'instruire dans la religion. Le volume et la valeur des poids et mesures cités dans les textes de 1223 et 1236 (*khwak, tanak, kyaktanuiy, buih*) nous sont désormais inconnus. La mesure ancienne du *tical* est perdue. Mais le poids du *tical* actuel, centième partie du *viss* d'origine indienne (1 632 g), est de 16,32 g. Tout permet de penser qu'il n'a guère varié depuis la période médiévale. Nous avons donc une idée assez précise des prix pratiqués à Pagan (cf. Les prix à Pagan, chap. VIII et le coût de la vie Pagan, p. 264)

Coût de la main d'œuvre et des matériaux pour la construction d'un établissement religieux en 1236.

Motif de la dépense	Coût
Donné aux forgerons	4 tical d'argent
Donné aux peintres qui ont décoré la chambre intérieure du temple	7 tical d'argent
Donné aux peintres qui ont décoré le monastère	120 tical d'argent
Pour l'achat de chevrons	7 tical d'argent
Donné aux sculpteurs sur bois	30 tical d'argent
Donné aux sculpteurs de statues	20 tical d'argent
Pour la peinture des murs	2 tical d'argent
Pour la peinture de l'autel	2 tical d'or
Coût du bois pour la maison extérieure	10 tical d'argent
Coût d'un monolithe	3,5 tical d'argent
Le coût des stucs pour les portes et les frontons de la chambre intérieure et du monastère est de 3 coupes de *khwak* au prix de	13 tical d'argent
Pour 5 bovins	20 tical d'argent
Pour l'achat de poudre	5 tical d'argent
Pour les plateaux	5 tical d'argent
Coût de 22 *tanak* de miel	77 tical d'argent
Coût de 248 *tanak* de lait	25 tical d'argent

LA VIE ÉCONOMIQUE

Coût du mortier	320 panier de paddy
Pour 300 briques de pierre	30 paniers de paddy
Donné aux concasseurs de plâtre	20 paniers de paddy
Pour les maçons	140 paniers de paddy
Pour les peintres	54 paniers de paddy
Pour les polisseurs et sculpteurs sur bois	20 paniers de paddy
Coût du paddy : 4 paniers au prix de	1 tical d'argent
Pour le transport de	38 tical d'argent
Pour le pinacle du temple : 1,5 *viss* de cuivre au prix de	3 tical d'argent
1,5 (tical) d'or au prix de	12 tical d'argent
3 tical de mercure	2 tical d'argent
Salaires pour le pinacle du temple	10 tical d'argent
Coût du fer	10 tical d'argent
Pour l'achat de chevrons, poutres traversières et chanlattes pour le monastère	20 tical d'argent
Location d'un attelage pour tirer le bois d'œuvre	10 tical d'argent
Coût global de l'orpiment (sulfure d'arsenic), du vermillon, de la craie de minium (plomb rouge), de *kyaktanuiy*, de la laque, de la plombagine	50 tical d'argent
Donné aux sculpteurs pour 10 bouddhas debout	10 tical d'argent
Donné aux peintres	20 tical d'argent
Donné aux ouvriers qui travaillent le mercure	1 ceinture / 1 pagne
Donné aux fabricants de statues	1 tissu fin noir /1 ceinture
Donné aux peintres	1 pagne / 1 ceinture
Pour 30 charpentiers	30 pagnes /30 ceintures
Pour 4 maçons	4 pièces de tissu 4 ceintures /1 cheval
Pour les fabricants de statues	1 cheval
Pour le maître maçon	1 cheval / 2 pagnes / 2 ceintures

Briques de deux fours pour construire la promenade du monastère	60 tical d'argent
Location de char	22 tical d'argent
Location de chars pour tirer le bois d'œuvre de la promenade	16 tical d'argent
Salaires donnés aux polisseurs du bois	10 tical d'argent
Pour faire les portes du monastère	1 tical d'argent
Pour un bloc de pierre pour le seuil de la porte	I,25 tical d'argent
Salaires des maçons qui ont construit le monastère 3,5 *tical* d'argent Location de char *khlap* de *khwak*	2 tical d'argent
Pour 1350 noix de bétel	2 tical d'argent
Pour 4 paniers de paddy	1 tical d'argent
Pour une pièce de coton blanc	1 tical d'argent
Pour ... pierres pour le seuil de la porte	

LE COMMERCE

CONTRÔLE DES AXES DE CIRCULATION

C'est par l'Irrawaddy que Pagan est entrée en contact avec les autres peuples de Birmanie, puis avec Sri Lanka et l'Inde En fait cette grande voie de circulation, bien connue depuis la plus haute antiquité, n'a jamais cessé d'être fréquentée par des voyageurs, aventuriers, marchands, religieux, soldats, pirates, artistes et bateliers appartenant à de grandes civilisations qui communiquaient entre elles. La création de Pagan dans les premiers siècles de l'ère chrétienne correspond à la volonté d'un chef dont le peuple contrôlait déjà les rives de l'Irrawaddy. Cela prouve également que ce peuple entreprenant connaissait non seulement le régime de l'Irrawaddy et ses dangers (vents, bancs de sable, chenaux, crocodiles) mais aussi maîtrisait les techniques de la navigation sur ce cours d'eau. Au plan stratégique, la construction de la forteresse au bord du fleuve, et au centre des grandes zones agricoles du pays, illustre une volonté de surveiller cet axe de circulation. La sécurité des échanges intérieurs et extérieurs indispensables au fonctionnement du système économique paganais était ainsi assurée. La trans-

173

formation ultérieure de la forteresse en capitale d'un puisssant empire démontre que le contrôle des réseaux commerciaux était vital pour les monarques paganais.

MOYENS DE TRANSPORT

Les échanges intérieurs étaient aussi soumis à un impératif de régularité. Traditionnellement les transports intérieurs étaient assurés par des chars à bœufs, des chevaux, des éléphants, des radeaux et de multiples embarcations : petites pirogues individuelles ou collectives pour les communications rapides ; bateaux à voiles, barges privées spécialisées pour les transports lourds ou précieux (éléphants, chevaux) ; barges équipées pour les déplacements de la cour, etc. Selon les régions, certains chars ou esquifs étaient spécialisés pour le transfert rapide des personnes aisées sur de courtes distances, par exemple d'un point à l'autre du village ou d'un village à l'autre. Les monastères avaient ainsi des chars légers ou des pirogues à leur disposition, avec les conducteurs ou les équipages nécessaires pour les manœuvrer. Par ailleurs, tous les villages possédaient des chevaux qui permettaient aux troupes fournies par le village de rejoindre rapidement la cavalerie royale en cas de mobilisation. Les plus riches possédaient tous des chevaux pour effectuer des déplacements rapides sur les axes de circulation. Selon Marco Polo il fallait 15 jours de chevauchée à travers des zones inhabitées pour relier Pagan et la frontière chinoise. Cette remarque montre bien que la Birmanie, et notamment la vallée de l'Irrawaddy au nord de l'actuelle Mandalay, était très peu peuplée. Les armées qui empruntaient ce passage devaient donc transporter avec elles non seulement les provisions mais aussi tous les matériels nécessaires aux opérations militaires, d'où l'importance des moyens de transport lourds comme les éléphants (cf. L'armée, chap. III).

En apparence le commerce extérieur ne semble pas avoir été une nécessité pour l'économie de Pagan, car la Birmanie centrale produisait tout ce dont l'empire avait besoin pour le fonctionnement de son économie de redistribution, pour ses constructions religieuses et le développement de ses beaux-arts : des terres cultivables pour les millets, le sésame et les légumineuses ; des terres irriguées pour la riziculture, la canne à sucre et les légumes ; des fruits en abondance à partir d'arbres dont certains représentaient à eux seuls de véritables complexes culturels (palmier à sucre, aréquier, tamarinier) ; des pêcheries ; des pierres (grès, marbre et albâtre) pour ses monuments et ses sculptures ; des métaux et des pierres précieuses (rubis et spinelles) ; de l'argile pour ses briques et des bois adaptés à tous les usages ; du coton et de la soie pour ses vêtements… **Le commerce intérieur était soigneusement contrôlé et régulé par les fonctionnaires royaux ; tous les métiers étaient organisés par l'État en communautés professionnelles, de telle sorte que l'administration royale contrôlait la quasi-totalité de la vie économique.**

LE COMMERCE EXTÉRIEUR

La nature du commerce paganais est mal connue. On sait seulement que la cité faisait appel à des architectes et artistes indiens de l'Inde du Sud (Bihar, Bengale) pour l'aider à construire et à décorer ses temples. Les sculptures et les peintures murales de ces derniers représentent d'ailleurs des divinités et des personnages dont les visages présentent des traits plus indianisés que sinisés. **On sait aussi que Pagan importait régulièrement des esclaves indiens qui, au cours des siècles, se sont totalement assimilés avec les populations autochtones.** Au plan culturel, les contacts avec l'Inde étaient très suivis puisqu'on retrouve, à l'intérieur même de la cité royale, une reproduction du temple de Mahabodhi. Un des grands rois bâtisseurs a même envoyé une mission dans cette ville pour participer aux réparations du temple originel. Des missions bouddhiques étaient régulièrement échangées avec Sri Lanka pour garantir la pureté des rites theravâdas. Au plan économique, il semble que la cité vendait régulièrement des éléphants aux souverains de Sri Lanka. Ce commerce aurait même conduit à un conflit lorsqu'un roi de Pagan a voulu profiter un peu trop de son monopole… Il se pourrait également que certains produits agricoles aient fait l'objet d'échanges importants, notamment les molasses de sucre de palme, car les palmiers *borassus* étaient cultivés en grand nombre dans toute la Birmanie centrale. Le nom de cet arbre (*tan*) et les techniques mises en œuvre pour l'exploiter sont incontestablement d'origine indienne. Les bateaux qui arrivaient à Pagan, avec sans doute des textiles indiens, ne repartaient pas à vide. La présence d'une colonie atteste de l'existence d'échanges suivis. L'exportation de molasses pourrait correspondre à ce type de commerce (cf. Les peuples de l'empire, chap. III).

LA VIE ÉCONOMIQUE

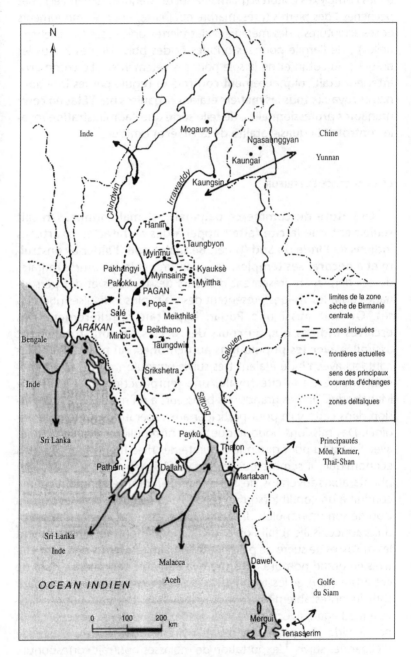

Les courants d'échanges dans le royaume de Pagan

En plus des marchandises, les ferments culturels et sociaux que les marchands voyageurs étrangers transportaient en eux ont fécondé Pagan et permis l'éclosion et l'épanouissement, dans un milieu physique très particulier, d'une civilisation originale sans équivalent en Asie du Sud-Est. Au total, l'ambition des rois bâtisseurs, les riches terroirs de savanes giboyeuses, le travail des esclaves, la maîtrise des techniques de contrôle de l'eau, et une multitude de constructions monumentales luxueusement décorées, traduisant une fervente pensée religieuse sans cesse raffermie, ont fait pendant près de trois siècles des plaines sèches et brûlantes de la Birmanie centrale le cœur d'un royaume dynamique et florissant. Les prétentions *Chakravartin* des monarques, prouvées par la perpétuation de la *pax birmanica*, ont certainement convaincu les habitants de Pagan que la cité était vraiment la représentation terrestre du *Thawatheinda,* le paradis bouddhique qui se trouve au sommet du mont Meru.

MESURES DE LONGUEURS ET DE SUPERFICIE

Il en va de même pour les systèmes de mesures, qu'il s'agisse du temps, des longueurs, des superficies ou des poids, que les Paganais utilisaient pendant l'âge d'or. Pour faire face aux aléas de l'histoire, ils ont adopté les méthodes qui leur convenaient le mieux en fonction des circonstances. **Le génie syncrétique des Paganais est caractérisé par le fait qu'ils pratiquaient non pas un système, mais des systèmes** qui prenaient en compte des calculs empiriques indiens et birmans. Il semble même qu'on puisse y déceler des traces de mesures d'origine chinoise. Ce syncrétisme s'est d'ailleurs poursuivi avec l'adoption des mesures introduites par les colonisateurs britanniques. Si le sens de nombreuses mesures paganaises a aujourd'hui disparu, certaines sont toujours en usage. Fidèles à leurs ancêtres, les ruraux préfèrent se livrer à des calculs compliqués avec des méthodes parfois connues d'eux seuls, ou des habitants de leur village, mais qui, héritées de leurs parents, sont adaptées à des usages bien précis.

LES MESURES TRADITIONNELLES DE LONGUEUR

Tout semble avoir servi d'étalon pour mesurer, peser, ou évaluer l'univers dans lequel évoluent les Birmans, de l'infiniment petit (la poussière distinguée dans un rayon de soleil) à l'infiniment grand (le mont Mérou), en passant par l'infiniment rapide (clignements des yeux), pour aller du grain au poteau, du doigt au pas et à l'enjambée en transitant par la coudée, la main ou le bras, les bras ouverts (*lain*) et le cri (*kô*). **L'unité de longueur traditionnelle des villageois de la plaine de Pagan est la coudée (*taun*), [46 à 49 cm] complétée par le bras et la main (*laî*) et les doigts.** La main peut être ouverte avec tous les doigts écartés (*touâ*), ou fermée avec le pouce tendu (*maik*). Cette mesure traditionnelle est utilisée dans les transactions inter-villageoises en de nombreuses occasions : pour mesurer des parcelles à bâtir, les maisons et leurs toits, les cloisons en bambou tressé, le tissu, le fil, etc.

Parmi les mesures anciennes de longueur, on pense que les Paganais utilisaient la *noua-la-okthapa*. L'expression désigne en fait le « taureau qui dirige le troupeau », mais **elle a donné naissance à une distance**, l'*okthapa* ou *oke thapal* (64 mètres selon la Commission de la langue birmane, 78 mètres pour d'autres). Selon la tradition, il existe peut-être un taureau sur mille qui soit capable de conduire un troupeau. Mais les villageois reconnaissent à l'animal bien des qualités supplémentaires qui permettent de l'identifier à coup sûr parmi les autres taureaux. La première citée est sa propreté. Viennent ensuite sa taille, sa beauté et une dignité naturelle doublée d'une grande bonté. La couleur de sa peau est non moins remarquable : elle a la couleur de l'or. C'est pourquoi ce type de bovin est nommé *na-shwé-yaun*, « le bovin doré ». Le mot *na* correspond ici à la prononciation ancienne de *noua* (bovin). En toutes choses cet animal se comporte donc comme le « roi des bovins ». L'assimilation de ce taureau extraordinaire avec un noble humain (ou à un futur Bouddha) est également démontrée après sa mort naturelle – il n'est question ni de le tuer ni de le manger – car on l'enterre tout entier, selon la tradition villageoise encore en usage dans la plaine de Pagan. Pendant l'âge d'or, seuls les puissants, les riches et les moines étaient incinérés. La dernière spécificité de ce bovin est la puissance de sa voix. Les autres taureaux ne peuvent pas meugler très fort, les vaches meuglent un peu plus, mais le *noua-la-okthapa*, qui a le sens de la mesure, sait donner de la voix à bon escient : « Lorsque, après avoir quitté son étable, il a parcouru un *okthapa*, il meugle trois fois. Quand il a parcouru un second *okthapa*, il meugle à nouveau trois fois, et ainsi de suite… » Pour les distances plus longues, telles qu'un *taing* (environ 3 km), le taureau-étalon meuglait quatre fois. Quand le charretier entendait ce quadruple meuglement, il n'avait besoin d'aucune autre mesure pour savoir qu'il avait parcouru plus de trois kilomètres : « La seule voix du *noua-la-okthapa* lui suffisait. » Il appréciait ainsi la distance en fonction du nombre de meuglements. À Myinkaba, les anciens se souviennent encore de ce système de mesure des distances dans lequel on utilisait le **bovin-étalon ou le poulet-étalon**. Certains charretiers effectuaient la vérification du temps passé et de la distance parcourue avec des poulets. Ils embarquaient un coq avec eux sur la charrette, car ce gallinacé a la réputation de « chanter une fois par heure, surtout la nuit ».

LE PAY, UNE SUPERFICIE INCERTAINE

Le mot *pay*, qui désignait l'unité traditionnelle permettant d'évaluer la taille d'un champ, était usité pendant la période de Pagan, mais sa définition a suscité bien des interprétations. Certains historiens lui reconnaissent une superficie de 5 000 m² et précisent qu'une terre fertile de cette dimension, qui valait 20 kyat près de Pagan, ne valait plus que 1 à 10 kyat quand elle était éloignée de la capitale de l'empire. Un recueil de lois postérieur à la période de Pagan, mais qui a ses origines à cette époque, le *Manu Kyay Dhammasat*, **précise que le *pay* équivalait à vingt *tâ* carrés.** Au milieu du XIXᵉ siècle, le *tâ* (le mot signifie « mesure » en général) long équivalait à 3,46 mètres ou à 7 *taun*. Cette précision est fondamentale, car elle nous fournit la dimension de ce qui peut être considéré comme l'unité de base des longueurs : le *taun*. **Son étalon est l'avant-bras, posé à plat sur le sol, doigts tendus, et mesuré depuis le coude jusqu'au bout des doigts. Cette coudée est encore couramment utilisée dans les campagnes birmanes.** Compte tenu des caractéristiques physiques de la personne humaine et du maintien des traditions, on peut considérer que cette longueur n'a guère changé depuis des siècles. Dans ces conditions, on peut admettre que l'utilisation du *taun*, telle qu'elle est explicitée par le manuscrit, permet de définir deux types de *tâ* : le *tâ* appliqué pour les longueurs ordinaires, et le *tâ* spécial (royal ?) réservé pour le calcul des superficies. Selon la définition de la *Commission de la langue birmane*, le premier correspond à 3,20 mètres (0,4572 m x 7), tandis que le second correspond à 5,48 mètres (0,4572 x 12). **La perche en bambou, *wâ te byain*, est une autre mesure ancestrale pour mesurer des superficies ou des hauteurs. Elle atteint une longueur de 12 taun (5,48 mètres), ce qui correspond au *tâ* qui aurait été autrefois utilisé pour calculer les superficies royales.**

Deux unités différentes ont été identifiées : le *pay* royal et le *pay* ordinaire, ce dernier étant inférieur de moitié au *pay* du roi. En 1791, le roi **Bodôpéya** (1782-1819) a laissé en Amarapura une inscription, avec deux carrés de maçonnerie devant servir d'étalons pour les mesures de superficie. Pour l'historien Than Tun, ce *pay* ordinaire de Bodôpéya, qui équivaudrait à 7 080 m², serait le même que celui utilisé pendant la période de Pagan. Quant au *pay royal*, il corrrespondait à 14 000 m². En 1993, la *Commission de la langue birmane* a cependant accordé officiellement au *taun* une équivalence de 0,4572 m. Par suite, une longueur de sept *taun* représente 3,20 m ou un *tâ*. Mais, selon les archives du *Hluttô* (Conseil royal), le *pay* correspondait à 25 *tâ*². Sur cette base on constate qu'un champ carré de 25 *tâ* de côté (3,20 m x 25 = 80 m) a une superficie de 6 400 m². **Selon un manuscrit anonyme daté de 1774, le *pay* correspondait à 3 003 m²**, chiffre qui nous éloigne sensiblement des superficies étalons avancées : 0,5 ha, 0,64 ha, 0,7 ha, et 4 ha (cf. Mesures de longueurs et de superficie, chap. VI).

LE « BLOC », MESURE ANCESTRALE DES TERRES CULTIVÉES

Entre Magwè et Monywa, on ne trouve quasiment pas de rizières en dehors des rares zones irriguées. Les champs (*kwin*), délimités par des rangées de palmiers à sucre (*Borassus flabellifer*), portent des cultures sèches (mil ou sorgho, sésame). Ils sont divisés en blocs massifs qui sont désignés par les villageois sous le nom de *kain* (bloc) sans qu'ils soient différenciés par leur superficie. On parle ainsi de « champ un bloc », « champ deux blocs », « champ trois blocs », etc. *Kain*, qui sert de classificateur au mot « champ », **est aussi une unité de mesure des distances**. Quand un paysan demande à quelle distance se trouve un lieu précis, il lui sera répondu « après deux blocs de champs », « après trois blocs de champs », etc. **Pour les transactions, c'est toujours le *kain* qui est pris en compte, et non pas sa superficie**. Les prix sont donnés par *kain* quelle que soit la surface du champ. S'il y a bien eu continuité dans les systèmes de mesure des longueurs et superficies entre la période de Pagan et la fin du XVIIIe siècle, on peut en conclure que la superficie des champs cultivés pendant la période de Pagan était bien inférieure à ce que les historiens ont pensé jusqu'à ce jour.

Comparaison entre le système séculaire birman et le système métrique (Enquêtes Guy Lubeigt).

Système birman Système métrique

14 tâ x 14 tâ	= 196 tâ²	14 tâ x 5,48 m	= 76,72 m
(76,72 m x 76,72 m)	= (5886 m²)		
+ 4 tâ²	= 4 tâ²	+ 7 taun x 0,4572 m	= 3,20 m
(30m² x 4)	= (120 m²)	longueur d'un côté du champ	= 79,92 m
Superficie du champ	= 200 tâ² (6006 m²)	superficie du champ (79,92 x 79,92)	= 6387 m²
nombre de **pay** (6006 : 3003)	2	nombre de **pay** (6387 : 3003)	2,12

Rappel : 1 *taun* = 0,4572 m ; 7 *taun* = 3,20 m ou 1 *tâ* « longueur » ;
12 *taun* = 5,48 m ou 1 *tâ* « superficie « ; 1 *tâ²* = 30 m² ; 1 *pay* = 3 003 m²

La différence de résultat obtenu selon le système utilisé (2 *pay* pour le système birman et 2,12 *pay* pour le système métrique) s'explique par le fait que le système ancestral birman est empirique. Au niveau villageois, il est basé sur des proportions et non pas sur des chiffres précis. Les doigts, les mains, les coudes et les bras écartés sont autant de mesures acceptées par tous, sans qu'il soit besoin de faire appel à des calculettes. Les chiffres décimaux sont systématiquement négligés pour ne conserver que des portions ou des unités globales. Pour l'actuel habitant de Myinkaba, comme pour le Paganais de l'époque médiévale, ce qui importe, c'est de connaître le nombre de *pay* qu'il possède, veut acheter ou vendre. Les inscriptions ne fournissent pas de précisions au-delà du *pay*.

Dans la zone sèche, où les champs sont formés de grandes parcelles quadrangulaires, les valeurs résiduelles n'ont qu'une importance secondaire, car on y pratique des cultures extensives. Il n'en est pas de même dans les zones rizicoles irriguées où chaque parcelle peut porter deux ou trois cultures intensives à la suite dans l'année.

Mais la faiblesse des densités rurales écartait toute pression sur les terres labourables ou rizicoles. Ceci explique une des raisons pour lesquelles les rois conquérants cherchaient à s'emparer des royaumes voisins : se procurer de la main-d'œuvre pour mettre en valeur les terres vierges de leur propre royaume. Les populations vaincues étaient ramenées en esclavage par le chef victorieux puis installées sur les terres qu'elles devaient cultiver afin de produire encore plus de richesses pour leur nouveau maître. Traditionnellement, il n'était donc pas besoin de se livrer à des calculs très précis pour obtenir la superficie exacte des champs faisant l'objet d'une transaction (cf. Mesures de longueurs et de superficie, chap. VI).

LA MESURE DE L'INCOMMENSURABLE

Au-delà des unités traditionnelles de mesure des distances, qui correspondent à des longueurs qu'il faut situer à l'échelle humaine des ruraux (la maison, le village, le champ, le canton, l'arrondissement, la région), les villageois ont les plus grandes peines à compter avec précision, car ils n'ont plus de points de repère. **Tout ce qui dépasse ces unités familières atteint l'incommensurable** avec des chiffres tels que « mille », « dix mille », qui sont placés après l'unité connue. La cosmologie bouddhique enseignée par les moines aux Paganais fournissait toutes les réponses nécessaires pour la compréhension du monde des habitants de l'empire.

Tous les fidèles bouddhistes savent depuis leur plus jeune âge que le **mont Mérou** (*Myémo Taung*), au sommet duquel se trouve le paradis où vivent les divinités qui régissent le monde (*Tavatimsa*, en pâli ; *Tawatheinda*, en birman), est la plus haute montagne du monde et se dresse en son centre. Son altitude s'élève à 84 000 *yuzana* au-dessus de l'océan, et il s'enfonce d'autant dans les abîmes sous-marins. Le *yuzana* était donc, pour les Paganais comme pour les actuels villageois, la référence des distances incommensurables, l'étalon de l'inimaginable. Cette distance est pourtant bien inférieure à celle qui est citée par le manuscrit de 1774. Pour désigner les distances incommensurables, on utilisait une unité de mesure située presque au-delà de la pensée : le *yuzana*. **Cette unité représentait une portion de la distance entre le monde des humains et le sommet du mont Mérou** où vivaient les Brahmas et génies dont les Paganais réclamaient la protection. Pour les fidèles, cette distance équivalait à 84 000 *yuzana* (71 856 000 selon le

manuscrit de 1774. En numérologie ce chiffre, qui correspond au triple

9, est éminemment propice). Il faudrait même multiplier cette valeur par deux pour, avec la profondeur des abîmes sous-marins, connaître la hauteur du mont Mérou, selon les érudits du XVIIIe siècle (cf. tableau p. 186).

UNITÉS DE POIDS ET CAPACITÉS

Contrairement aux unités de superficie, les mesures de poids et de capacité comportent des précisions méticuleuses et proportionnelles. Le système ancestral birman des poids et mesures est basé sur les proportions. À partir d'une ou plusieurs unités de mesure connues de tous, on multiplie ou on divise l'unité choisie en proportions. Au contraire de la superficie des terres, les produits agricoles sont comptés ou pesés avec une précision méticuleuse. Sous les rois birmans, le système traditionnel reconnaissait même un nombre de graines forfaitaire attaché à chaque mesure de capacité (cf. Tableau).

Tableau des correspondances entre les unités de poids traditionnelles et leur capacité évaluée en grains

Nature de la mesure[1]	Contenance (en nombre de grains de paddy)
1 let-sôn (épi de paddy)	200
2 let-sôn = 1 let-sôt	400
3 let-sôt = 1 let-hpet	1 200
2 let-hpet = 1 let-kut	2 400
2 let-kut = 1 kônsa	4 800
5 kônsa = 1 pyi	24 000
2 pyi = 1 sa-ywet (ou sa-yout)	48 000
2 sa-ywet = 1 seit	96 000
2 seit = 1 khwè	192 000
2 khwè = 1 tin	384 000
4 tin = 1 to 1	536 000
20 to = 1 ta-pôn ou 1 ta-su	3 072 000
1 ta-pôn ou ta-su = 2 hlè hni si[2]	50 ou 80 *tin*

1. Translittération donnée par Shway Yoe (p. 556).
2. Littéralement « deux chars à bœufs remplis de graines de sésame ».

Tableau des correspondances entre un panier de grains particulier et le nombre de grains qu'il contient

Nature de la mesure	Nombre de grains contenus
1 tin de riz	768 000
1 tin de *pyaung* (sorgho)	768 000
1 tin de *loo*	1 536 000
1 tin de sésame (*hnin*)	3 072 000
1 tin de *sat* (*pyaung-sa*)	6 144 000
1 tin de moutarde	9 216 000

On retrouve dans ce tableau la proportion de la correspondance entre les graines de sésame et de moutarde. 1 graine de sésame = 3 graines de moutarde. **Mais 4 graines de sésame n'équivalent pas à un grain de paddy. Elles valent un grain de riz ou un grain de sorgho.** Le grain de paddy, encore enveloppé dans son caryopse, pèse plus lourd que le grain de riz qui en est débarrassé. Le tableau nous indique une proportion d'un à deux. Un *tin* (panier) de paddy (20,83 kg), qui occupe un volume plus grand, pèse moins lourd qu'un panier de riz (43 kg) qui contient plus de grains.

LA MESURE DES BOÎTES À BÉTEL

L'art de la laque est originaire de Chine, où les Ch'iang le connaissaient deux siècles avant l'ère chrétienne. Vers l'an mil, les habitants du Nan-Chao avaient déjà la réputation de produire des laques d'une gande beauté. **À Pagan, la fabrication des objets en laque est une vieille tradition dans le village de Myinkaba.** Ses habitants la font remonter à la période de Pagan, bien que les inscriptions n'y fassent pas allusion. **Mais la plus vieille laque connue a été retrouvée dans le reliquaire de Mingalazédi (1274).** Bien que de nombreux habitants de Myinkaba soient engagés dans les activités rurales, la majorité du village vit de l'artisanat traditionnel de la laque, et notamment de la fabrication des boîtes à bétel en lamelles de bambou tressées et laquées.

Myinkaba est **le seul village de Birmanie à posséder un système de mesures spécifiques traditionnelles pour désigner les boîtes à bétel en laque** (*kon-it*). Ces mesures ne sont connues que des habitants de Pagan, Nyaung-Ou et Myinkaba. Les dimensions des boîtes à bétel en laque de Myinkaba sont définies à partir du poids de riz en *pyi* qu'elles peuvent contenir. Elles servaient à mesurer (et non pas à contenir) les volumes de riz requis par les consommateurs. La mesure s'effectuait avec le couvercle de la boîte et non avec la boîte elle-même. Traditionnellement, la plus petite de ces boîtes ne contient que 265 grammes de riz (1/8 *pyi*) et la plus grande un *sôt* (2 *pyi*). Actuellement les plus grandes vont jusqu'à 10,6 kg (5 *pyi*). Certaines boîtes, sans doute plus populaires car d'un maniement plus aisé ou correspondant à tout ou partie de la consommation journalière des familles en riz, portent deux noms faciles à retenir : « la boîte qui peut contenir un *pyi* » et « la boîte qui peut contenir un quart de *pyi* ». Selon San Tun, un villageois, cette diversification aurait été causée à l'origine par les moines. Avec l'augmentation de la population, le nombre des donateurs augmentait également. Par suite les donations pour les moines et la religion bouddhique se développaient proportionnellement. De ce fait les récipients – ou boîtes à bétel – chargés de recevoir les offrandes ne fournissaient pas une capacité suffisante pour contenir tous les dons. Dans ces conditions, les donateurs, qui cherchent toujours à donner plus, ont demandé aux artisans de fabriquer des boîtes de plus en plus grandes, ce qui expliquerait l'actuelle diversification.

Tableau des équivalences de mesures de longueur entre les systèmes traditionnel birman et métrique

Unité birmane	Correspondance dans le système métrique
Prononciation approximative	(en mètres)
sin dji	0,000 079 375
Hnain	0,000 793 75
Muyo	0,004 762 5
Let-thit	0,019 05
Maïk	0,152 4
Touâ	0,228 6
Taun	0,457 2
gaïk (2 taun)	0,914 4
lain (4 taun)	1,828 8
taïng to (5 taun)	2,286
Tâ (ordinaire = 7 taun)	3,200 4
Tâ (spécial = 12 taun)	5,486 4
okthapa (20 tâ)	64,008
pia (50 tâ)	160,00
Kôtha	1 280,16
taïng	3 210,00 (1000 tâ)
Gâwout	5 120,16
Yuzana	20 482,56 (6 400 tâ)

Tableau d'équivalences traditionnelles entre les dimensions des boîtes en laque et les capacités en riz.

Source : Enquêtes de l'auteur à Myinkaba (octobre 1994).

Prononciation approximative	Sens donné par les artisans laqueurs	Capacité en poids de riz	Nom du poids équivalent
sôt	« poids qui vient du riz »	2 pyi	ta sa yout
nyo	Diamètre de la partie supérieure du couvercle d'une boîte dont la largeur est représentée par le pouce et l'index écartés	1 pyi (8 tin)	
pyi win	« contenance d'un pyi »	1 pyi (8 tin)	
nga mat pon	Ignoré	3/4 de pyi (6 tin)	
saga	« au milieu d'un pyi »	1/2 pyi (4 tin)	
zalé win	« contenance d'un zalé »	1/4 pyi	
zalé -saga		(2 tin)	
ta mai	« un poids de riz »	1/8 pyi (1 tin)	

LA VIE ÉCONOMIQUE

Correspondances entre les valeurs des unités traditionnelles de mesure de longueur (Enquêtes Guy Lubeigt).

Nom	Signification	Correspondance
Sain dji	l'épaisseur d'un cheveu	
Hnain	largeur d'un grain de sésame	10 sain dji
Muyo	largeur d'un grain d'orge	6 grains de sésame
Let-thit	la largeur d'un doigt	4 grains d'orge
Maïk	un empan (largeur de la main fermée, pouce tendu)	8 largeurs d'un doigt
Nyo	longueur égale à celle située entre le pouce et l'index tendus	(environ 18,5 centimètres)
Touâ	largeur d'une main avec les doigts écartés	12 largeurs d'un doigt
Taun	une coudée	24 largeurs d'un doigt (3 maïk)
Taïng to	unité de longueur mesurée à partir de la main du propriétaire ou du donateur	15 maïk ou 5 coudées
Gaïk	deux coudées	3 « feet » (3 pè)
Lain	une brasse (mesure les deux bras tendus de part et d'autre du corps, plus la largeur du corps)	4 coudées
Tâ	unité de mesure des longueurs	7 coudées
	unité de mesure des superficies	12 coudées
Okthapa		20 tâ

PAGAN

188

Correspondances entre les valeurs des unités traditionnelles de mesure de longueur (suite)

Nom	Signification	Correspondance
Pia	unité de longueur dont l'étalon est la distance entre deux tourelles adjacentes sur la muraille du palais de Mandalay	50 tâ (160 mètres) ou 1 furlong (201 mètres) ?
Kôtha		20 okthapa
Taïng	unité de mesure dont l'étalon est la longueur entre deux poteaux. Réservé aux grandes distances	environ 2 « miles »
Gâwout (pâli=gâwouta)	mesure de distance égale au quart d'un yojana (yuzana).	4 kôtha
Yuzana (pâli=yojana)	unité de mesure des très grandes distances (univers, océan, mont Mérou, royaume des nats, des brahmas, etc.)	4 gâwout ou 6400 tâ ou 6 taïng + 400 tâ ou 320 okthapa, ou 44 800 taun ou 1 075 200 Let-thi

LES PAGANAIS

V

LA MESURE DU TEMPS

On ne sait quasiment rien sur les mesures réellement employées par les Paganais pendant l'âge d'or. Parmi les certitudes des historiens, on peut relever quelques unités de mesure telles que le *kyat* pour les poids, et le *pay* pour la superficie des surfaces cultivées. Tout donne à penser que les *kyat* et *pay* utilisés pendant la période de Pagan sont les mêmes que ceux qui étaient employés pendant la période Konbaung (nom de la dernière dynastie birmane, 1752-1885). Par ailleurs, au fil des ans, l'auteur a effectué de nombreuses enquêtes dans la plaine de Pagan, entre Nyaung-Ou, Pagan-le-Vieux (avant sa destruction), Minnanthou et Myinkaba. Dans cette zone, les traditions paganaises semblent d'autant plus vivantes que certains villages (tels Nyaung-Ou et Myinkaba), installés sur les lieux depuis plus d'un millénaire, n'ont subi aucun brassage humain fondamental. L'auteur a ainsi pu recueillir, auprès des villageois qui vivent au plus près de leurs traditions ancestrales, de précieuses informations sur les systèmes de mesure traditionnels du temps, des poids, des longueurs et des superficies. Il pense qu'une grande partie de ces unités de mesure, dont les noms ont pu changer au cours des siècles, étaient en usage pendant l'âge d'or. Dans ce chapitre, le lecteur en trouvera un résumé qui donne un double éclairage révélateur d'une part de la complexité de ces systèmes, et de l'autre de la richesse culturelle sous-jacente à ces mesures traditionnelles.

LE CALCUL DU TEMPS

Pour les Paganais, qui vivaient dans la tradition sanskrite où le temps se calcule à la seconde près, l'espace cosmique n'était pas seulement physique : il s'inscrivait aussi dans le temps. De la naissance à la mort, tous les moments importants de la vie humaine du fidèle bouddhiste s'inscrivaient dans un instant précis calculé mathématiquement d'après la position des constellations. Ils donnaient lieu à l'établissement systématique d'un horoscope spécifique inscrit sur des feuilles de palme pliées et cousues. **Les calculs étaient en principe effectués par les prêtres brahmines qui vivaient dans la cité impériale,** notamment près du temple Nat Hlaung Kyaung dont ils servaient les divinités hindoues. Bien que les 227 règles monastiques édictées dans le *Vinaya* interdisent ce genre de pratiques, certains moines férus d'astrologie se livraient également à ce genre de calculs pour satisfaire leurs fidèles. Mais **les horoscopes n'étaient pas seulement établis pour les humains, ils l'étaient aussi pour les monuments.** C'est pourquoi, dans le vestibule des temples, on peignait toujours **un horoscope** pour accompagner le texte de la donation. **Ces textes,** enregistrés pour la postérité sur des stèles de grès, ou peints sur les parois des temples, **débutent généralement en fournissant l'année de la donation, le mois, le jour, l'heure et la position des étoiles au moment précis de la cérémonie** (*ahlu*). Ces inscriptions revêtent une importance capitale pour les historiens, car elles permettent non seulement la datation des monuments ou des événements relatés, mais aussi de les replacer dans l'ordre chronologique des règnes. **Ces inscriptions** avaient aussi une autre utilité. Pour un peuple qui connaissait depuis peu l'art de l'écriture (le premier texte connu en langue birmane, gravé sur la stèle de la pagode Myazédi de Myinkaba, sur l'ordre du fils de Kyanzittha, le prince Rajâkumâ, est daté de 1112-1113), elles **fournissaient une solide base de référence pour l'administration royale,** ses collecteurs d'impôts, et les érudits religieux qui vivaient dans les monastères.

LES ÈRES BIRMANES

La chronologie birmane traditionnelle reconnaît cinq ères différentes.

DE L'ÈRE SATUYOT À L'ÈRE KALIYOT

Une ère Satuyot où un *kappa* dure 4 320 000 ans. Elle est divisée en quatre périodes inégales.

Katayot, qui dure	1 728 000 ans
Tchietayot, ,,	1 296 000
Dwaparayot, ,,	864 000
Kaliyot ,,	423 000
	————————
Total :	4 320 000 ans

Au cours des âges, les rois ont systématiquement aboli un certain nombre d'années qui précédaient leur règne. Le plus souvent pour commencer un nouveau règne ou pour marquer un événement important. C'est ainsi que, selon la tradition bouddhique, le grand-père du Bouddha, le roi Insana, a supprimé les 8 645 années de la période qui le précédait. Ces années représentent les 6 236 dernières années de la période *Dwaparayot* et les 2 409 premières années de la période *Kaliyot* dans laquelle nous vivons. Cette suppression a donné naissance à l'ère *Maha Thekkarit* en 691-692 av. J.C.

L'ÈRE MAHÂ THEKKARIT (MAHÂ SAKKARAJ)

Établie par le grand-père du Bouddha, elle a duré 148 ans. **Le prince Siddharta, futur Bouddha Gautama, est né en 68 de cette ère et a atteint le Nirvana 80 années plus tard**, en 148 (543-544 av. J.C.).

L'ÈRE SÂSANA THEKKARIT (SÂSANA SAKKARAJ OU ÈRE BOUDDHIQUE)

En 543-544 av. J.C., le roi Azatathat, qui régnait sur le royaume de Magadha, en Inde, a aboli les 148 années de l'ère Mahâ Thekkarit pour célébrer la tenue du premier synode bouddhique dirigé par Shin Mahâkassapa, le disciple du Bouddha. **Cette période est donc devenue l'ère de la foi bouddhique (***Bouddha Sâsana***).** Elle aurait été utilisée communément en Birmanie jusqu'en 82 apr. J.C., et est toujours en usage auprès de la hiérarchie ecclésiastique et des institutions bouddhiques birmanes. C'est pourquoi, sur la couverture de la plupart des publications religieuses, sont mentionnées de gauche à droite, dans l'ordre : l'ère bouddhique (toujours en usage en Thaïlande), l'ère birmane et l'ère chrétienne. 2005 de l'ère chrétienne correspond à 2548 de l'ère bouddhique et à 1367 de l'ère birmane.

LES PAGANAIS

195

L'ÈRE PYU

Elle a été instituée en 78 apr. J.C. par le roi Thamôdarit (Thamudarit) qui, selon les chroniques, était le 25ᵉ roi de la dynastie pyu de Srikshetra (Prome/Hmôza). D'autres chroniques en font le fondateur de Pagan. D'après la tradition, il s'agissait d'une période astrologiquement propice. Les 662 années de l'ère *Sâsana* furent donc supprimées. Dans le même temps, le roi indien Mayura avait lui aussi aboli l'ère précédente et commencé une nouvelle ère *sakka* (*sakra*). Elle a pour origine la tenue, en 78, du grand synode au cours duquel l'école mahayanique a triomphé en Inde de l'école theravâda. L'introduction de cette ère dans le royaume pyu marque peut-être la victoire temporaire d'une école sur l'autre, bien que le theravâda semble avoir prévalu parmi les Pyu jusqu'à la chute du royaume. **L'utilisation d'un calendrier par les Pyu résulte à l'évidence de l'influence des astrologues hindous.** Les jours de la semaine portent des noms donnés par les Hindous aux planètes, et les ajustements entre les années lunaires des Pyu et les années solaires étaient, pense-t-on, calculés par les astrologues hindous.

Le roi pyu, comme ses contemporains des autres régions, employait des brahmines comme astrologues royaux afin de renforcer son prestige et son autorité. Ces derniers participaient aux cérémonies du couronnement et de la cour, à l'inauguration des sites religieux et aux purifications saisonnières (cf. Le palais royal, chap. II). **Les annales chinoises notent le fait qu'il y avait beaucoup d'astrologues dans le royaume pyu.** Quoi qu'il en soit, cette ère fut généralement employée dans toute l'Asie du Sud-Est. Elle fut abandonnée en 638-639 apr. J.C. après avoir duré 562 ans, alors que, d'après les données archéologiques, **la dynastie pyu des Vikrama** gouvernait toujours à Srikshetra.

L'ÈRE BIRMANE (OU KOZA THEKKARIT OU SAKKRAJ/SAKARAC EN BIRMAN ANCIEN)

Elle aurait été établie en 638-639 par un roi légendaire de Pagan, Popa Sô Rahan, un ancien moine qui avait été le précepteur de la reine (à ne pas confondre avec Sô Rahan, le grand-père du roi Anôratha). À la mort du roi, le moine se serait défroqué, aurait épousé la reine et usurpé le trône de Pagan. Les chroniques birmanes (compilées en 1829) ne donnent aucune raison pour expliquer l'introduction de ce nouveau calendrier, mais précisent que le successeur de Popa Sô Rahan serait monté sur le trône en 637, c'est-à-dire un an avant que ne commence la nouvelle ère. **Il est possible que l'ère birmane ait pour origine l'influence des connaissances astronomiques indiennes ou chinoises, mais il est certain que cette ère est basée sur des calculs astronomiques** ainsi que l'a révélé Garnier : « Le 21 mars 638, la nouvelle lune coïncidait avec l'entrée du soleil dans le premier signe du zodiaque et a produit une importante éclipse. » **Cette ère a été adoptée dans les pays indochinois sous influence birmane pendant près d'un millénaire** (elle n'a été abandonnée par les Siamois qu'en 1887, après l'annexion du royaume d'Ava par les Britanniques). Quoiqu'il en soit, **les inscriptions de Pagan se réfèrent toutes à l'ère *Sakarac* (*Sakkaraj*)**. Après 1886, les Birmans ont maintenu leur calendrier traditionnel. Les datations en ère *Sasana* ne sont plus utilisées que par le Sangha et diverses institutions et organisations qui souhaitent mettre en valeur leur filiation avec la tradition bouddhique. Les Birmans désignent l'ère actuelle (*kôza*) sous le nom de « Kôza Thekkarit », l'actuelle *Sakkaraj*.

En 1438, après avoir atteint l'an 800 de l'ère Thekkarit, le roi d'Ava, Mohnyin Mintaya (1427-1440), décida d'abolir 798 ans et de n'en garder que deux pour commencer une ère nouvelle. Il venait alors d'établir une nouvelle dynastie birmane sur le trône d'Ava (1427-1527). Sa tentative ayant échoué, les Birmans ont continué à utiliser l'**ère Kôza Thekkarit ou ère birmane.** Depuis cette époque, il existe deux *Thekkarit* différentes, la longue (ère Pyou) qui est tombée en désuétude depuis longtemps, et la courte (ère birmane) qui est la seule utilisée couramment en Birmanie contemporaine.

L'ère birmane actuelle (Kôza Thekkarit 1367) correspond à l'ère chrétienne 2005. Si on lui ajoute 560 ans, on obtient l'année 1927 qui est celle de l'ère pyou. Elle correspond à l'ère Sakka utilisée par les Indiens. Si l'on ajoute à nouveau 622 ans, on obtient 2548 qui correspond à l'ère Sasana encore utilisée à Sri Lanka et en Thaïlande. Enfin, si l'on ajoute 2 557 années à ce chiffre, on obtient l'année 5106 de l'ère Kaliyot dans laquelle nous vivons…

LE CALENDRIER

LES SAISONS

Les manuels de géographie occidentaux nous apprennent que les régions tropicales sont caractérisées par l'alternance de deux saisons : sèche et humide. **En Birmanie, la tradition et les agriculteurs reconnaissent trois saisons, notamment définies par le calendrier lunaire.**

La saison froide, qui est techniquement une saison fraîche, commence le premier jour de la lune décroissante du mois de *Tazaungmon* (novembre-décembre), et va jusqu'au premier jour de la lune décroissante de *Tabaung* (mars-avril).

La saison chaude commence le premier jour de la lune décroissante de *Tabaung*, et va jusqu'au premier jour de la lune décroissante de *Waso* (juin-juillet).

La saison humide commence le premier jour de la lune décroissante de *Waso*, et va jusqu'au premier jour de la lune décroissante de *Tazaungmon*.

LES MOIS LUNAIRES

Dans le système birman, on ne compte pas les jours un par un comme dans le système occidental. Le mois est divisé en deux portions :

La première, durant laquelle la lune **croît** (*lazin*), s'étend du premier jour jusqu'au jour de la pleine lune (*la-byi*).

La seconde, durant laquelle la lune décroît (*la-zo*), s'étend du jour suivant la pleine lune jusqu'à la fin du mois (*the-la-gwè*).

À cette première division du mois s'ajoute une division correspondant aux semaines du système européen. **Les sept jours de la semaine sont nommés d'après les 8 planètes reconnues par l'astrologie birmane** (se reporter au tableau des correspondances). **La planète noire**, *Yâhu* (*Râhu*), est assimilée à un monstrueux génie malfaisant qui essaie d'avaler la lune et le soleil, causant ainsi des éclipses partielles. Tous les six mois, *Yâhu* attaque la lune, et une fois tous les trois ans, c'est le tour du soleil (cf. Chronologie et horoscopes, chap. V).

LA JOURNÉE BIRMANE

Elle est caractérisée par une mesure du temps qui diffère en fonction des besoins ordinaires ou astrologiques de ses utilisateurs :

LA MESURE DU TEMPS ORDINAIRE

Pendant l'âge d'or, on présume qu'un système de mesure du temps était en vigueur. Comme toutes les traditions birmanes ont Pagan pour origine, on suppose que ces traditions ont perduré jusqu'à la fin de la monarchie. Pendant la période de Mandalay, sur laquelle les historiens ont des références certaines, **le jour et la nuit étaient divisés en quatre périodes de trois heures chacune.** Ces périodes étaient marquées par **la tour de l'Horloge**, qui se trouvait près du portail est du palais, et au sommet de laquelle on avait installé deux énormes gong et tambour. On sonnait les heures en frappant alternativement sur le gong et le tambour au début de chaque veille (*tchétti*).

– le premier quart *té-tchétti* de 6 h à 9 h était marqué par un coup (à 9 h) ;

– le deuxième quart *hné-tchétti* de 9 h à 12 h était marqué par deux coups (à 12 h) ;

– le troisième quart *ton-tchétti* de 12 h à 15 h était marqué par trois coups (à 15 h) ;

– le quatrième quart *lé-tchétti* de 15 h à 18 h était marqué par quatre coups (à 18 h).

Pour cette dernière veille, *nya-té-tchétti* (premier quart de la nuit), on fermait les portes du palais. À six heures du matin, on ouvrait les portes du palais. De nos jours, on peut toujours préciser s'il s'agit de midi (*môn*), du matin (*mené*), de l'après-midi (*nélè*), du soir (*nya*), ou de minuit (*thagaung*).

L'APPAREIL À MESURER LE TEMPS PRÉCIS : UNE HORLOGE À EAU

Sous la monarchie, le temps précis était calculé à partir d'une horloge à eau qui, à Mandalay, était placée dans la tour de l'Horloge. Cette horloge consistait simplement en un large récipient rempli d'eau dans lequel on plaçait des coupes (clepsydres) dont le fond était perforé de telle sorte qu'il se passait un *nayi* avant qu'elles ne

LES PAGANAIS

199

coulent au fond du récipient. Le clepsydre standard était une sorte de tasse sans anse, faite de cuivre pur, pesant 16 *tical* (environ 260 g), profond de 7 *let thi* (unité de longueur qui correspondait à l'épaisseur d'un doigt ou à 4 graines de millet juxtaposées) et d'un diamètre de 9 *let thi*. La forme générale de ce récipient très lisse, mais ni très épais ni très mince, était légèrement conique comme un œuf coupé transversalement.

La tradition précise que le trou du clepsydre doit avoir la grosseur de 16 cheveux d'une fillette de 10 ans. De son bord supérieur à son fond, il est régulièrement strié à l'extérieur de lignes parallèles horizontales qui le divisent en 60 parties. Chacun des intervalles s'appelle *bizana*. Posé à la surface d'un récipient plein d'eau, le clepsydre va lentement se remplir par le trou du fond et s'enfoncer peu à peu. Chaque fois que l'eau atteint une des 60 lignes tracées sur l'extérieur, il s'est écoulé le temps d'un *bizana*. Lorsque le clepsydre coule au fond du récipient, il s'est donc écoulé 60 *bizana*. Sous la monarchie, le préposé au clepsydre était alors chargé de le vider, de le remettre en place, et de frapper avec un maillet sur le petit gong « *maung* ». Cette période de temps s'appelait alors *maung* ou bien *nayi*, mot aujourd'hui employé pour désigner une heure.

Lorsque ce processus s'était déroulé 7 fois, c'est-à-dire au bout de 7 *bizana*, le préposé frappait le gros tambour *pa-hou*. Pour la seconde série, le préposé frappait le gong et le tambour alternativement, c'est-à-dire que le premier *bizana* de la deuxième série était marqué par le gong, le deuxième *bizana* par le tambour, le troisième par le gong, etc. Le onzième coup était marqué par un très fort coup de tambour que l'on l'appelait *té-chetti* (*tchétti*). Le jour était alors divisé en 60 *nayi*, mais la durée des jours et des nuits ne s'équilibrait qu'au moment des équinoxes de printemps et d'automne. En juillet, les jours duraient 36 *nayi* et les nuits n'en avaient que 254. En janvier, c'était le contraire. Par suite, les habitants du palais s'embarrassaient grandement dans des calculs compliqués pour obtenir une précision toute relative. Le peuple se contentait du chant du coq.

L'utilisation des clepsydres a désormais quasiment disparu de Birmanie, mais il en existe encore une survivance dans une profession très traditionnelle, le battage des feuilles d'or. Les batteurs d'or de Mandalay utilisent toujours des clepsydres taillés dans des demi-noix de coco afin de mesurer le temps de battage nécessaire pour réduire les feuilles d'or à l'épaisseur voulue.

LA MESURE DU TEMPS ASTROLOGIQUE

Il existe un système de mesure particulier à l'établissement des horoscopes et au calcul des jours de chance et de malchance. Les références à ce système sont nombreuses dans les livres religieux, mais on ne l'utilise pratiquement jamais, avec son sens originel, dans la vie quotidienne. **L'unité de base de ce type de mesure est le *naya*, période de temps nécessaire pour que dix éclairs orageux se succèdent.** C'est aussi **le temps de dix clignements de paupières, de dix claquements de doigts, ou encore le temps d'écarter les bras dix fois de suite.** La plus petite unité de mesure traditionnelle du temps, encore utilisée en Birmanie, est le *khanâ*, mot que l'on retrouve dans le langage courant dans l'expression *khanâ saung ba*, qui signifie « attendez un instant, s'il vous plaît ». Les Birmans lui attribuent maintenant la valeur qui était autrefois attribuée au *naya*. Quoi qu'il en soit, ils n'ont jamais cessé de mesurer le temps à la manière traditionnelle : les monastères et les grandes pagodes continuent à sonner certains quarts avec les gongs ou les tambours. Dans les campagnes, les ruraux utilisent toujours leurs propres mesures du temps à partir de définitions empiriques.

Tableau des mesures ordinaire et astrologique du temps

Sens traditionnel	Sens actuel
4 naya équivalent à 1 khanâ	Un instant
12 khanâ = 1 kayâ	
10 kayâ = 1 pyan	
6 pyan = 1 bizana	
15 bizana = 1 pad	
4 pad = 1 nayi	Une heure
60 nayi = 1 yet	Un jour
7 yet = 1 thidin	Une semaine
15 yet = 1 pèkha	Une quinzaine
2 pèkha = 1 la (mois lunaire)	Un mois
12 la (mois lunaires) = 1 hnit	Un an

LES MESURES EMPIRIQUES EN MILIEU RURAL

Les ruraux calculent le temps en se référant à la position du soleil ou de la lune, ou encore à certains événements quotidiens qui se déroulent à intervalles fixes et connus de tous, notamment dans les régions deltaïques et côtières où les astres sont quasiment invisibles pendant la durée de la mousson. On emploie ainsi toute une série d'expressions (cf. encadré sur les mesures empiriques du temps).

Toutes ces expressions sont encore couramment utilisées non seulement dans les campagnes, mais aussi dans les villes où les ruraux émigrent de plus en plus. Même quand ils portent une montre au poignet, les descendants des Paganais de l'âge d'or continuent à utiliser couramment des expressions imagées pour désigner des périodes de temps bien connues de tous : le temps d'une respiration (pour un moment), le mâchage d'une chique de bétel (pour dix minutes), le temps de faire cuire un pot de riz (vingt minutes). Pour désigner des périodes de temps plus longues, il suffit alors de multiplier le nombre de respirations, de chiques à mâcher et de pots de riz à cuire.

CHRONOLOGIE ET HOROSCOPES

Dans le ciel, les astronomes birmans observent non pas sept planètes mais huit : le soleil, la lune, Mars, Mercure, Jupiter, Vénus, Saturne et **Râhu** (*yâhu*). Cette dernière est décrite comme une planète noire et donc invisible. **Ces huit planètes sont le domaine des esprits** (*nat*). Chacune d'elles préside le jour de la semaine auquel elle a donné son nom. Toutefois il n'y a que sept jours dans une semaine. En conséquence, le mercredi a été divisé entre Mercure, qui préside ce jour de minuit jusqu'à midi, tandis que Râhu prend la relève de midi jusqu'à minuit (cf. Le calendrier, chap. V).

Les planètes qui président le jour de la naissance d'une personne sont réputées avoir une influence sur la vie de cette personne, en bien ou en mal. Elles déterminent aussi son caractère. **Par suite les Birmans choisissent toujours un nom qui indique leur jour de naissance dans la semaine et donc la planète qui dirige leur destinée.** Toutefois l'alphabet birman comporte 33 lettres.

En conséquence, il a fallu le diviser en 8 groupes de lettres, nécessairement inégaux. Ainsi à chaque jour de la semaine correspond un groupe de lettres, sauf pour le mercredi et le samedi. Le groupe du mercredi est divisé également entre chaque moitié, tandis que le groupe du samedi reçoit deux groupes de lettres, birmane et pâli, ayant la même prononciation, mais s'écrivant différemment. Par ailleurs **chaque jour de la semaine est associé avec un animal qui sert de référence pour désigner le caractère dominant d'une personne née ce jour-là.**

LES PAGANAIS

Tableau des correspondances utilisées dans l'établissement des horoscopes birmans

Jour de la semaine	Planète	Animaux	Lettres birmanes correspondantes romanisées, utilisées pour donner un nom aux personnes
Taninla (lundi)	Lune	Tigre	K, Kh, G, Gh, Ng Ex : Khin, Khaing
Ainga (mardi)	Mars	Lion	S, Z, Zh, Ny Ex : Zaw, San, Sein
Bouddhahu (mercredi, 0-12h)	Mercure	Eléphant (avec défenses)	L, W Ex : Lwin, Win
(mercredi, 12-24h)	Rahu	Eléphant (sans défenses)	Y Ex : Yu, Yon
Kyathabade (jeudi)	Jupiter	Rat	P, Hp, B, Hb, M Ex : Po, Bo
Thauk-kya (vendredi)	Vénus	Cochon d'Inde	Th, H Ex : Than, Thin, Han
Sane (samedi)	Saturne	Nagâ (Dragon)	T, Ht, O, Oh, N Ex : Tan, Htun
Taninganwe (dimanche)	Soleil	Galon (Garuda)	A Ex : On, At, E
Roi des planètes	Kate	Animal des cinq beautés	Néant

Source : Lubeigt (1995)

Trait de caractère dominant	Nombre d'années pendant lesquelles une person- ne reste sous l'influence de sa planète de naissance	Points cardinaux correspon- dants	Couleur
Jaloux	15	Est	Blanc
Honnête	8	Sud-Est	Violet
Soupe au lait	17	Sud	Vert
Très soupe au lait	12	Nord-Ouest	Foncé
Doux	19	Ouest	Jaune
Bavard	21	Nord	Blanc
Colérique, querelleur	10	Sud-Ouest	Noir
Économe	6	Nord-Est	Rouge
	108	Néant	Néant

LES PAGANAIS

Les mesures empiriques de la vie quotidienne

<u>Pour 5 heures et demie du matin</u> :
Quand le soleil est une main au-dessus de l'horizon
Quand le soleil est aussi haut à l'horizon qu'un palmier à sucre
Avant que le ciel ne s'allume
Quand le jour se renforce

<u>Pour 6 à 7 heures du matin</u> :
Le moment du premier chant du coq
Quand les moines vont recueillir les aumônes (l'heure dépend alors des habitudes du monastère local)

<u>Pour 8 heures du matin</u> :
Quand les moines retournent au monastère (l'heure varie alors en fonction du nombre de donateurs. Quand ils sont nombreux, la tournée des aumônes est plus longue)
L'heure du petit déjeuner

<u>Pour midi ou treize heures</u> :
Quand le soleil est au-dessus des palmiers à sucre

<u>Pour 17 heures</u> :
L'heure du dîner (les Birmans dînent très tôt, peu avant le coucher du soleil)

<u>Pour 18 heures</u> :
Après la moitié de la journée
Quand le ciel se ferme

<u>Pour après le crépuscule</u> :
Quand les frères ne se reconnaissent plus

<u>Pour 20 heures</u> :
Quand les lampes [à huile] sont allumées
Quand les enfants vont au lit
Quand les garçons vont faire la cour aux filles

<u>Pour 22 heures</u> :
Quand les adultes posent leur tête sur l'oreiller (en réalité les ruraux se couchent peu après le coucher du soleil)

<u>Pour minuit</u> :
Quand le monde est silencieux

<u>Pour après minuit</u> :
Quand l'étoile rouge se lève

VI

LA RELIGION

Les Paganais, qui vivaient dans un milieu cosmopolite ont, dès l'origine, systématiquement adopté toutes les techniques, croyances ou valeurs véhiculées par les peuples qu'ils fréquentaient ou qu'ils avaient soumis. Mais, dans le même temps, ils restaient attachés à leurs propres coutumes. Ils ont donc adopté avec la même ferveur le brahmanisme et les diverses écoles bouddhiques (mahâyana, theravâda et tantrisme). Ces religions indiennes, importées en Birmanie comme dans le reste de l'Asie du Sud-Est, furent encouragées par des souverains indianisés alors que le peuple continuait imperturbablement à pratiquer sa religion ancestrale, le culte des génies, commune à toutes les civilisations indochinoises.

LE PERSONNEL MONASTIQUE

Le stoupa (ou *zédi*) est avant tout un monument commémoratif rappelant le Bouddha et son enseignement. On ne peut pas pénétrer à l'intérieur. **Le monastère est la résidence des moines. Le temple, notamment le temple-grotte** (*ku /gu*), à l'intérieur duquel on peut entrer pour prier ou méditer, **est à la fois la résidence du Bouddha et un lieu de culte.** Pendant l'âge d'or, il semble qu'on n'ait pas encore clairement établi la distinction entre un monastère et une pagode. Les chefs religieux (*theras*) géraient indifféremment tous les types d'établissements religieux. Il est probable que la distinction s'est effectuée lorsque les temples-grottes et les monastères (notamment ceux qui étaient situés dans la cité impériale) se sont trouvés séparés, pour diverses raisons, des terres cultivables qui les alimentaient et des esclaves qui les cultivaient. Privés de ressources, les chefs de monastères ont cessé en premier lieu d'entretenir les coûteux temples-grottes, puis leurs propres monas-

207

tères avant de les abandonner peu à peu. Quoi qu'il en soit, il apparaît que, pendant l'âge d'or, **plusieurs groupes de personnes gravitaient autour des établissements religieux :**

1. les grands donateurs (rois, membres de la cour, marchands) qui dotaient les établissements religieux avec des terres et des esclaves,
2. les donateurs modestes (*upâsaka*),
3. les *theras*, dirigeants des monastères,
4. les disciples étudiants du maître du monastère,
5. les *kappiya*,
6. les esclaves.

LES MOINES

Les membres du *Sangha* étaient particulièrement révérés par les fidèles. On leur manifestait un respect analogue à celui accordé aux membres de la famille royale ou aux hauts fonctionnaires de l'administration royale. Leurs noms étaient précédés du préfixe honorifique « shin » (seigneur), comme l'étaient les noms du roi, des princes ou des ministres. Les moines étaient appelés « *shin Vinayadhara* » (seigneur gardien du Vinaya), « les seigneurs patients » ou encore « les seigneurs silencieux ». Les croyants les appelaient aussi « les nobles moines, fils et disciples du seigneur Bouddha ». Considérés des détenteurs de la sagesse, **on les appréciait comme des « maîtres » et, de ce fait, comme des professeurs « acâriya » chargés de montrer à leurs propres enfants (les fidèles) la bonne voie pour atteindre le *nibbâna*.** Les moines âgés étaient nommés, en pâli, « *thera* » (ancien). Ce mot est à l'origine du nom de la secte theravâda (« la doctrine » ou « l'enseignement des anciens »). Les connaissances canoniques des *theras* en faisaient aux yeux de la population des détenteurs de la sagesse. Le mot *Sangha*, équivalent de « moine », était donc synonyme de « respectueux », « pieux », « sage » et « célibataire ».

Les moines ne travaillaient pas, ce qui ne les empêchait pas d'effectuer quelques menus travaux notamment le balayage des cours de monastères, action méritoire qui permettait de conserver la propreté de ces lieux sacrés. Pour le reste, le chef du monastère gérait à sa guise son établissement et les terres qui lui appartenaient. Il distribuait le travail et ordonnait les réparations, elles-mêmes financées avec les revenus tirés des terres cultivées par les esclaves du monastère.

Dans toutes les royautés indianisées de l'Asie du Sud-Est, musique, chants et danses étaient les offrandes traditionnelles faites aux divinités. Musiciens, chanteurs et danseurs esclaves vivaient donc dans certains monastères où des supérieurs mélomanes donnaient un enseignement spécialisé dans les arts du spectacle, et fournissaient même les instruments de musique. Cette cohabitation entre les saints hommes et les artistes posait parfois problème (cf. Les plaisirs et les fêtes, chap. VIII ; et cf. Les peuples de l'empire, chap. III).

LES NOVICES-ÉTUDIANTS

Un novice ne peut recevoir l'ordination majeure qu'à partir de l'âge de vingt ans révolus. On ne peut donc devenir pleinement moine qu'à partir de cet âge. Le précepteur du roi était connu pour sa sagesse et ses connaissances. Ce religieux distingué par la famille royale disposait naturellement de nombreux disciples-étudiants qui constituaient en fait sa propre cour religieuse et la base de son pouvoir. Les étudiants-moines qui résidaient dans les monastères-écoles de la cité consacraient l'essentiel de leur apprentissage à l'étude des textes du canon (*pariyatti*) ou à la pratique (*patipatti*), notamment celle de la méditation. Pendant l'âge d'or, la population étudiante attachée aux collèges monastiques était nombreuse, et les fidèles connaissaient parfaitement les difficultés rencontrées par les vénérables pour assurer l'entretien de leurs étudiants. Il fallait donc encourager et supporter ces étudiants afin qu'ils puissent se consacrer exclusivement à leur apprentissage des textes sacrés.

Dès sa création, chaque établissement recevait d'un riche donateur une dotation variable en terres cultivables, en bétail et en esclaves. L'ensemble était destiné à fournir des revenus suffisants pour garantir le bon fonctionnement de l'école. En 1241, une reine de Naratheinka dédie 300 *pay* (210 ha) de terres cultivables et 174 esclaves à un collège monastique qui possédait 10 bâtiments-salles de classe. En 1243, une reine du roi Kyaswa, avec son oncle et sa tante, fait construire un temple-grotte, une bibliothèque, une salle de prières et une vingtaine de monastères. Pour entretenir les étudiants de ce vaste établissement religieux, elle lui dédie 300 *pay* de terres cultivables, 30 esclaves et 50 bovins. Par suite, le vénérable et ses élèves pouvaient consacrer tout leur temps à l'étude sans avoir à se préoccuper de se procurer de la nourriture et de rechercher un logement. En 1262, un couple de dévots dédie 625 *pay* (450 ha) de terres cultivables et 20 esclaves pour entretenir un temple-grotte entouré d'une enceinte en briques avec quatre portes, un grand monastère avec une série de toits étagés, un monastère en briques, une bibliothèque, une salle d'ordination, une salle de prières avec un trône pour prêcher, et huit salles de classe qu'ils venaient de faire construire.

Certains donateurs faisaient des donations spécifiques « pour les étudiants » de ces collèges monastiques. En 1235, un dévot dédie 50 *pay* de terres cultivables à un établissement religieux, mais il précise : « 20 *pay* sont pour la pagode, 5 pour la bibliothèque, 10 pour le *thera* et quinze pour les étudiants qui devront totalement profiter du revenu des 15 *pay* qui leur sont réservés. » Le 20 mai 1262, à l'occasion de la mort de la reine, le roi Narathihapati construit un monastère pour le vénérable Mahâ Kassapa et lui dédie 300 esclaves et 300 *pay* dont 50 sont réservés

pour les étudiants. Ceci nous permet de penser que **les bons révérends ne laissaient pas toujours les novices-étudiants profiter des revenus des terres monastiques**. La tentation d'accaparer les revenus de ces terres pour d'autres usages (par exemple pour agrandir leurs domaines) devait parfois l'emporter pendant la période du grand mouvement de développement des grandes propriétés.

Pendant l'âge d'or, **les Paganais distinguaient chez les moines ceux qui vivaient dans les monastères et ceux qui vivaient « dans la forêt ».**

Le Bouddha, le génie, le moine et l'ermite

Le Bouddha — L'Ermite — Le Moine — Le Génie

Pour ces derniers, cela ne signifiait pas qu'ils habitaient dans la forêt, mais que leurs monastères étaient situés plus ou moins loin de la capitale. Dans la plaine de Pagan, à quelques kilomètres de la cité, près de Minnanthou et Pouazô, il y avait déjà des monastères « forestiers ».

LES KAPPIYA DES GRANDS MONASTÈRES

Pour administrer son monastère, le vénérable bénéficiait d'une aide indispensable, celle du *kappiya*, un intendant laïc qui dirigeait le fonctionnement quotidien de l'établissement. La présence de cet intendant garantissait le confort du supérieur et celui des autres occupants du complexe. L'importance de ces *kappiya* est illustrée par une stèle de 1248. À l'occasion d'une cérémonie marquant le début de la saison des pluies, le roi Kyaswa avait offert des robes monastiques au révérend Mahâ Kassapa et à ses disciples, et un éléphant. Ces animaux étaient alors fort utiles dans les grands domaines, notamment pour défricher ou labourer les champs. Le *mahâthera* (« grand ancien ») Kassapa n'était pas seulement un chef religieux influent. Il était également un grand propriétaire terrien préoccupé par la mise en valeur de ses terres cultivables. C'est la raison pour laquelle il envoya son éléphant dans le village de Kantâ, situé sur la rive du Chindwin. Pendant l'âge d'or, cette région était fortement boisée, et les domaines récemment acquis par Mahâ Kassapa ne pouvaient être développés qu'au prix d'un gros investissement en main-d'œuvre. La force de travail d'un éléphant représentait donc une adjonction non négligeable pour le développement du domaine (labours, dégagement des troncs d'arbres, transports lourds, etc.). Malheureusement il advint que le précieux éléphant disparut. Mahâ Kassapa envoya aussitôt son fidèle *kappiya* à la recherche de l'animal. Ce dernier fut récupéré chez un couple de paysans qui, accusés de vol, furent traduits devant le tribunal royal par les soins du *kappiya*.

Hommes de confiance des moines, les *kappiya* servaient d'intermédiaires aux religieux, notamment pour réaliser à leur place toutes les opérations et transactions qui leur étaient interdites par la règle monastique. C'est en particulier **les *kappiya* qui détenaient le trésor en espèces du monastère (or, argent, cuivre).**

LES PAGANAIS

Bouddha de Pagan

Sous les ordres des vénérables, ils y puisaient pour payer les dépenses courantes et les achats des domaines. Ainsi Mahâ Kassapa ordonna à son *kappiya* d'acheter une terre pour son cousin, au coût de 15 *tical* d'argent, prélevés sur les fonds du monastère.

Mahâ Kassapa : Les grands domaines religieux

Mahâ Kassapa, fondateur du mouvement des monastères forestiers, connaissait parfaitement le canon bouddhique, ce qui semble lui avoir surtout servi à braver les interdits du Vinaya. Il commence par créer un monastère à Krokrac, dans la région de Monywa. D'autres suivent à Parim (où il est né), Amran et Anim. Isolé en province, Mahâ Kassapa devient célèbre grâce à ses connaissances médicales. Sa réputation parvient aux oreilles du roi Nadaungmya (1211-1234) qui le sollicite à trois reprises pour qu'il vienne à Pagan pour soigner ses douleurs et le débarraser du mauvais génie, un ogre, qui l'avait ensorcelé. En 1215, après s'être ainsi fait prier, Mahâ Kassapa rejoint la capitale et réussit à guérir le souverain. Pour prix de ses services, il demande des terres pour y installer les monastères forestiers de ses disciples. En 1236, il continue à jouir de la faveur royale de Kyaswa (1234-1249), qui succède à Nadaungmya, et fonde un monastère à Pouazô, puis un autre à Minnanthou, près de Pagan.

Ses deux principaux concurrents, les vénérables Dhammasiri et Subhûticanda, n'appréciaient certainement pas cette renommée. Résidents de Pagan, ils ne pouvaient que voir diminuer leur influence à la cour, et surtout les donations dont ils bénéficiaient jusque-là. Ne pouvant espérer le soutien royal pour se débarrasser de leur rival, il semble qu'ils aient eu l'idée de se rendre à Ceylan pour y solliciter l'aide du Sangha local afin de les aider à mettre fin au mouvement de création des monastères forestiers qui avait suscité l'intérêt des donateurs paganais. Mais leur absence dura une dizaine d'années (1237-1248), période que Mahâ Kassapa mit à profit pour renforcer la position de sa secte auprès du roi Kyaswa et de son frère le ministre Kankasû.

Pendant toute son existence, Mahâ Kassapa n'a cessé de manifester son intérêt pour les grands domaines agricoles. D'abord en créant ses quatre premiers monastères, puis ceux de Pouazô, Minnanthou et Pagan. En 1242, il s'intéresse à la donation d'un

LES PAGANAIS

domaine de 284 hectares faite par un chef de village à l'un de ses disciples. Il obtient le patronage royal pour cet acte méritoire, ce qui lui permet de faire enregistrer officiellement ce don, au moyen d'une stèle, par l'administration royale. Peu après il tourne son attention vers les riches terroirs de Kyauksè, où sont situées les meilleures rizières du royaume, et intente un procès contre des grands propriétaires au sujet de la possession d'une terre qui avait été donnée par le roi à son propre grand-père. La même année, il commence à acheter des grands domaines dans la région située entre le fleuve Chindwin et Shwébo. 330 pay pour 700 kyat. Pour 1000 *pay*, achetés à un moine, il débourse 1 000 kyat d'argent pur. Plus 54 kyat pour le festin et la beuverie qui suivent (cf. Les plaisirs et les fêtes, chap. VIII). Dans la région de Kyauksè, les terrres rizicoles sont plus chères : pour 89 *pay*, il lui en coûte 15 kyat d'argent pur par *pay*. La somme est puisée dans le trésor du monastère, comme celle qui sert à financer 170 *pay* près d'un grand lac. En 1246, il s'intéresse à des terres sèches à Shwébo : 3 332 *pay* et 1 010 supplémentaires au prix d'un kyat par *pay*. Ailleurs il s'empare de 500 *pay* pour un montant modique :100 viss de cuivre. En 1248, il achète encore 1 000 *pay* et paie 2 kyat par pay. En plus de ses propres achats, Mahâ Kassapa a reçu de ses fidèles des milliers de *pay* en donation entre 1247 et 1272.

Le développement des domaines des monastères forestiers, que l'on peut comparer à de grandes exploitations agricoles, s'est poursuivi plusieurs siècles après la mort de Mahâ Kassapa. **Outre la volonté monastique de développer des terres cultivables pour en vendre les productions au profit du Sangha, la vogue de ce retour des moines vers la terre avait peut-être une raison plus prosaïque : les propriétés religieuses étaient exemptes de taxes royales.** Comme l'a démontré l'historien Michael Aung Thwin, ce vaste mouvement de donations de terres cultivables, appartenant à la famille royale, aux courtiers et aux membres fortunés de la société paganaise, eut une conséquence dramatique pour les empereurs du premier empire birman. Il s'est soldé par la ruine des souverains qui, peu à peu, se sont volontairement privés, au nom de la religion, des taxes qui auraient dû alimenter le trésor royal. Les idéaux bouddhiques et la secte des monastères forestiers ont donc largement contribué au déclin et à la chute de la dynastie (cf. L'alimentation, chap. VIII ; et Le personnel monastique, chap. VI).

LA RICHESSE DU SANGHA

Pendant l'âge d'or, le *Sangha* de Pagan s'est considérablement enrichi car il recevait, directement ou indirectement, une part importante des pillages et razzias effectués par l'armée paganaise dans les pays subjugués. Au retour de chaque conquête, les trésors et les populations conquises, notamment les prisonniers de guerre, affluaient dans la capitale. De ce fait l'économie de Pagan bénéficiait régulièrement d'apports en biens divers et d'une main-d'œuvre d'esclaves revendus dans la capitale. Ces derniers étaient notamment utilisés pour l'exploitation des terres agricoles. En plus des richesses rapportées des campagnes militaires les paganais s'enrichissaient aussi grâce au contrôle des échanges commerciaux sur l'Irrawaddy. Pétris de la foi bouddhique enseignée par les moines, les croyants avaient coutume de 'partager' une partie de leurs richesses avec 'le Bouddha.' En pratique ce 'partage,' recommandé par les moines, signifiait que les fidèles reversaient - sous la forme de donations- une partie de leurs bénéfices à la communauté monastique. Ces dons, multiples et répétés, censés assurer une bonne réincarnation, étaient en quelque sorte garantis par des 'contrats' entre les donateurs et le Bouddha. Les fidèles y expliquaient leurs intentions et soulignaient les bénéfices futurs qu'ils espéraient de leurs donations. Dans les faits ces contrats étaient matérialisés par des stèles sur lesquelles étaient inscrits les détails et le montant global du don. Une part importante des bénéfices réalisés par les paganais enrichis était ainsi récupérée par les religieux. (cf encadré de la donation d'Anantasûra en 1223, chap. IV ; La pensée religieuse, chap. VI ; et Les dédicaces des donations, chap. VII,).

Pendant toute la durée de l'âge d'or, les Rois, Nobles, Grands propriétaires et Marchands se sont livrés à une émulation dont l'exemple était suivi par les paganais. Les gens du commun ont rivalisé avec les riches pour participer aux dotations des établissements religieux en produits de première nécessité et en biens de toutes sortes (décors, sculptures, peintures murales, terres de culture, main d'œuvre esclave, etc). Une masse considérable de dons a été drainée vers les établissements monastiques pour perpétuer, entretenir et propager la religion. Volontairement remis au Sangha, ces biens échappaient du même coup aux taxes et impôts prélevés par les collecteurs royaux. Par suite les revenus que le roi aurait pu tirer de l'exploitation des terres cultivables transférées aux établissements religieux échappaient au trésor royal. Gorgés de la richesse des conquêtes, certains ecclésiastiques gaspillaient les fonds reçus en animant des activités sans rapport avec la vie

LES PAGANAIS

religieuse, d'autres les consacraient à des dépenses somptuaires tandis que les moines-propriétaires terriens profitaient pleinement des revenus de leurs grands domaines. Le roi n'avait plus aucun contrôle sur la gestion de ces biens et ne pouvait plus lever des troupes dans les villages contrôlés par les grands propriétaires religieux. Confronté au problème, Kyaswa (1234-1249) a tenté de récupérer une partie des terres dont s'étaient emparés les religieux au cours des siècles et des décennies précédents. Mais, devant l'opposition des grands monastères, le roi a dû battre en retraite car l'enseignement transmis par les religieux interdisait qu'une autorité terrestre aussi puissante soit elle, puisse récupérer les biens donnés à la religion. Au final la diminution des revenus royaux, due pour une bonne partie aux transferts de biens vers la communauté monastique, a conduit à l'affaiblissement concomitant de la dynastie. Privé des richesses accaparées par les établissements religieux le pouvoir royal s'est donc affaibli malgré l'étendue de ses possessions territoriales. Quand les Môns se sont révoltés au sud, quand les Thaïs ont commencé à se répandre dans les villes de la Birmanie centrale et quand les Mongols ont pénétré dans la vallée de l'Irrawaddy, les monarques birmans n'avaient plus les possibilités économiques et financières nécessaires au rétablissement de l'Etat. En 1287, la conquête de Pagan par les Mongols n'est donc qu'un épiphénomène qui illustre le déclin du pouvoir birman.

Les stèles nous renseignent sur l'étendue des richesses transférées à la religion sous le premier empire. (cf : Tableau des donations au Sangha pendant la dynastie de Pagan). A la fin de la dynastie, sur les 230.861 hectares de terres irriguées disponibles, environ 147.465 hectares (63 %) avaient été transférés aux établissements religieux. En fait cette statistique ne montre qu'une partie de la réalité car toutes les stèles ne nous sont pas parvenues. La superficie des terres qui restaient encore sous le contrôle de la couronne est donc certainement inférieure a celle qui apparaît dans le tableau (cf. L'armée, chap. III).

Tableau des donations au Sangha pendant la dynastie de Pagan

Inscriptions des stèles enregistrées par périodes de 50 ans	Rizières (en *pay*)	Main-d'œuvre (nb d'esclaves)	Argent (en *kyat*)
Avant 1050	300		
1050-1100	6 183,5	323	2 000
1100-1150	1 739,5	423	
1150-1200	36 280,5	3 040	
1200-1250	106 362	10 318	91 303,5
1250-1300	56 366	7 536	24 964,75
Non-datées	1 011	343	842
Total	208 222,5	21 983	119 110,25

Un *pay* = 3 003 m^2 (cf. Mesures de longueurs et de superficie, chap. IV)
Un *kyat* = environ 16 grammes d'argent pur.

(D'après Michael Aung Thwin, « *The Origins of Modern Burma* », p. 186.)

LE RÔLE DU BOUDDHISME

LE CULTE DES GÉNIES : UNE RELIGION ANCESTRALE

L' installation du bouddhisme dans la capitale, même avec le soutien des souverains et de la cour, n'a jamais pu effacer la pratique ancestrale du culte des génies qui, par essence, étaient les gardiens du royaume, de ses habitants et de leurs foyers, de la famille royale et de la dynastie. Pour marquer l'unité de l'empire, il devint nécessaire d'intégrer les pratiques ancestrales liées au culte des génies dans le système cosmologique de la croyance bouddhique. C'est pourquoi le roi Anôratha a officiellement installé tous les génies des birmans dans un petit temple de la pagode Shwézigon, alors que la construction du monument n'était même pas encore terminée. Placés sous le contrôle du dieu indien Vishnou (dont le roi se déclarait la réincarnation), le nombre des génies fut limité à 37. Chacun d'eux reçut un fief. Tous les habitants de ce territoire devaient alors rendre hommage toute leur vie à ce génie particulier. On trouve parmi eux un roi des territoires shan et un prince môn. Dans la cité, la grande porte Tharaba, qui commande le côté est de la ville ancienne, est précédée de deux sanctuaires massifs qui abritent les statues d'un couple de génies tutélaires (*nats*) protecteurs de la ville. Le frère et la sœur, respectivement **Maung Tin Dé** (à gauche) et **Thonbanhla** (à droite), défendent la ville et sont généralement confondus en un seul « seigneur de la grande montagne » (*Mahâgiri Nat*) dont le mont Popa est la résidence. On les désigne également sous les noms de « monsieur Belle apparence » et « madame Face d'or » (*Shwe-myet-Hna*). Ces sanctuaires, construits pendant l'âge d'or et toujours fréquentés, illustrent clairement que les Paganais n'ont jamais cessé de pratiquer ce culte dont les racines sont bien antérieures à l'arrivée du bouddhisme en Birmanie centrale. **Mais d'autres cultes pré-bouddhiques étaient également pratiqués par les anciens Paganais, tel celui des nagas (divinités chtoniennes) dont le cobra royal est la réincarnation terrestre.** Une Nagi est d'ailleurs reconnue comme ancêtre de madame Face d'or. Ce culte est mentionné deux fois dans l'inscription en môn de 1102, qui relate les cérémonies d'inauguration du nouveau palais royal de Kyanzittha (cf. Le palais royal, chap. II). Les brahmanes dirigeaient le rituel du culte des nagas qui a été récupéré (comme le brahmanisme) par la tradition bouddhique qui a fait du cobra royal un protecteur du Bouddha.

LES GÉNIES PROTECTEURS DE LA CITÉ

Selon la tradition, **Maung Tin Dé**, forgeron de son état, vivait dans la région de Tagaung (que les Birmans désignent comme ayant été leur première capitale) sur le haut Irrawaddy. **Ce forgeron était à la fois très beau et grand mangeur.** Consommant 8 kg de riz par jour, il était doué d'une force peu commune qui lui permettait de manier en même temps deux marteaux d'un poids respectable : 82 kg pour celui de la main droite, et 41 kg pour celui de la main gauche. Le bruit de son enclume résonnait dans toute la ville. Le roi de Tagaung eut peur pour son trône et envoya des soldats pour le tuer. Maung Tin Dé l'apprit et s'enfuit dans la forêt. Pour s'en débarrasser, le roi décida d'employer la ruse. Il épousa la sœur du forgeron qui, elle aussi, était très belle, mais ne maniait pas le marteau. Il lui demanda de rappeler son frère au prétexte qu'il voulait en faire le gouverneur de la cité. Dès son retour, Maung Tin Dé fut arrêté et attaché à un arbre. Pour être sûr d'être débarrassé de ce rival potentiel, il ordonna de le brûler vif. Ce qu'il n'avait pas prévu, c'est que la reine, désespérée, allait se jeter dans le bûcher pour y mourir avec son frère. Seul son visage fut épargné par les flammes, d'où le surnom qui lui a été donné : « Face d'or ». Après leur mort, le frère et la sœur, transformés en génies (il faut obligatoirement une mort violente pour devenir *nat*) s'installèrent dans l'arbre près duquel ils avaient été sacrifiés. Voulant se venger du roi, ils créaient des ennuis à tous ceux qui s'approchaient. Pour s'en débarrasser définitivement, le roi fit déraciner l'arbre et le jeta dans le fleuve.

Le tronc flottant, précédé par la rumeur de sa tragique histoire, finit par accoster au sud de Pagan, devant le village de Thiripyitséya. On y sculpta l'image du frère et de la sœur, et il fut transporté en grande pompe au sommet du mont Popa qui devint leur résidence officielle. Chaque année, pendant le mois lunaire de *Nattaw* (« le mois des *nats* »), en novembre-décembre, les rois de Pagan faisaient l'ascension du mont Popa pour rendre hommage à ces génies. Tous les habitants de Birmanie centrale, qui professaient le bouddhisme, vénéraient aussi **Min Maha Giri** (le roi de la grande montagne) qui devint le génie tutélaire des maisons. Ce puissant *nat*, personnifié sous la forme d'une noix de coco recouverte d'une pièce de tissu rouge représentant son *pasoe* (pagne), possède encore son autel où sont chaque jour déposés des fruits et des offrandes. L'ensemble est suspendu à un pilier dans un angle de la pièce, non loin de l'autel consacré au Bouddha.

LES LÉGENDES LIÉES À L'INSTALLATION DU BOUDDHISME

En plus de l'ogre volant (cf. Les origines légendaires, chap. II), **d'autres oiseaux sont liés à la fondation de Pagan, à l'arrivée du bouddhisme en Birmanie, et à ses relations traditionnelles avec les Paganais.** Un récit précise que, au cours des voyages entrepris après son éveil, il advint que le Bouddha, accompagné par son cousin et fidèle disciple Ananda, traversa la région de la future Pagan. **Il s'arrêta au sommet du mont Tant Kyi (sur la rive occidentale de l'Irrawaddy) et promena son regard sur la vallée du fleuve.** Il aperçut un héron blanc et un corbeau noir perchés sur un arbre

LES PAGANAIS

Butea qui se dressait sur une rive escarpée. Dans la fourche de cet arbre, le Bouddha distingua un *preta* (être dont les démérites accumulés interdisent toute réincarnation et qui de ce fait est condamné à l'errance perpétuelle et à l'insatisfaction de tous ses désirs) étalé sous la forme d'un lézard, avec une langue fourchue. Il aperçut également une petite grenouille blottie au pied de l'arbre. Cette vue le fit sourire. « Pourquoi souriez-vous ? » s'enquit Ananda. **Le Bouddha lui répondit par une prophétie :** « Cher Ananda ! Dans la 651ᵉ année après mon *parinirvana* (moment du passage dans le néant), il y aura en ces lieux un grand royaume. Le héron blanc et le corbeau noir perchés au sommet du *Butea* indiquent qu'il y aura beaucoup de personnes vertueuses pratiquant la charité dans ce royaume ; mais il y aura aussi beaucoup de personnes mauvaises et sans vertus. Le *preta*, sous la forme d'un lézard avec une langue fourchue, étalé dans l'arbre, montre que le peuple de ce royaume ne labourera pas la terre mais qu'il vivra du commerce, en achetant et revendant des marchandises. Le langage de ce peuple n'utilisera pas les mots de la vérité mais ceux du mensonge. Quant à la petite grenouille accroupie à la base de l'arbre *Butea*, elle signifie que la population sera aussi imperturbable et heureuse qu'une grenouille. Pendant le règne de Thamôdarit, le fondateur de ce royaume, un grand oiseau, un grand sanglier, un grand tigre et un écureuil-volant vont terroriser la région. Mais un prince glorieux, puissant et dominateur les abattra tous les quatre » (cf. Les origines légendaires, chap. II).

Les Paganais racontent encore cette anecdote, qu'ils n'apprécient guère et s'efforcent naturellement d'arranger ou de passer sous silence. Ils se décrivent comme « des gens simples et charitables, car le héron est blanc. La grenouille vit toujours dans les endroits frais, ce qui veut dire que nous vivons dans la paix et la tranquillité. La langue fourchue du lézard montre qu'il peut parler à la fois de la vie présente (*lokhi*) et de la vie future (*lokhuttaya*), et que les gens de Pagan savent utiliser leur langue et une langue étrangère. » La présence du corbeau noir, que le Bouddha ne tenait pas en grande estime, n'est pas justifiée, alors que la tradition lui reconnaît pourtant certains caractères positifs comme le sens de l'unité et le fait d'être très attentif (« mi-éveillé, mi-endormi, prêt à tout »). Quant à l'arbre *Butea*, il signifie pour les Paganais que le *Sasana* devait devenir le soleil de Pagan.

Les partenaires commerciaux des descendants des Paganais de l'âge d'or ne partagent pas ce point de vue positif. Ils se font un

malin plaisir de fournir aux visiteurs une analyse sensiblement diffé-
rente qui, assurent-ils, correspond mieux à la réalité : « Le héron est
cruel. Il arrive toujours à attraper les poissons qu'il mange. Comme
les lézards, les gens de Pagan ont une langue fourchue. Comme les
grenouilles, ils sautent ici et là. On ne peut pas les saisir. Ils sont
avides d'argent et, tout en restant à l'ombre de l'arbre, ils se demand-
dent comment ils vont en gagner plus. Ils voudraient bien vivre en
respectant les préceptes de la religion bouddhique, mais… » Cette
description correspond à celle des anciennes chroniques qui décrivent la fourberie des Paganais : « Les gens de Pagan étaient très
polis, mais ils étaient menteurs et savaient être persuasifs pour
vendre leurs marchandises et s'enrichir… » Les Paganais ne man-
quent pas d'explications pour assurer leur défense et celle de leurs
ancêtres.

LE TRIOMPHE DU BOUDDHISME THERAVÂDA

**Les monarques indianisés qui avaient adopté le bouddhisme
pour religion étaient reconnus comme gardiens de la religion. Ils
étaient traditionnellement fondés à purger et réformer périodiquement le Sangha, afin d'assurer sa perpétuation.** La volonté de
récupérer une partie des riches terres cultivables accaparées par les
religieux au cours des générations précédentes jouait sans doute un
rôle non négligeable dans ces actions régaliennes. **Dans le cadre de
cette tradition, le grand-père d'Anôratha, Sô Rahan, avait lui-
même initié un mouvement de purification du Sangha,** ce qui
indique que les religieux, qui pouvaient représenter un danger pour
le pouvoir royal, n'étaient pas exempts de critiques sur leur moralité. Anôratha reprendra très vite cette tradition à son profit pour se
débarrasser des tenants du bouddhisme mahayanique, les membres
de la secte Ari, qui représentaient de même un obstacle à son pouvoir. **Pour diminuer leur influence sur les fidèles, le roi a favorisé
les moines de la secte theravâda, dirigés par un jeune religieux
ambitieux, Shin Arahan,** qui venait d'arriver dans la capitale et dont
l'enseignement austère favorisait ses desseins.

Anôratha est considéré comme celui qui a introduit le bouddhisme theravâda à Pagan. Vers 1050, les Birmans, qui vivaient
depuis des siècles au contact des Pyu et des Môn, connaissaient déjà
l'hindouisme et le bouddhisme, au moins sous ses formes mahayaniques. D'après les Chroniques, le mahayanisme, représenté par la

La naissance du Bouddha – peinture murale du temple Lokahteikpan

secte des *Aris,* était bien implanté à Pagan où il semble même avoir survécu jusqu'au XVIIIe siècle. Les moines de cette secte occupèrent pendant des siècles la zone de Pouazô-Thuteikan, où ils vivaient dans le monastère de Thâmathi. Ce dernier, qui se trouvait près du zédi pentagonal Dhammayazikâ (construit par Narapatisithou en 1196), semble avoir été le centre de leur secte. **Les moines de cette secte bénéficiaient d'une influence certaine sur la population, avec des privilèges et des richesses qui auraient pu porter quelque ombrage à l'ambitieux Anôratha**. Pour s'en débarrasser, le roi aurait favorisé une autre secte, celle de Shin Arahan, qui pratiquait un bouddhisme plus austère enseigné en langue pâli, celui des *Theravadins.* **Ces derniers, encouragés par Anôratha, auraient alors lancé contre les moines *Aris* une campagne de calomnies** (non-respect des règles du *Sangha,* paresse, consommation d'alcool, pratique des jeux, participation aux spectacles populaires, élevage des chevaux, combats de boxe, droit de cuissage) qui se serait étendue sur plusieurs siècles, dont les chroniques se font l'écho et qui perdure. Selon ces textes, la plupart des *Aris,* qui auraient perdu la faveur du roi et le soutien populaire, auraient été obligés de se défroquer et de se mettre au travail. Une partie d'entre eux se seraient convertis à la nouvelle foi. D'aucuns auraient été réduits à l'état de chiffonniers, de palefreniers pour les écuries royales ou enrôlés de force dans l'armée, tandis que d'autres étaient exilés dans les chefferies shan où, de nos jours encore, il se dit que subsistent certaines formes mahayaniques.

Les chroniques rapportent que l'arrivée du theravâda à **Pagan, en 1056, est due à un très jeune moine ambitieux** (il aurait eu tout juste vingt ans), **Shin Arahan**, fils d'un brahmane et originaire de Thaton. Ce dernier se serait installé près de Nyaung-Ou, dans un ermitage qui aurait pu être celui de Hngetpyittaung. Son austérité aurait finalement attiré l'attention d'un bûcheron qui l'aurait enmené à la cour pour le présenter à Anôratha. **La stèle récemment installée sur le site nous raconte la légende de cette rencontre** (cf. La construction, chap. IV). **La nouvelle doctrine prêchée par Arahan fut bien accueillie par Anôratha, car elle servait ses desseins politiques**. Selon la légende, Arahan aurait expliqué au roi que, sans les *Tipitaka* (saintes écritures bouddhiques), on ne pouvait pas étudier le bouddhisme ni maintenir la loi pendant longtemps.

À partir de Narapatisithou (1173-1211), la pensée religieuse foisonne à Pagan. Une nouvelle secte nommée *Nikâya* (fraternité) fut même créée par le moine Chapata qui, revenu de Ceylan avec quatre disciples, voulait imposer des traditions ceylanaises encouragées par le roi (cf. La pensée religieuse, chap. VI).

CONQUÊTE DE THATON ET *PAX BIRMANICA*

Les découvertes archéologiques effectuées dans la région de Prome, notamment des passages des *Tipitaka* inscrits en langue pyu sur des feuilles d'or, prouvent que, **dès les VII-VIIIᵉ siècles, la tradition de recopier les textes bouddhiques sacrés était déjà établie chez les Pyu.** L'importance des saintes écritures était d'autant plus grande pour l'empire naissant que les Birmans n'écrivaient pas encore leur langue. Par suite, la diffusion de la nouvelle doctrine ne pouvait se faire qu'à partir de copies des textes sacrés. Or **le roi Manuha, qui gouvernait la riche principauté maritime môn de Thaton (peut-être récemment affranchie du pouvoir pyu dont Anôratha était l'héritier), se trouvait en contact avec les sources ceylanaises du bouddhisme theravâda.** La tradition précise même qu'il possédait trente exemplaires des *Tipitaka*. Anôrata les réclama aussitôt, mais il essuya un refus car, en milieu bouddhique, sa requête équivalait à une demande de reconnaissance de la suzeraineté de Pagan sur Thaton. Vexé de ce refus, Anôrata envoya une armée contre Thaton et, après trois mois de siège, s'empara de la ville et la pilla en 1057.

Avec le butin rapporté à Pagan se trouvaient **les trente exemplaires des *Tipitaka*** transportés sur les **trente-deux éléphants blancs (symboles de la royauté bouddhique et de la prétention des souverains au règne universel) que possédait Manuha,** le roi lui-même, les moines, les lettrés, les artisans et les 30 000 habitants de Thaton. Au retour de cette expédition, Anôratha ouvrit plusieurs reliquaires sélectionnés dans les stoupas de Pègou, rasa au passage les murs de Prome (ce qui prouve sa volonté hégémonique et son refus de tolérer l'existence d'une cité môn ou pyu indépendante, si faible soit-elle) et s'empara d'autres reliques enchâssées dans les grands zédis construits par les anciens souverains pyu pour les rapporter dans sa capitale. **Dans les royaumes indianisés, ce geste avait pour but de subordonner un personnage à une ville ou à un suzerain qui devenait ainsi le détenteur du *hpon*** (« pouvoir, gloire, et influence qui résultent des actions méritoires cumulées au cours des vies antérieures ») **jusque-là détenu par le vaincu. La possession de reliques du Bouddha participait à ce pouvoir.**

Manuha et sa cour furent d'abord assignés à résidence à **Myinkaba** qui, à un kilomètre au sud de la cité royale, jouait certainement le rôle de port principal de Pagan. C'est là que le roi déchu fit construire en 1059 un grand sanctuaire avec des statues géantes du Bouddha (trois assises et une couchée) rappelant la perte de sa liberté. Ces dernières sont tellement enserrées dans la maçonnerie qu'on ne peut ni les voir entièrement, ni en faire le tour. **D'après la tradition, ces statues seraient la représentation de la détresse du roi Manuha qui souffrait de son emprisonnement.** Pour faire construire ce temple, il aurait dû verser six charrettes de lingots d'argent obtenus grâce à la vente de son énorme anneau royal en rubis à un riche marchand de Myinkaba. Pour se débarrasser de ce prisonnier encombrant, Anôratha l'aurait finalement dédié avec sa famille à la pagode Shwézigon. Ce qui faisait de lui et de ses descendants des esclaves de pagode (cf. Les esclaves, chap. III). Le temple **Nanpéya** (dans lequel se trouvent des sculptures de Brahma) porte son nom, mais il a été construit par son arrière-petit-fils, Naga Tha-man, à l'emplacement du palais de bois où résidait Manuha pendant la construction de son temple.

À partir du règne d'Anôratha, de tous les pays conquis affluent dans la cité impériale les trésors pillés, les tributs versés, les artisans et marins, les esclaves, les prêtres des religions rencontrées, les marchands étrangers, les artistes et les scribes, ramenés de force ou attirés vers la cité impériale par les opportunités offertes par le nouveau pouvoir. Tous ces groupes sociaux, et la main-d'œuvre qui leur est associée, apportent avec eux un vaste corpus de langues et de connaissances, dont le rayonnement économique et culturel désenclavent la petite cité des bords de l'Irrawaddy. La conjugaison de ces facteurs de développement, fondus dans le creuset de la Pagan médiévale, donne à la cité devenue désormais impériale une dimension internationale, un poids politique et une aura qui se font sentir jusqu'en Inde du Sud et partout en Asie du Sud-Est. **C'est l'époque de l'âge d'or de la cité impériale.**

ÉPANOUISSEMENT DE LA CULTURE BOUDDHIQUE

La prise de Thaton et son pillage sont les bases de l'épanouissement de la civilisation birmane dans son creuset paganais. L'arrivée des captifs môn et de leurs connaissances à Pagan en fit les maîtres

LES PAGANAIS

d'école des Birmans. Ils apparaissent comme le ferment qui a permis l'épanouissement de l'âge d'or de la *pax birmanica*. Shin Arahan récupéra tout ou partie du clergé de Thaton, devint le *Thathanabaing* (primat) du clergé birman et aurait servi les trois premiers rois de la dynastie jusqu'à un âge avancé. **Le bouddhisme theravâda fut proclamé religion officielle du royaume, et Pagan entra en contact direct avec Ceylan dont le roi Vijayabahu I**er **se battait contre les Cholas de Madras.** Le clergé ceylanais ayant été décimé, le roi demanda du secours aux Birmans. En 1071, Anôratha lui envoya une ambassade avec un éléphant blanc, une copie des saintes écritures, et des moines pour réordonner le clergé ceylanais et rétablir un lien entre les religieux. **En échange il réclama la dent du Bouddha, fierté du royaume ceylanais.** Une réplique placée dans un reliquaire incrusté de joyaux lui fut offerte. Le bateau qui ramenait ce trésor remonta l'Irrawaddy jusqu'au port de la nouvelle pagode Lôkhananda qui marquait la limite sud de la cité impériale (et un point d'ancrage pour les bateaux venus du sud. À l'arrivée du navire, le roi entra dans l'eau pour recevoir en personne la relique qu'il plaça sur sa tête afin de la porter, suivi d'une procession jusqu'à la pagode Shwézigon où elle devait être enchâssée.

Dès 1058, Anôratha commence les travaux de plusieurs zédis **qui délimitent la cité impériale : Lôkhananda au sud, Tu Yin à l'est, Tant Kyi à l'ouest, et Shwésandô, au sud du palais, où il enchâsse les cheveux-reliques récupérés à Pègou.** D'autres zédis sont édifiés à Kyauksè et Meiktila, mais la grande œuvre de son règne reste **le zédi Shwézigon** (qui sera terminé en 1089 par le roi Kyanzittha) **où il enchâsse, avec la dent sacrée de Ceylan, l'os frontal récupéré à Prome et une clavicule du Bouddha.** Le choix du site inaugure une tradition qui s'est répandue plus tard en Indochine (royaume de Lanna). Déposée dans un reliquaire incrusté de joyaux, la dent sacrée fut placée sur un autel surmonté de plusieurs toits étagés, lui-même fixé sur le dos d'un éléphant blanc. L'éléphant étant relâché, il suffisait de le suivre pour voir où il allait se reposer. Son arrêt marquait le lieu où devait s'élever le zédi. De nombreux autres sites furent choisis de cette manière. La construction de Shwézigon, **grand reliquaire très vénéré de par la sainteté du** *hpon (gloire, puissance, rayonnement)* **que ses reliques engendrent, ce stoupa est considéré comme le prototype des zédis birmans.** Le début de son édification est aussi celui du cycle des constructions religieuses monumentales qui se sont poursuivies pendant plusieurs siècles sur le territoire de la ville impériale. Pendant cette longue période de grands travaux permanents, les artistes et architectes indiens, môn et birmans ont élevé, à la gloire du Bouddha et de son *Dhamma*, des monuments de plus en plus grands et beaux. (cf. La cité impériale, chap. II)

Avec le développement du theravâda commence une ère nouvelle pour Pagan. L'enseignement et la culture se répandent dans les monastères où résident, avec les moines, des milliers d'étudiants. On y apprend à lire et à écrire sur des feuilles de palmes séchées. **Le môn devient la langue officielle de la cour, car le birman était jusque-là une langue sans écriture.** Le premier texte en langue birmane (« La stèle de Myazédi ») qui nous soit parvenu, daté de 1112-1113, est gravé sur un pilier en grès. Il raconte la donation au temple Kubyaukkyi, par le prince Rajâkumâ (fils de Kyanzittha et Thambula), d'une statue en or massif et de trois villages d'esclaves. L'image fut enchâssée dans le temple qu'il venait de faire construire sur le port de Myinkaba. Cet acte méritoire d'un fils pour son père visait à obtenir le rétablissement de la santé de Kyanzittha, alors malade et qui devait mourir quelques mois plus tard. **L'inscription est gravée sur une stèle quadrilingue (le même texte y est rédigé en birman, môn, pyu, pâli) installée aujourd'hui dans la pagode Myazédi de Myinkaba.**

Anôratha reçoit les reliques de Ceylan (représentation moderne)

Les moines lettrés semblent avoir bénéficié de quelque considération à Pagan. L'un d'eux, Gunâbhirama, qui avait réussi à apprendre par cœur les cinq volumes du *Vinaya* avec leurs commentaires, résidait dans l'un des sept monastères créés par le roi Uccanâ (1324-1343) (cf. Le personnel monastique, chap. VI et La confédération de Pagan, chap. II)

LA PENSÉE RELIGIEUSE

UNE PHILOSOPHIE DU SALUT

Ayant écouté les prêches des moines dans les monastères, ou reçu un enseignement bouddhique dans les nombreux collèges monastiques de la capitale, **les fidèles paganais pensaient que la vie n'est que souffrances et que le temps passé en ce bas monde ne faisait que les prolonger.** Les textes de leurs donations tendent à prouver que le but ultime des dévots était de se libérer du cycle des naissances et des réincarnations (*samsâra*). La souffrance est causée par l'ignorance, et le chemin pour en sortir est la connaissance intuitive qui peut être obtenue en pratiquant la méditation. Mais, dans le même temps, **la loi du *Kamma* implique que les êtres sont nés inégaux.** Grâce aux mérites acquis dans leurs vies antérieures, certains reçoivent à la naissance des capacités intellectuelles supérieures à celles du commun des mortels, plus de richesses, plus de pouvoir, de temps libre, ou sont plus disciplinés que les autres. **Pour les dévots, les moines étaient plus disciplinés que les simples fidèles, car ils suivaient les règles de vie prescrites par le *Vinaya*.** Ils apparaissaient comme dotés de moyens intellectuels supérieurs. Leur existence entière étant consacrée à l'étude des textes sacrés, leurs chances d'atteindre le salut, c'est-à-dire d'échapper au cycle infernal des renaissances, étaient donc meilleures que celles des fidèles ordinaires. Dans ce contexte, les hommes étaient donc supérieurs aux femmes, et les humains aux animaux. Afin de s'assurer une renaissance de qualité, dans l'ordre croissant, comme femme, homme, moine ou divinité (*deva*), **le fidèle devait obligatoirement respecter les cinq préceptes de base de la moralité bouddhique : ne pas tuer, ne pas voler, ne pas mentir, ne pas avoir de relations sexuelles illicites, et ne pas consommer de boissons intoxicantes.**

LES VOIES DU SALUT PAR LA PRATIQUE : BOUDDHISMES KAMMIQUE ET NIBBANIQUE

Pour être sûr d'atteindre les niveaux les plus élevés de réincarnation, notamment celui très recherché d'humain pouvant assister aux derniers sermons du futur Bouddha Maîtreya (ce qui pouvait du même coup assurer son accès à la connaissance suprême garantissant son passage dans le *Nibbâna*), **le dévot paganais devait accumuler le maximum de mérites (*kutho*) pendant son existence humaine.** Mais, dans la tradition birmane, la simple construction d'un bâtiment religieux (stoupa, monastère ou temple) garantissait une renaissance supérieure. Grâce à cette renaissance, la connaissance intuitive conduisant au *nibbâna* pouvait être atteinte.

Bien que l'acte méritoire soit un préliminaire indispensable pour atteindre le salut, les Paganais le considéraient également comme un moyen direct d'accéder au *nibbâna*. Au plan doctrinal, cette confusion établissait une distinction entre **les voies kammique** (le chemin des actes méritoires pour obtenir le salut) et **nibbanique** (le chemin de la connaissance pour atteindre le salut). Mais, cette distinction ayant été reconnue par le Bouddha lui-même, les riches habitants de la cité médiévale (à de rares exceptions près, ce sont les seuls qui nous soient connus car ils ont laissé des inscriptions) n'ont pas tardé à penser que des actes et travaux méritoires, qui pouvaient suffire à leur assurer une place au paradis des divinités, suffisaient également pour atteindre le *nibbâna*. **Ils étaient sans doute encouragés dans cette confusion par les religieux qui tiraient profit de cette idée ambiguë en recevant les dons généreux des dévots.**

Dans une inscription de 1241, un membre de la famille royale déclare sans ambages : « Parce que nous voulons être libérés des souffrances du *samsâra* et atteindre immédiatement le *nibbâna*, nous avons fait construire un temple-grotte » (*kû*). Bien qu'ils aient été particulièrement bien lotis par le destin en matière de renaissance, de richesse et de pouvoir, il apparaît que certains des membres de cette famille n'étaient pas très heureux de leur condition. En 1271, **une dédicace de la reine Pouazô, qui avait sans doute bénéficié d'une solide éducation religieuse, montre un certain désenchantement avec la vie qu'elle menait.** Les phrases qui constituent ce texte semblent avoir été dictées à un scribe qui les a transmises directement au graveur de la stèle (cf. encadré).

LES PAGANAIS

Les vœux d'une reine de Pagan

« Quand je renaîtrai comme un [être] humain, je souhaite avoir des bonheur, luxe et richesse, supérieurs à ceux [dont peuvent bénéficier] les gens ordinaires ; quand je deviendrai un nat, je souhaite avoir l'aspect et le rayonnement de l'autorité [et] je voudrais avoir une longue vie, être libérée des maladies, avoir une belle apparence, une voix mélodieuse, être bien proportionnée, être aimée et respectée par tous les hommes et les dieux. Je souhaite posséder des animaux comme les chevaux et les éléphants. Je voudrais être grande en termes d'honneur, puissante, avoir une suite nombreuse et une bonne réputation ; quand je renaîtrai je souhaite posséder l'esprit de *dâna* [la volonté de faire des offrandes], les [cinq] préceptes, la foi, la sagesse et la noblesse [d'âme], qui sont des vertus, et ne rien connaître de la souffrance. À la fin, après avoir profité de la béatitude comme un homme et un nat, je souhaite atteindre le noble état de l'éveil en ayant intériorisé la doctrine du détachement avec la tranquillité et la paix sereine du *nibbâna*. C'est pourquoi je donne ces terres, ces jardins [maraîchers], ces esclaves (*kyun*), ces vaches et ces biens. Tous ces biens ont été acquis honnêtement, aucun ne saurait être plus tard la cause d'une contestation. »

Certains Paganais étaient plus préoccupés par leur vie intime que par les questions relatives à une philosophie religieuse qu'ils pouvaient arranger à leur guise avec l'aide des moines qui leur servaient de maîtres à penser. En 1266, un dévot fait construire un monastère et le dote d'une somme d'argent, de terres (dont les revenus devaient servir à financer l'entretien du bâtiment et des moines qui y vivaient), et d'esclaves pour les mettre en valeur. Il inscrit la dédicace suivante : « Les cinq misères de l'existence sont la vieillesse, la mort, la vie avec une personne qu'on n'aime pas, la séparation d'avec une personne qu'on aime, et ne pas pouvoir obtenir ce qu'on veut. »

LA PEUR DE LA MORT

Les Paganais semblent toujours avoir été prompts à faire étalage de leur connaissance de la philosophie bouddhique et de la pratique de la charité qui y est attachée. Tout en faisant connaître la foi des donateurs et en vantant leurs mérites devant les passants, les stèles prouvaient également leur filiation et leur générosité. Mais **ce qu'ils craignaient le plus était la mort que l'on désignait alors sous le nom d'« impermanence ».** La peur de la mort était si grande que de nombreux dévots donnaient tous leurs biens à la religion pour s'assurer d'une bonne renaissance. En 1242, la veuve d'un ministre fait une importante donation dont l'inscription relate cette peur : « Après le décès de notre maître, Min Kankasû, [moi] sa femme, fille de Naung Ram Gyi, j'ai été saisie par la peur de la loi de l'impermanence et, comme j'avais beaucoup de respect pour mon mari qui est parti au village des dieux, j'ai dédié ces biens au *Sangha*. » Une autre dévote, réalisant soudain que ses « ancêtres ont quitté cette vie sans emporter avec eux la moindre de leurs possessions », et qu'il lui arrivera un jour la même chose, décide de donner tous ses biens à la religion. On a recueilli de nombreuses dédicaces de ce style.

Pour les fidèles, l'existence de temples et monastères habités par de nombreux religieux signifiait que la religion survivait et s'épanouissait malgré la mort inévitable des individus. En soutenant matériellement les moines qui étaient les gardiens de la religion, les dévots assuraient indéfiniment sa survie, et se garantissaient une bonne renaissance. Les religieux, qui répandaient chez les croyants d'effrayantes descriptions de l'enfer (*Awizi*) dont étaient menacés ceux qui ne suivaient pas l'enseignement du Bouddha, profitaient directement de ces mouvements de donations. Afin de s'assurer que le bouddhisme puisse durer au moins 5 000 ans – c'est-à-dire perpétuellement selon les standards humains –, **les donations en biens de toutes sortes n'ont cessé de pleuvoir sur le Sangha pendant toute la durée du premier empire.** Et elles se sont poursuivies sur le même modèle sous toutes les autres dynasties, jusqu'à nos jours.

L'ACCUMULATION DES ACTES MÉRITOIRES

L'acquisition de mérites garantissant leurs existences futures était certainement la grande préoccupation des Paganais de

l'âge d'or. Les milliers de constructions religieuses, stèles et inscriptions qu'ils ont laissées derrière eux ne laisse aucun doute à cet égard. Le bouddhisme encourageait l'acquisition de mérites par l'accumulation de bonnes actions en faveur des autres, mais, parmi ces actions, celles qui généraient le plus de mérites étaient bien les donations faites directement au Bouddha et au *Sangha*, puisque ceux-ci étaient en eux-mêmes des « champs de mérites ». Faire un don aux religieux se comparait à l'action de planter un arbre dans un champ bien préparé, puis d'en récolter les fruits dans une vie future. Les donations et le messianisme associés à la venue attendue du futur bouddha Maîtreya étaient pour les Paganais des moyens de contrer le caractère inévitable de la destruction de la religion impliquée par **la loi de l'impermanence.**

En 1081, un fidèle dote un monastère avec des champs, des vaches et des paysans shan, « afin que les mérites de cette offrande puissent revenir aussi au roi, aux futurs rois, à ma mère et à mon père, à mes fils et à toutes les créatures ainsi qu'à moi-même ». Un autre justifie sa donation : « Je ne veux pas avoir l'air d'avoir un cœur d'avare qui veut tout garder pour lui. Je ne convoite pas la richesse. Tous mes biens, visibles ou invisibles, seront dédiés à la religion. » Les mérites acquis par une donation sont transférables, ou partageables, entre les vivants (qui ont fait la donation) et les morts qui en reçoivent aussi le bénéfice. « Je prie pour que le bénéfice de ma donation soit transféré à mon mari décédé, à ma chère mère et à mon père », dit une dévote. Le fils d'un chef de village fait une donation aux Trois Joyaux (Bouddha, *Dhamma* et *Sangha*) « au nom de ma femme décédée ».

Le roi, qui disposait d'immenses richesses, avait les moyens de faire construire de vastes temples et monastères générateurs des plus grands mérites. Il possédait ainsi un potentiel de mérites accumulés dont les bienfaits se répandaient sur le royaume et ses habitants. Fidèles à cette image, certains rois faisaient édifier, en plus des monuments religieux, des statues géantes du Bouddha « afin que tous les êtres vivants puissent échapper au *samsâra* ». La construction de réservoirs d'eau potable, indispensables en zone sèche –chaque temple avait le sien – correspond à cette pensée. **Mais le réservoir Mya Kan**, construit au pied du mont Tu Yin, et apparemment conçu comme une réserve naturelle destinée à protéger les oiseaux migrateurs, **fonctionnait aussi comme une chasse royale pour le gibier volant.** Quoi qu'il en soit, dans la pensée religieuse des Paganais de l'âge d'or, la pratique du système des actions méritoires et du partage des mérites acquis s'est incarnée dans la personne du roi sauveur qui représentait le futur Bouddha (*Bodhisattha*) sur la terre. **Grâce aux immenses mérites acquis et partagés par le roi, tous les Paganais pouvaient espérer bénéficier d'une renaissance humaine au moment de l'apparition du Bouddha Maîtreya, qui pouvait leur permettre d'atteindre directement le *nibbâna*.**

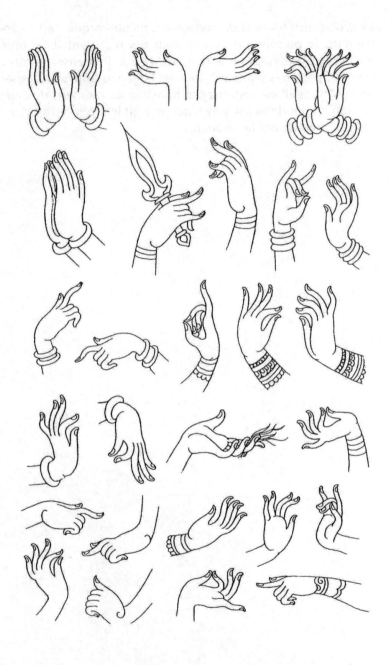

Les gestes d'origine indienne (mudras) dans l'art de Pagan
(d'après U Aung Thwin)

VII

LES ARTS

Au regard de l'Histoire, les merveilles architecturales (temples, stoupas, monastères, bibliothèques) et artistiques (peintures murales, sculptures, décors de stuc) dont les rois bâtisseurs ont doté les 42 km^2 de la plaine de Pagan pendant les trois siècles de l'âge d'or ont fait la célébrité de la cité impériale des bords de l'Irrawaddy. Sept siècles plus tard, elles font toujours l'admiration des visiteurs.

L'ARCHITECTURE SACRÉE DE LA CITÉ IMPÉRIALE

Les ruines des monuments de Pagan, quelque 2 900 structures édifiées du XIe au XVIIIe siècle, quand Pagan était la capitale de la dynastie qui a fondé le premier empire birman, s'étalent sur une superficie de 42 km^2 sur la rive orientale de l'Irrawaddy. Ils constituent ainsi un extraordinaire musée à ciel ouvert témoignant de l'originalité de l'architecture birmane et de son évolution dans l'Indochine médiévale.

Vers 1058, après la conquête de la principauté môn de Thaton par le fondateur de la dynastie, Anôratha, commence à Pagan une intense activité architecturale et artistique. En près de trois siècles, les rois bâtisseurs du premier empire ont doté le territoire de la cité et ses environs de milliers de monuments de toutes formes et toutes tailles, dont les murs extérieurs étaient ornés d'une multitude de motifs floraux et animaliers. À l'intérieur des temples, d'innombrables niches et trônes où des statues du Bouddha défient les siècles. Les parois des porches, les voûtes et les sanctuaires, pour la plupart soigneusement stuqués, sont décorés de peintures murales que l'on découvre au détour des corridors.

La ville royale de Pagan fut aussi un centre universitaire et d'études du bouddhisme theravâda de tradition pâli. Pendant son âge d'or, Pagan était sans doute l'égale des vieilles universités de Taxila (Pakistan) et de Nalanda en Inde. Plusieurs siècles après la chute de sa dynastie, la culture birmane s'y perpétuait, comme en témoignent les monuments qui continuaient de s'y édifier au XVᵉ siècle, alors que les Birmans n'avaient pas encore reconstitué leur empire et qu'une dynastie shan règnait à Ava ; et au XVIᵉ siècle, alors que Toungou puis Pègou étaient devenues les capitales du second empire birman. Aux XVIIᵉ et XVIIIᵉ siècles, les constructions et décorations s'y poursuivaient toujours, comme en témoignent deux séries de très belles peintures murales qui ornent le « monastère de briques » (*Ananda Ok Kyaung*) de la pagode Ananda et le monastère du temple excavé de Kyanzittha.

À la fin du XIIIᵉ siècle, il semble que des centaines de temples et zédis aient été dépouillés par les divers envahisseurs mongols et shan et peut-être encore plus par les pillards. Selon la tradition rapportée par la *Glass Palace Chronicle,* le roi Narathihapati aurait fait démonter « un millier de grands temples, dix mille petits temples et trois mille monastères de briques » pour en récupérer les briques afin de bâtir des forts autour de Pagan et rehausser les murailles de la cité royale. Après la fuite de la cour et des habitants, la majeure partie des édifices fut laissée à l'abandon et tomba en ruine. Il ne reste actuellement guère plus d'une centaine de monuments splendides qui retiennent l'attention des visiteurs, et seulement une vingtaine qui attirent les pèlerins birmans.

STOUPAS (ZÉDIS), TEMPLES OU PAGODES

Le mot *stoupa* vient du pâli et désigne un chignon ou une touffe de cheveux portée sur le front. En architecture, on l'emploie pour désigner un sanctuaire en forme de cloche contenant des reliques. L'équivalent donné habituellement à ce terme est *pagode*, mot dérivé du sanscrit *dhâtu-garbha* (ou du pâli *dhatugabbha*) que les Ceylanais ont transformé en *dagoba* et que les Portugais ont répandu en Asie du Sud-Est et en Europe. Mais dans le langage courant on confond généralement ces monuments en employant indifféremment les mots « pagode » ou « stoupa ». Or ces vocables recouvrent en Birmanie des réalités plus compliquées. Ainsi **le mot birman** « *péya* », qu'on traduit le plus souvent par « pagode », **désigne aussi bien un complexe religieux constitué de nombreux bâtiments** (stoupa, temple, salles de prière, maisons pour les pèlerins, salle d'ordination, sanctuaires, etc.) où les moines ne vivent pas, **qu'un monastère où ils vivent, un temple,** ou un *zédi* isolé. C'est également une formule de politesse que l'on emploie pour s'adresser aux moines.

Le stoupa est à l'origine un monument funéraire pré-boud-dhique. **Adopté par les bouddhistes, il est devenu un monu-ment-reliquaire bâti pour commémorer le souvenir du Bouddha ou d'un lieu sacralisé** quelconque pouvant même être le site d'une bataille ou d'un duel (comme le stoupa de Myinkaba qui concrétise le duel entre Anôratha et son demi-frère Sokkade). En Birmanie, on donne localement le nom de **zédi** (birmanisa-tion du pâli *cetiya* qui désigne un sanctuaire) à ce genre d'édifi-ce. Les Birmans distinguent quatre types de zédis classés en fonc-tion de ce qu'ils renferment : le *dhâtu-zedi* contient des reliques humaines du Bouddha, ou d'un saint bouddhiste (*arahat*) ; le *paribhoga-zedi* contient des objets (comme le bol à aumône) ou des vêtements ayant appartenu en principe au Bouddha, à un de ses disciples ou à des saints ; l'*udissaka-zedi* contient des statues du Bouddha, et enfin le *Dhamma-zedi* contient des livres sacrés, généralement des textes canoniques (parfois gravés sur de longues feuilles d'or massif comme celles retrouvées à Srikshetra). Chaque zédi possède une chambre fermée, ou reliquaire, qui à l'origine se trouvait entre la partie en forme de cloche et l'om-brelle. Quelques zédis de Pagan appartiennent à ce type, comme celui de Chapata, mais la plupart se rattachent à une tradition birmane qui tend à enchâsser ensemble (sans que cela soit néces-sairement au même endroit dans la structure) des reliques, des statuettes du Bouddha en bronze et en métaux précieux, ainsi que des bijoux dans une chambre secrète dissimulée dans la cloche ou dans une chambre souterraine aménagée dans le sou-bassement du monument.

Quoi qu'il en soit, on ne peut pas pénétrer dans un zédi alors que cela est possible dans un temple où la statue principale du Bouddha contient des bijoux enchâssés par les donateurs origi-nels. **La recherche de ces bijoux par les pilleurs de monuments, autant que la recherche des objets d'art religieux contenus dans le reliquaire, explique l'éventration des statues aux**

niveaux de l'abdomen et de la tête, et le percement de la plupart des zédis anciens au niveau de la cloche. Loin de protéger les monuments, l'actuelle campagne de restauration, qui commence par des fouilles sans contrôle dont les trouvailles n'aboutissent que très exceptionnellement dans les réserves du Musée national, a relancé les pillages.

UNE CONCENTRATION DE MONUMENTS

La quantité de monuments visibles sur le site est impressionnante, ce qui a conduit à quelques exagérations. On a cité plusieurs millions de pagodes, parfois des centaines de milliers, mais le chiffre le plus couramment repris est de cinq mille monuments. Selon la tradition birmane, une méthode mnémotechnique, établie sous la forme d'un couplet rimé connu de tous, permet à chacun de préciser le nombre des « pagodes » de Pagan : 4446.

Hlê Win Yoe Than
Ta Nyan Nyan
Pagan Paya Paung.

Ce couplet peut librement se traduire par : « Le grincement de l'axe des chars à bœufs passe devant toutes les pagodes de Pagan. » Ce qui ne veut rien dire si l'on ne sait pas que le chiffre est contenu dans les quatre mots de la première ligne. La première lettre de chaque mot correspond à un jour de la semaine auquel est attaché une lettre de l'alphabet birman. Les deux derniers vers servent uniquement pour la rime et la chute musicale.

L'inventaire scientifique des monuments recense 2 900 structures. Même en tenant compte des monuments qui ont pu être emportés par l'Irrawaddy, on reste loin des chiffres fabuleux proposés dans le passé. Les monuments **se présentent sous deux formes : les structures solides (les zédis en forme de cloche) et les structures creuses (les temples).** Il n'existe pas deux monuments identiques. Chaque pagode est unique en son genre. La seule exception à cette règle se présente lorsqu'un donateur a construit trois ou quatre pagodes similaires sur le même site. **Il existe deux genres de monuments : les bâtiments civils et les édifices religieux, ces derniers étant subdivisés eux-mêmes en trois types.**

Les édifices religieux comprennent les zédis, les temples et les monastères.

Le zédi en forme de cloche est la plus connue des structures. Elle se présente sous la forme d'une masse solide, construite au niveau du sol ou sur une série de terrasses étagées, couronnée par une ombrelle également étagée. 524 monuments sont classés dans cette catégorie.

Le temple surmonté de terrasses étagées est une structure creuse que l'on appelle « temple-grotte » (« ku » ou « gou »), construite pour abriter une ou plusieurs représentations du Bouddha, sur un plan carré ou rectangulaire avec parfois des porches en saillie et des vestibules ou antichambres. Une série de toits étagés s'élève au-dessus du sanctuaire couronné par un *sikhara* ou un zédi, souvent les deux à la fois. 911 temples ont été recensés dans cette catégorie.

Le monastère de briques est la structure la moins connue des **monuments de Pagan, alors que 415 édifices sont classés dans cette catégorie.** Certains de ces monastères sont entièrement construits en briques alors que d'autres sont excavés dans les épaisses couches de grès qui abondent sur le site.

TYPOLOGIE DES MONUMENTS

À partir de ces modèles de base, on a construit des pagodes, des temples et des monastères de formes variées en introduisant des motifs décoratifs et des types architecturaux différents. On peut ainsi classer les différents monuments de la manière suivante :

Les structures pleines
* Le zédi de type pyu dont le dôme est fait d'après un reliquaire : Bupéya.
* Le zédi dont le dôme a la forme d'un tumulus : Lôkhananda, Shwézigon, Shwésandô, Mingalazédi, Myazédi.
* Le zédi de type cinghalais : Chapata, Pébingyaung, Nga Kywénadaung.

Les structures creuses
* Le temple basé sur le modèle de l'Inde du Nord : Ananda.
* Le temple du type de l'Inde centrale : Mahabodhi.
* Le temple à deux, trois ou quatre étages basé sur le modèle des

temples du sud de l'Inde : Gôdôpalin, Sulamani, Dhammayangyi, Thatbyinnyou.

* Le temple-souterrain inspiré des modèles indiens : Kyaukkou Umin, Kyanzittha Umin, Thamiwhet Umin, Hmyathat Umin.

LES MONASTÈRES ET LEURS ANNEXES

* Le monastère de briques à structure simple.
* Le grand monastère de briques.
* La salle d'ordination : Upali Thein.
* La bibliothèque : Pitaka Taik de Pagan, et Petleik de Thiripyitséya.
Les bâtiments civils sont les moins référencés des monuments de la zone archéologique. Il s'agit principalement de ceux qui concernent l'architecture militaire, notamment le complexe défensif des murailles, des portes d'accès, des douves et des structures qui pourraient marquer l'emplacement du port militaire de la capitale, ainsi que d'autres structures qui, dans les zones portuaires (Myinkaba et Thiripyitséya) pourraient être des quais destinés à l'accostage de certains bateaux. Il s'y ajoute également les trous marquant l'em-

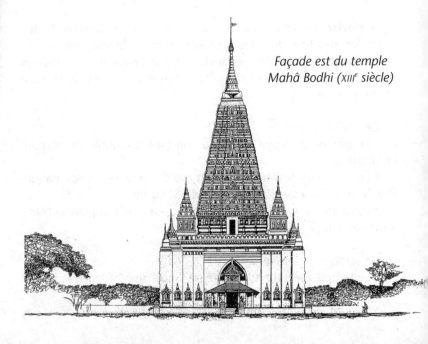

*Façade est du temple
Mahâ Bodhi (XIIIe siècle)*

placement d'anciens pilotis qui auraient pu soutenir une partie du palais royal ; de larges puits en briques pour l'approvisionnement en eau des habitants ; et des fours de petite taille en parements de briques retrouvés dans les anciennes zones d'habitation entre le village de Myinkaba et Pagan-le-Neuf. Ces fours étaient destinés à la cuisson de plaques de céramiques émaillées (céladon) et surtout de perles de verre coloré.

LES ORIGINES DE L'ART BIRMAN

L'influence pyu : Tous les arts birmans ont des origines indiennes et peuvent être retracés jusqu'à la période pyu (Ier-IXe s. apr. J.C.). Les grands centres de cette civilisation, qui s'est épanouie en Birmanie centrale, étaient Beikthano (la ville de Vishnou), Halin et Srikshetra, mais les photographies aériennes ont permis de repérer une quarantaine d'autres sites de villes anciennes, comme Maingmô (sud de Kyauksè), sur lesquelles on ne sait quasiment rien car, en dehors de quelques sondages, aucune fouille archéologique sérieuse n'a pu y être entreprise. **Quand de véritables campagnes de fouilles supportées par une coopération internationale seront étendues à l'échelle du territoire de l'Union de Birmanie, il faudra réécrire une partie de l'histoire de l'Asie du Sud-Est.**

Cultivateurs de riz, millets, coton et canne à sucre, les Pyu étaient aussi experts en architecture civile et religieuse (construction de villes protégées de remparts et de douves, temples et pagodes), en poterie (jarres), en sculpture sur pierre (stèles, urnes funéraires, statues hindoues et bouddhiques, génies divers), dans le travail des métaux (notamment le bronze et l'orfèvrerie de l'or et de l'argent), les décorations en stuc, la broderie et le tissage. Ils étaient également versés dans les arts du spectacle avec des acteurs, acrobates, chorégraphes, danseurs, musiciens et compositeurs.

La plus ancienne référence littéraire concernant les arts birmans nous est fournie par les annales chinoises. En 802, sous la dynastie des Tang, un royaume pyu, que l'on suppose être Srikshetra, a envoyé un groupe de trente-cinq danseurs à la cour de l'empereur de Chine. Mais il s'agissait peut-être d'une ambassade tributaire analogue à celles que de nombreuses cours du Sud-Est asiatique envoyaient alors en Chine pour s'attirer ses bonnes grâces. Quoi qu'il en soit, cette ambassade offrit

LES PAGANAIS

241

une performance exotique qui fit une très bonne impression à l'empereur qui aimait les arts. Au point que le poète de la cour impériale écrivit des poèmes en l'honneur de cette visite. Coiffés de chapeaux brodés de perles, les artistes, accompagnés par leur orchestre, donnèrent un spectacle dansé composé de diverses figures inspirées des Jatakas. Une tablette votive de la même époque, découverte à Hmôza (Srikshetra), montre trois danseurs pyu. Mais la première source historique visuelle de la chorégraphie des Pyu est datée du Xe siècle. Elle s'appuie sur une série de cinq statuettes en bronze retrouvées à Srikshetra. Ces bronzes montrent quatre danseurs et un musicien en représentation.

L'influence môn domine dans les structures à un seul étage qui se distinguent par leurs corridors sombres, faiblement éclairés par des fenêtres perforées, et par leurs peintures murales soulignées par des inscriptions en môn : les Pahtothamya, Alodôpyi, Nagayon, Abéyadana, Kubyaukkyi de Myinkaba, et Nanpéya correspondent à ce style.

L'infuence indienne : Au moment où le bouddhisme disparaît de l'Inde sous les coups de l'islam, huit moines indiens arrivent à Pagan où le roi les accueille chaleureusement. Ils lui décrivent avec force détails les merveilles du temple-caverne des collines d'Udayagiri dans l'Orissa. Impressionné, le roi décide de construire un temple semblable et, pour cela, fait appel à des architectes, des artisans et des artistes indiens. Ceci explique tous les caractères indiens de ce temple. Le bloc central est composé de quatre grands Bouddha debout qui représentent les quatre derniers Bouddha dont Gautama, celui de notre cycle de temps, qui témoignent de traits physiques indiens. Le corridor intérieur est orné de quatre-vingts niches dans lesquelles se trouvent des statues en grès représentant les scènes des principaux épisodes de la vie de Gautama. À l'extérieur, des centaines de plaques de céramique émaillées de couleur verte illustrent les 547 récits légendaires des vies antérieures de Gautama et l'armée des guerriers de Mara. Les inscriptions permettant l'identification des plaques sont en môn.

Pendant les trente-sept ans de règne de Narapatisithou, le birman supplante définitivement le môn dans les inscriptions, et la culture birmane s'individualise de plus en plus. Ceci se marque notamment en architecture où les sombres corridors môn font place à des porches, des portes et des fenêtres largement ouverts sur le monde extérieur. Narapatisithou construit de nombreux temples et zédis à Pagan (Gôdôpalin, Sulamani en 1183) et aux quatre coins de l'empire : Singou Mokshobo-Shwébo, Myédu, Sagaing, Indein au bord du lac Inlè, Shwemôdô de Bassein, qui est alors le grand port de mer du royaume, Zétawin de Mergui etc.). Ces monuments sont plus des marques de la domination birmane sur ces territoires que des signes de la présence du bouddhisme.

Les caractères birmans dominent dans les grands temples élevés et de taille imposante tels que : Shwégugyi, Thatbyinnyou, Sulamani, Htilominlo et Gôdôpalin, qui sont éclairés et bien aérés à l'intérieur. Ces grands temples sont justement ceux qui sont encore bien entretenus et où la ferveur religieuse reste vivante, sans doute parce qu'ils continuent à refléter pleinement le souvenir de l'héritage culturel paganais et les aspirations des bouddhistes fervents.

Les caractères mixtes sont aisément décelables dans l'Ananda, qui est souvent perçu comme le joyau de l'art birman, et le Dhammayangyi. Les architectes de la période de Pagan, qui ont tra-

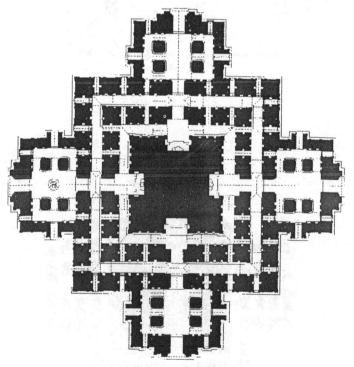

Plan du temple Ananda

LES PAGANAIS

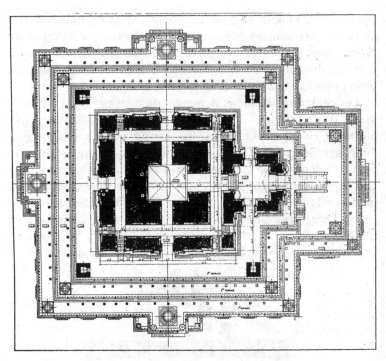

Plan du temple Thatbyinnyou

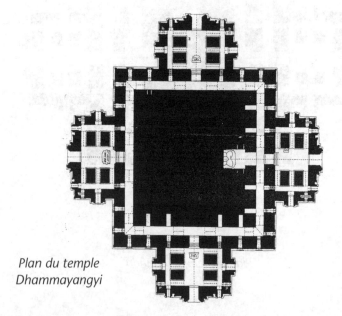

Plan du temple Dhammayangyi

vaillé sur toutes les variations possibles du temple et du zédi, ont également réussi à combiner harmonieusement les deux, auxquels ils ont ajouté un élément spécifiquement indien, le *sikhara*, qui coiffe de nombreux temples. Mais **on trouve aussi des temples surmontés de plusieurs terrasses étagées, puis d'un *sikhara* et coiffés d'un zédi terminal.** Les subtilités architecturales du site sont visibles depuis la petite terrasse des cinq zédis de Min O Chantha, près du temple Ananda.

LES DÉDICACES DE DONATION

Les constructeurs-donateurs des monuments de Pagan ont tous érigé des stèles (*kyauksa*) sur lesquelles sont incrites des dédicaces destinées à glorifier leurs œuvres méritoires. Elles permettent de dater parfois avec une grande précision la plupart des établissements. Ces *kyauksa* étaient placées à l'entrée des temples, pagodes et monastères. La première partie de l'inscription mentionne la date de la construction et le nom du donateur. Elle se poursuit en précisant l'intention qu'avait le constructeur en réalisant cet acte méritoire, par exemple atteindre le *Neikban* (Nirvana), ou devenir lui-même un Bouddha. Venait ensuite la liste des donations : terres cultivables, réservoirs, vergers d'arbres fruitiers (manguiers, aréquiers, tamariniers, palmiers à sucre, etc.), dont les revenus devaient être consacrés à la maintenance du monument. Il s'y ajoutait le nombre et le sexe des esclaves (parfois avec une liste nominative, ce qui nous renseigne sur leur origine) ou le nom des villages d'esclaves qui étaient consacrés à l'établissement, sans vivre nécessairement sur les lieux. Leur fonction était également précisée : producteurs (certains villages cultivaient des rizières dans la région de Kyauksé, au sud de Mandalay) ou personnel de service chargé de l'entretien du monument, afin que celui-ci puisse durer pendant les 5 000 ans au cours desquels l'enseignement du Bouddha serait dispensé. La stèle indique aussi le coût de la construction, en fournissant souvent une liste très détaillée des postes de dépense. Elle se termine par une prière (« Que ceux qui prennent soin de mon œuvre méritoire reçoivent une part de mérite égale à la mienne ») et une malédiction (« Que ceux qui détruisent mon œuvre méritoire soient jetés dans l'enfer d'Awizi »).

Les temples et pagodes de grande taille, généralement construits par les rois, possédaient une double enceinte. Les structures de taille

LES PAGANAIS

moyenne sont l'œuvre des membres fortunés de la famille royale, des ministres, riches marchands, généraux et commandants. Les gens du commun se satisfaisaient des petits monuments.

LES FLEURS DE L'ART TRADITIONNEL

Les fleurs (*pan*) de l'art birman contemporain sont héritées des arts qui se sont épanouis dans la capitale médiévale de l'empire de Pagan entre les Xe et XIIIe siècles Elles figurent dans la liste des beaux-arts traditionnels communément nommés « les dix fleurs de l'art birman ». Cette liste comprend : *pan-be* (la forge) ; *pan-thein* (l'orfèvrerie) ; *pan-pu* (la sculpture sur bois) ; *pan-chi* (la peinture des images) ; *pan-yin* (l'art de fabriquer des objets en laque) ; *pan-put* (la poterie ou l'art de fabriquer des objets avec un tour) ; *pan-tô* (l'art de faire des festons en ciment ou en stuc) ; *pan-tamô* (la sculpture sur pierre) ; *pan-yan* (la maçonnerie) et *pan-ti* (l'art des bronziers).

En 1733, U Kala, l'auteur de la *Chronique du palais des miroirs*, qui raconte l'histoire légendaire des rois de Birmanie, mentionne deux

*Les chinthés de Pagan
(léogryphes gardiens des temples et monastères)*

arts supplémentaires : *pan-thay* ou *pan-ywe* (polissage des pierres précieuses) et *pan tayâ*. Au cours de la période Konbaung (1752-1885), d'autres formes spécifiques d'artisanat, qui existaient déjà pendant la période médiévale sous des formes plus ou moins rudimentaires, sont venues compléter ces fleurs de l'art : *hman-si-shwé-cha* (vernissage et dorure) ; *shwé-myet-pâ* ou *shwé-saing* (fabrication des feuilles d'or) ; *sint-yi-thot* (la poterie émaillée) ; *phan-chet* (la verrerie) ; *daung-shwé* (la vannerie) et *shwé-chi-htô* (broderie et passementerie), que l'on traduit communément comme « l'art de la broderie au fil d'or ».

LE KANOUT

Les motifs floraux sont omniprésents dans l'art de Pagan : sculptures sur bois et sur pierre, poteries façonnées et décorées au maillet (on en produit encore dans le village de Ngathayauk, à une dizaine de kilomètres au nord-est de Nyaung-Ou), **frises des peintures murales, guirlandes stuquées autour des porches des temples.** Parmi ces motifs **le lotus occupe une place primordiale dans l'iconographie religieuse** comme dans la littérature birmane. Symbole de la puissance végétale et du pouvoir vital de l'élément liquide dans lequel il croît, il représente aussi l'image de la fécondité de la terre. Le lotus est également le symbole de la pureté associée au trois mondes : terre, eau et air. **Le thème de la liane ondulante s'identifie aussi à celui des lotus dont les tiges, depuis la boue où elles prennent naissance, s'allongent sous l'eau pour faire éclore leurs feuilles et fleurs quand elles atteignent la surface.** La cosmologie bouddhique mentionne trois types de lotus : les lotus rouges (*paduma*), les lotus blancs (*kalbâra*) et les lotus bleus (*uppala*) Les premières représentations du lotus dans l'art bouddhique, que l'on trouve sur les sites de Bharhut et Sanchi, remontent à l'époque d'Asoka. L'art de Pagan, naturellement influencé par l'art indien et la croyance bouddhique, a largement emprunté parmi les symboles des autres religions indiennes pour ses propres besoins iconographiques. Ainsi **le lotus, devenu symbole de la nativité du Bouddha historique, Gautama Sakyamuni, apparaît déjà sous les pieds de l'enfant futur-Bouddha quand il effectue ses sept premiers pas aussitôt après sa naissance.**

Les historiens de l'art désignent toutes les représentations de décorations florales et végétales sous le nom de *kanout* (en réalité ce terme, qui n'existait pas encore pendant l'Age d'Or, n'apparaîtra qu'au début du XIXe siècle). En fait **les motifs entrelacés du *kanout* constituent une seule et même ornementation : celle du lotus sous toutes ses formes.** Il peut être à la fois bourgeon, fruit, fleur, anthère, pétale, feuille, bouton, tige et racine, et varier des motifs simples aux compositions plus complexes, telles que plantes grimpantes, rinceaux, algues, spirales, vagues, fleurs pendantes et lotus renversés. D'autres représentations, combinées avec des figures telles que les *makara*, *kirtimukha* (ogres mangeurs de guirlandes de fleurs), *nâga*, *kinnara* ou *kinnari*, *hamsa*, lions, singes, éléphants ou démons ornés d'éléments floraux sur le visage et le corps sont parfois, par extension considérées comme des *kanout*.

    Les *kanout* de Pagan s'inspirent de motifs indiens de l'art Pâla-Sena (XIe-XIIIe siècles), qui est contemporain de l'Age d'Or. Au XIe siècle, tous les temples paganais sont décorés de divers motifs végétaux ou floraux dérivés ou inspirés du lotus. Au début de la période les feuillages sont peu nombreux mais, amples de forme, ils se terminent parfois en nuages. Au XIIIe siècle, les feuillages deviennent plus fins, revêtent des formes allongées et sont traités en détail. Bourgeons et pétales de lotus, hérités des traditions iconographiques de l'art Pâla-Sena, se rencontrent abondamment. **Le**

Les motifs floraux sculptés dans le grès de Kyaukkou-Umin

kanout atteint son apogée pendant cette période, au cours de laquelle les artistes paganais ont su créer une combinaison de motifs réels et d'éléments imaginaires en y intégrant des animaux mythiques couverts de multiples ornementations et moins de motifs floraux. Plus tard les *kanout* d'Ava et Amarapura reflèteront un art purement birman (évolution vers un plus grand réalisme, feuillages et fleurs sont dessinés d'une manière plus naturelle) qui s'éloignera du style de Pagan. La forme du décor est simplifiée et les motifs floraux restent limités à quelques variations. Pendant la période Mandalay l'art du *kanout,* influencé par les styles thaï et khmer, connaîtra un nouvel essor.

Un art méconnu : broderie et passementerie

Cet artisanat traditionnel, qui s'est développé seulement pendant la période coloniale, existait déjà avant la création du royaume de Pagan. Nommé *gon-tan*, mot dérivé du pâli, il désignait en fait « l'ornementation des costumes par la couture et l'incrustation » et non pas « la broderie ». Tisserands, orfèvres et passementiers œuvraient de concert pour réaliser les costumes de cour que l'on peut voir sur les peintures murales de la période. Les uns tissaient la soie et le coton qui servaient de base aux costumes, les autres fournissaient les fils d'or et d'argent, tandis que les ancêtres des passementiers les constellaient d'innombrables petites sphères d'or et d'argent, de perles, rubis et spinelles taillés. **Ces vêtements étaient cousus selon des normes très précises qui détaillaient les insignes que devaient obligatoirement porter les fonctionnaires de la cour.** Des lois somptuaires, enregistrées d'abord dans des livres en feuilles de palmes de latanier (*Corypha umbraculifera*), et plus tard dans des *parabeik* (manuscrits en feuilles de papier shan pliées en accordéon), lorsque cet art a peu à peu gagné ses lettres de noblesse sous la dynastie Konbaung du troisième empire birman, interdisaient aux gens du commun de porter ce genre de costumes.

L'art de la broderie au fil d'or pourrait avoir émergé en Birmanie il y a douze cents ans. Vers 755, le roi Kolofêng, d'un royaume lolo centré sur le Yunnan, s'allie avec les Tibétains pour résister à la pression choinoise. Les communications entre les deux alliés passent alors par le nord de la Birmanie qui était divisée en plusieurs principautés pyu. En 794, Imouhoün, le petit-fils de Kolofêng, rompt avec les Tibétains et envoie à la cour chinoise une troupe de musiciens locaux, parmi lesquels des Pyu qui sont très bien accueillis. En 802, les annales chinoises signalent que Yung-chieng, le mahâraja pyu, a lui aussi envoyé une ambassade à la cour chinoise, via le royaume lolo du Yunnan. Cette ambassade, dirigé par Sunandana, désigné comme gouverneur de la cité de « Sri » (Srikshetra, Pagan ou Halin), était accompagnée par 35 musiciens parmi lesquels certains portaient des vêtements môn, ce qui s'explique par le fait que les Môn étaient devenus les vassaux des Pyu. Les *Histoires ancienne et nouvelle des Tang*, compilées en 1060, fournissent une description détaillée de la capitale de ce royaume pyu du IXᵉ siècle : « Il y a plus d'une centaine de monastères bouddhiques avec des cours et des salles entièrement dorées et argentées, recouvertes de vermillon et de couleurs étincelantes, barbouillées de kino et couvertes de tapis brodés… Les Pyu portent des chapeaux brodés de fleurs dorées et des bonnets en plumes de martins-pêcheurs ornés de rangées de bijoux variés… Les femmes mariées portent leurs cheveux enroulés en chignon sur la tête et décorés avec de l'argent et des colliers de perles… Les musiciens portent des couvre-chefs dorés et des boucles d'oreilles… Ils portent tous des bonnets incrustés de bijoux. » Ce texte a conduit les historiens à penser que la broderie au fil d'or était déjà en usage en Birmanie au début du IXᵉ siècle. Mais aucun exemple de ces broderies pyu n'a encore été découvert.

Certaines peintures murales réalisées pendant la période de Pagan révèlent que broderie et passementerie étaient utilisées dans la capitale du premier empire. Ainsi les scènes de la Nativité du Bouddha, peintes sur les murs des sanctuaires des temples Ananada de Pagan et Ananda-Ku de Minnanthou (1258), montrent des personnages portant des pagnes brodés et de hauts diadèmes décorés de pierres précieuses Il en est de même sur les murs du temple Kubyaukkyi de Myinkaba, où une peinture, figurant le Bouddha revenant du paradis de Tawateindha, montre des nats et des brahmas dont les costumes sont décorés de fleurs festonnées. Pendant cette période, diverses inscriptions relevées sur les stèles (*kyauksa*) tendent à prouver que la fabrication des feuilles et des fils d'or, qui sont en relation avec l'art de la broderie, était courante dans la cité impériale. La stèle quadriface du ministre Anantasûra (1223) mentionne « **un costume sur lequel sont tracés des soleils en fils d'or** ». Ces documents sont corroborés par les fouilles sauvages effectuées au début des années quatre-vingt par les villageois dans les couches archéologiques de la période de Pagan, sur les sites où vivaient les habitants de la cité. On a ainsi découvert de nombreux bijoux ainsi que des pierres précieuses (rubis, saphir) et semi-précieuses (grenat rouge, jade) en cabochons et taillées. Ces pierres étant percées, on peut penser qu'elles étaient portées en collier ou cousues sur des vêtements brodés, comme le montrent les peintures murales.

À la fin du XIIIe siècle et au début du XIVe, quand les Thai-Shan règnent sur la Birmanie centrale depuis leur capitale de Pinya (1312-1364), un poème intitulé « Tassa » précise que « le costume et la ceinture du roi sont décorés avec de l'or ». Aux XVe et XVIe siècles, la période d'Ava connaît un grand développement de la littérature. De nombreux textes font alors référence à la broderie au fil d'or. Parmi ces derniers, on peut citer un poème intitulé *Wingaba* (« Labyrinthe »), écrit sur feuilles de palmes par un moine, Ashin Mahâ Ratta Tharra (1468-1518). Ce texte mentionne des ornementations en or sur les boucles d'oreilles, les vestes et les *hta-mein* (long pagne enveloppant porté par les femmes). À cette époque les fils d'or était entièrement tissés et non pas couchés et cousus sur une étoffe. Pendant la première période d'Ava (1368-1559), qui succède à l'âge d'or de Pagan, les vêtements brodés étaient toujours à la mode.

LES ARTS DU SPECTACLE

Ils trouvent leur origine dans le bouddhisme theravâda, et tenaient une grande place dans la vie des Paganais. Dès le règne d'Anôratha (1044-1077), fondateur du premier empire, il existait à Pagan des établissements spécialisés, appelés *Gamawati Pwe-Kyaung*, où des étudiants pouvaient apprendre les arts de la scène. Ces centres étaient dirigés par des moines. Les étudiants y recevaient une instruction religieuse, mais l'essentiel des études portait sur une variété de sujets séculaires parmi lesquels le chant, la danse et la musique tenaient une place prééminente. Les spectacles, auxquels participaient musiciens, danseurs et chanteurs, toujours liés aux rituels et processions religieux, étaient en fait des offrandes destinées au roi, au Bouddha et à diverses divinités. Les cérémonies publiques étaient particulièrement appréciées des Paganais, membres de la cour, laïcs et moines confondus. Vers 1192, l'un d'eux, le vénérable Rahula, est même resté célèbre pour l'intérêt qu'il portait aux arts de la scène. Rahula était un moine cinghalais, compagnon du vénérable môn Chapata, auquel la tradition attribue la fondation du zédi qui porte son nom. Après avoir passé dix ans à Sri Lanka pour étudier les textes canoniques du bouddhisme theravâda, Chapata était rentré à Pagan avec quatre de ses disciples, parmi lesquels le fils du roi du Cambodge et Rahula, pour y fonder une secte de tradition cinghalaise. Les saints moines furent un jour invités au palais par Narapatisithou qui organisa un spectacle de danse en leur honneur. Rahula fut si impressionné par la performance de l'une des danseuses qu'il en tomba amoureux. Ne pouvant cacher ses sentiments, il fut obligé de se défroquer. Chassé de son monastère par ses compagnons, il réussit à emmener sa danseuse avec lui et s'exila à Sumatra où il devint l'ami du roi malais.

Les peintures murales de certains temples, qui illustrent les processions auxquelles participent de nombreux danseurs, musiciens et orchestres, font écho à cet engouement de la société paganaise pour les arts du spectacle. Les parois du temple Nagayon de Kyanzittha montrent trois séries de peintures de ce type. Les positions des danseurs sont très vivantes, et l'on peut voir que même les musiciens (souffleurs de conques, tambourinaires, cymbalistes), dont les expressions faciales révèlent la jovialité, participent joyeusement à la procession. Dans le temple Kubyaukkyi de Wet-Kyi (XIIIᵉ s.), les peintres de Pagan ont représenté des divinités dansantes. Par contre, dans le Kubyaukkyi de Myinkaba (1113), ce sont les artistes laïcs et barbus (flûtiste, tambourinaire et joueur de cymbales, qui accompagnent une danseuse) animant les processions de l'âge d'or qui sont montrés. **L'ensemble de ces représentations dégage une indéniable joie de vivre qui contraste avec le caractère austère de la religion enseignée aux fidèles.**

Au XIVᵉ siècle, la danse, à l'origine pacifique, prit des allures plus martiales. Les danseurs se mirent à évoluer avec des armes, notamment pendant la « danse du bouclier » (*Kâ-ah-Ka*) au cours de laquelle les artistes, évoluant au son de gongs et de cymbales, présentaient une série de figures défensives. À cette époque la cité impériale était déjà sous le contrôle des Shan qui dominaient toute la plaine centrale. Ce type de danse, qui résultait des figures utilisées pendant l'entraînement des guerriers au maniement du sabre court, était pratiqué à Pagan. Le roi Thihathou (1312-1324) est connu pour avoir été lui-même un excellent danseur interprète de ce type de performances. Au point que ses soldats, qui participaient aux spectacles donnés devant la cour, avaient les bras tatoués avec les positions royales les plus connues. Son fils, Ngaseshim (1343-1350), devint lui aussi un danseur expérimenté. Il est connu pour avoir écrit des *Kar-Chin* (chansons bouclier) qui ont survécu jusqu'à nos jours. Au milieu du XIVᵉ siècle, après la chute de Pagan, on peut dire que l'armée de paysans-soldats des conquérants du premier empire avait laissé la place à une véritable armée d'opérette.

Les arts du spectacle, qui sont en fait des arts sponsorisés par les puissants du moment, n'ont pas disparu avec la perte par Pagan de son statut de capitale. La création artistique s'est poursuivie dans les nouveaux royaumes, notamment à Toungou (où se développait un nouvel empire birman) et en Ava (Inwa), créée par les Shan en 1364. C'est dans cette capitale que les arts dramatiques poursuivront une nouvelle évolution (cf. Les gestes d'origine indienne dans l'art de Pagan, p. 232).

LA LITTÉRATURE

Nous ne connaissons la littérature de l'Age d'or que par l'intermédiaire des stèles qui nous sont parvenues. L'essentiel des texte littéraires de l'époque, étaient rédigés sur des manuscrits en feuilles de palmes. Dans la mesure où la population n'avait pas accès à l'éducation, la connaissance de l'écriture était l'apanage des moines érudits ou des scribes laïcs, eux-mêmes anciens moines qui avaient été formés dans les monastères bouddhiques. La poésie semble avoir rencontré un certain succès chez les paganais : un poème du moine Paung Laung Mahâ Kassapa en atteste. Rédigé en pâli et daté de 1201, il conclut un texte religieux avec 14 stances qui glorifient la prospérité de Pagan. (cf. Les peuples de l'empire, chap. III). Les inscriptions des stèles constituent le seul corpus de la littérature paganaise qui nous soit connu. Les plus anciennes sont en pâli et en môn (stèle du palais royal de Kyanzittha). Le premier texte littéraire en langue birmane est celui de la donation du prince Rajâkumâ (1112-1113). Les récits figurant sur les stèles nous fournissent de nombreux exemples de la littérature paganaise (cf. Les peuples de l'empire, chap.III ; encadrés : donation d'Anantasûra, chap. IV ; les vœux d'une reine de Pagan, chap.VI).

Le Boddhisatta et ses deux femmes

Une Kinnari

VIII

LA VIE QUOTIDIENNE

La vie quotidienne de la société paganaise semble avoir été particulièrement austère. Le poids de la religion, et le contrôle que les moines exerçaient sur la population des fidèles, ne donnaient guère l'occasion aux paganais de s'amuser. Toutes les fêtes et réjouissances étaient pris en charge par les religieux qui organisaient eux-mêmes des divertissements, entretenaient des troupes de chanteurs et musiciens, et assuraient leur formation. Les festins, danses, musique et représentations théâtrales organisés dans les monastères permettaient cependant aux ruraux de connaître des plaisirs analogues à ceux des gens de la cour. (cf. le personnel monastique, chap. VI)

LES FEMMES À PAGAN

Tout indique que **les femmes de la société paganaise étaient de ferventes dévotes bénéficiant d'un statut honorable, qu'elles pouvaient travailler et n'étaient pas considérées comme inférieures aux hommes**. Il existait aussi des religieuses (*bhikkhûnî*) libres et d'autres esclaves qui vivaient dans les monastères. Environ 25 % des femmes-esclaves savaient lire et écrire. **Les innombrables stèles mentionnant des donations de terres et d'esclaves effectuées par des femmes montrent clairement qu'elles pouvaient disposer librement de leurs biens**. Certaines, comme Uin Mwan San, n'hésitaient pas à intenter des procès contre des monastères pour récupérer des terres qu'elles estimaient leur appartenir. Sommée de soulever de saintes reliques en invoquant le nom du Bouddha pour prouver sa bonne foi devant deux juges royaux, cette dernière refusa de le faire et perdit son procès. Seule la peur de sombrer dans l'enfer *Awizi* avait pu la faire reculer dans son entreprise. D'autres pouvaient être invitées à participer, comme Im Ma (cf. Les plaisirs et les

255

fêtes, chap. VIII) aux festins-beuveries qui réunissaient périodiquement nombre de Paganais à l'occasion de la conclusion de transactions concernant les terres. Il existait des femmes juges, ce qui prouve que certaines d'entre elles recevaient une éducation poussée. Les femmes de la cour recevaient, comme les hommes, une bonne éducation où l'étude du calcul figurait en bonne place. En 1248, la fille du futur roi Uzanâ prouve, dans l'inscription de la stèle érigée devant le complexe religieux qu'elle avait fait construire à Minnanthu, qu'elle savait parfaitement tenir ses comptes.

En 1260, une inscription mentionne une jeune reine qui avait reçu une charge de fonctionnaire pour s'occuper des faubourgs de la cité. Les reines de la famille royale exerçaient leur influence sur le roi, les princes, les ministres, et n'hésitaient pas à comploter pour placer leurs préférés sur le trône. Pendant les audiences, certaines femmes demandaient des faveurs au roi pour les membres de leur famille. Ainsi la femme du prince Singhapikram obtint le pardon pour son mari qui s'était rebellé contre Kyaswa. Mais la décision fut assortie de la confiscation de toutes les terres de l'ancien rebelle. En

Les femmes de Pagan (Danseuses du temple des Cinq Pagodes)

*Différents types de coiffures féminines à Pagan
(d'après les peintures murales)*

1243, une concubine consacre ses esclaves à une pagode, mais, après réflexion, elle se rend compte qu'une de ces esclaves lui manque. Elle consacre alors 100 *tical* d'argent pur à la pagode pour la récupérer et la libérer. Cette somme représente le triple du prix standard d'une esclave (20 à 35 *tical* à la fin du XIIIᵉ s.), mais elle montre qu'un lien puissant unissait les deux femmes. Il est évident que toutes les esclaves ne bénéficiaient pas d'un tel traitement de faveur. Les veuves d'esclaves s'enfuyaient parfois, et une inscription mentionne la fuite d'une mère avec ses trois enfants.

Coût de construction d'un établissement religieux près de Pagan en 1248

Construction du temple

- Total d'argent	1747 *tical* et 3 pay
- Total du *Khwak*	74 *viss*
- Total des pagnes	113 pièces
- Total de l'or pour le pinacle du temple	23 *tical*
- Total du mercure	92 *tical*
- Total du paddy	1867,5 paniers
- Total des noix d'arec	2 *kadun* + 1160 (?)
- Total du poivre noir	7/32ᵉ (*viss* ?)
- Total du sel	7,5 (*viss* ?)

Copie des Pitaka

- Total d'argent	2037 (*tical*)
- Total du paddy	504 9/16 (paniers)
- Total du sel	110 (*viss*)
- Total du poivre noir	23/32 (*viss*)
- Total des noix d'arec	10 *kadun* + 4870

Réparation du vieux monastère avec des frontons flamboyants

- Total d'argent	758 1/4 *tical* et 4 lum
- Total de *khwak*	8 *viss*
- Total de pagnes	68
- Total de paddy	504 paniers
- Total des noix d'arec	2200

Construction de la bibliothèque

- Total d'argent..215 *tical*

Construction du grand monastère de briques avec une terrasse

- Total de *khwak*..306 *viss*
- Total d'argent...392 3/4 (*tical*)
- Total de pagnes...45 pièces

Construction d'un mur d'enceinte

- Total d'argent...432 3/4 (*tical*)
- Total de *khwak*..20 *viss*
- Total de *khwak* pour la location des charrettes............53 *viss*
- Total de pagnes...12 pièces
- Total du paddy...182 paniers

Construction de la pagode Soulâmani

- Total d'argent...44 1/2 (*tical*)
- Total d'or...3 *lum khra*
- Total de *khwak*..13 *viss*
- Total de cuivre..30 *viss*

Construction du monastère de briques Tanmhwan

- Total d'argent..215 *tical*
- Total de *khwak*..9 *viss*

Source : Than Tun, History of Buddhism in Burma

LES PAGANAIS

L'ALIMENTATION

En dehors des gens de la cour et des familles fortunées, et contrairement à une légende répandue, les Paganais ne mangeaient pas de riz. Cette céréale ne pousse pas dans la région de

Pagan où la culture traditionnelle est le millet (*pyaung*). Les zones rizicoles étant éloignées de la cité d'au moins 100 km, il fallait acheminer la production vers le marché paganais par bateaux, radeaux ou charrois. Par suite, le prix du riz (1/4 de kyat pour un *tin* ou panier de 21 kg), qui est resté le même pendant tout l'âge d'or, était sans doute trop élevé pour les habitants les plus modestes et les esclaves. Tandis que **le riz était essentiellement consommé par les habitants de la cité royale et les riches marchands, les gens du peuple se contentaient de repas à base de millet. Cette céréale, bien adaptée aux conditions climatiques de la zone sèche, avait en outre l'avantage de posséder des qualités nutritives bien supérieures à celle du riz.** La cuisine se faisait à l'huile de sésame, graminée traditionnelle des sols de savane de la Birmanie centrale. Le sel provenant des salines de Halin ou de la mer pouvait se transporter dans des jarres, par bateaux ou radeaux, et pouvait aisément être distribué à Pagan. Les légumes venaient des berges et des îles de l'Irrawaddy. Les Paganais consommaient toutes les viandes provenant de l'élevage (bovins, ovins, porcins, volailles), de la pêche ou de la chasse (chevreuils, oiseaux). Cette alimentation carnée était accompagnée par les 52 types de fruits (coco, *borassus*, bananes, grenade, citrons, jacques) et légumes (haricots, gourdes, concombres, pastèques) recensés à partir des inscriptions.

Le paddy, qui représentait alors une valeur au même titre que l'or et l'argent, était réservé au paiement des artisans spécialisés. Hommes libres, ces derniers recevaient une rémunération en fonction des travaux effectués. Du fait que le paddy, le sel, le poivre, les noix d'arec et les pagnes sont mentionnés dans la liste des frais encourus, on pourrait penser que les ouvriers-esclaves étaient nourris et habillés par le donateur pendant toute la durée du chantier. Mais **le paddy, riz non décortiqué, n'était pas nécessairement fourni pour la nourriture des ouvriers-esclaves.** Cette céréale, qui ne pousse pas dans la région de Pagan, était alors, comme le sel et le poivre, **une denrée de luxe** que seuls les gens de la cour et les riches pouvaient s'offrir, car il venait de régions éloignées pour l'époque (Kyauksè, Minbou et Shwébo). Il semble difficile d'admettre que les travailleurs-esclaves des chantiers de construction qui animaient la plaine de Pagan aient été nourris avec ce paddy. Les Paganais consommaient le sel en provenance des salines de Halin (qui avaient assuré la prospérité des Pyu pendant des siècles) et des régions côtières. Le poivre venait de plus loin encore grâce au commerce maritime avec l'Inde. Par contre les aréquiers, dont la noix est indispensable à l'élaboration des chiques de bétel, étaient cultivés aux environs de Pagan. Les enquêtes de terrain que nous avons effectuées dans la plaine de Pagan-Minnanthou ont montré que la consommation du riz blanc par la population n'est répandue communément que depuis quelques dizaines d'années. Les villageois de Minnanthou consomment encore des *pyaung* (millets) cultivés sur place, plus nourrissants et énergétiques que le riz dont le coût est toujours élevé pour eux. **Les esclaves étaient plus sûrement nourris avec des millets qu'avec du riz** (cf. Les esclaves, chap. III).

Quand une terre se vendait dans des conditions satisfaisantes, il était de coutume pour l'acheteur d'organiser une grande fête avec de nombreux invités, ce qui lui assurait du même coup la reconnaissance publique de sa nouvelle propriété. Les fonctionnaires chargés de l'enregistrement officiel de la transaction recevaient des présents sous la forme de vêtements et de pièces de tissu. **Le coût fixé pour une terre comprenait toujours « le prix de l'alcool et le prix de la viande ».** C'est pourquoi, quand les deux parties tombaient d'accord, il était prévu qu'elles devaient finir ensemble « le prix de l'alcool et le prix de la viande ». Le coût de ces agapes (nourriture, boissons et cadeaux divers) était dûment inscrit sur des stèles. Religieux et laïcs, invités au festin qui s'ensuivait, se voyaient servir du riz, des currys de viande et de l'alcool de riz ou de palme en quantité.

Les Paganais aimaient faire bombance, peut-être pour échapper à la monotonie d'une austérité quotidienne programmée par la religion. Pendant les festins, on mangeait parfois, en plus du riz, « deux veaux, trois cerfs, et 30 jarres d'alcool », ou encore « un gros bœuf, un gros cochon, et 30 jarres (ou plus) d'alcool ». On consommait également du buffle, de la chèvre, du chevreuil, des volailles et du poisson. Avec le temps, à mesure que se développait l'empire, la prospérité des habitants se traduisait par une augmentation des volumes de nourriture consommés. En 1249, un grand festin se faisait avec un bœuf et 7 jarres d'alcool, mais, cent cinquante ans après la fin de Pagan, les gens fortunés pouvaient toujours communément ripailler avec « 8 bœufs, 5 cochons, 10 chèvres et 30 jarres d'alcool – qui semble avoir été la quantité standard pour garantir le succès de la fête – pour faire passer le tout.

La viande de bœuf, alors la plus populaire, était nommée en fonction de sa tendreté sous la dent. On avait ainsi : bœuf noir, taureau, vache, veau, etc. Le porc venait en seconde position, et là aussi la viande était classée en : cochon de lait, gros cochon, truie, sanglier. La chèvre venait en troisième position, suivie du chevreuil, des volailles et du poisson. Les Paganais mangeaient rarement du buffle, animal qui ne vivait pas dans la région à cause de l'aridité du climat. Utilisés uniquement dans les rizières, les buffles étaient sans doute trop précieux pour être servis communément dans les festins.

Pendant l'âge d'or, la consommation d'alcool de riz et de palme était très répandue. Non seulement chez les laïcs, mais aussi dans la société sacerdotale. Les festins se tenaient partout où les organisateurs pouvaient disposer d'un espace suffisant « pour boire et manger », pavillon temporaire construit pour cette fête au centre d'un village ou d'une forteresse, maison familiale ou monastère. **Il arrivait que des femmes participent à ces festins, comme Im Ma San, invitée à un repas au cours duquel furent absorbés 7 jarres d'alcool, un bœuf et cinq pots de riz.** Les moines appréciaient tellement l'alcool que même leur chef, le *Sangharâja*, qui venait d'apprécier une boisson alcoolisée, déclara, en 1441 : « Cette liqueur est bonne » (cf. Les plaisirs et les fêtes, chap. VIII).

LES PRIX À PAGAN

La référence de tous les prix est le rapport entre le coût du paddy et celui de l'argent. Un panier de paddy valait 0,25 *tical* d'argent. Et ce dernier donne le prix de l'or : un *tical* d'or valait 8 *tical* d'argent. Mais le métal argent était couramment utilisé dans toutes les transactions, et la plupart des prix étaient exprimés en *tical* d'argent. Les paiements se faisaient en petits lingots de métal argent. Pour les transactions de moindre importance, on utilisait aussi le lingot de cuivre : 6 *tical* d'argent permettaient d'acquérir 3 *viss* de cuivre. Le *khwak*, qui intervenait dans la construction de toutes les pagodes, se mesurait en « coupes ». Il s'agirait de demisphères de cuivre moulé qui se négociaient à raison de 3 « coupes » pour 13 *tical*. Mais certains comptes mentionnent à la fois le cuivre et le *khwak* comme deux choses différentes. On peut également penser au bronze, à un alliage quelconque, ou à une colle, réalisée à partir de la macération de peaux de buffles, qu'on utilisait traditionnellement comme liant dans la préparation des mortiers et du stuc. Le mercure se vendait sur la base de 1 *tical* d'argent pour 1,5 *tical* de mercure.

Pour l'alimentation de base, il fallait 7,5 *tical* d'argent pour acheter 30 paniers de riz et 2 *tical* d'argent pour acheter 1 350 noix d'arec destinées à la fabrication des chiques de bétel. Un bovin se vendait à bon marché pour 4 *tical*. Mais le lait était une boisson précieuse puisqu'il fallait débourser 25 *tical* d'argent pour en obtenir une quantité de 248 *tanak* (peut-être la mesure d'un entre-nœud de bambou). Quant au miel, il se vendait à prix d'or (77 *tical* d'argent pour une quantité de seulement 22 *tanak*. Peut-être parce qu'on ne savait pas encore élever les abeilles et qu'il fallait aller le récolter dans la forêt.

7,5 *tical* d'argent permettaient aux constructeurs de payer 300 briques taillées dans des blocs de grès. Le prix de ces briques de grès (utilisées pour construire par exemple le temple Nanpaya de Myinkaba) était prohibitif pour les grandes constructions. C'est pourquoi on préférait payer 60 *tical* d'argent pour avoir la production de deux fours à briques qui pouvaient fournir d'un coup plusieurs milliers de briques. On pouvait se procurer une stèle de grès pour 3,5 *tical* (voir encadré ci-après ; cf. Un artisanat développé, chap. IV).

LES PAGANAIS

Le coût de la vie à Pagan

Valeur de référence : le **kyat** (ou le *tical*) égale environ 16 g d'argent.

1 *pay* de terre irriguée : 18 à 25 kyat
1 *pay* de terre cultivable : 10 à 12 kyat
1 *pay* de terre sèche : 1/2 à 1 kyat
1 *tin* de de riz (21 kg) : 1/4 de kyat

1 esclave : 30 kyat (ou 1 bateau, ou 30 aréquiers, ou 5 à 20 viss de cuivre)
salaire forfaitaire d'un homme libre : 1/2 kyat
salaire forfaitaire d'une femme libre : 1/4 kyat

1 éléphant : 200 kyat (ou 50 à 200 *pay* de rizières)
1 cheval : 50 kyat (100 pay de rizières)
1 bateau : 25 kyat

1 pièce de coton blanc : 1 kyat (ou 678 noix d'arec)

1 buffle : 3 kyat
1 bœuf : 2 kyat
1 porc : 2 kyat

20 *tin* de riz : 3 *viss* de cuivre (5 kg)
1 *khwak* de cuivre (lingot moulé en demi-sphère) égale un poids d'un *viss*
1 *khwak* de cuivre : 1 kyat

Le moyen de paiement le plus courant était le métal argent pur. Son unité de mesure était un poids nommé *kyat* (environ 16 g). Pour les poids plus élevés, on utilisait le *viss* (1,62 kg) qui servait notamment à peser les métaux. Quand on manquait d'argent, on utilisait le troc.

Dans la région de (l'actuelle) Bhamo, les gens de la plaine de l'Irrawaddy échangeaient l'or contre de l'argent, à raison d'une unité-or contre cinq unités-argent.

LES PAGANAIS

LES PLAISIRS ET LES FÊTES

Au temps des conquêtes, les Paganais se préoccupaient sans doute peu de s'adonner à la fête et aux plaisirs. Ces notions, toutes entières tournées vers le bonheur individuel des êtres humains, étaient fort éloignées des préoccupations philosophiques du bouddhisme theravâda qui, enseigné par les moines, prévalait dans la société paganaise. Mais quand l'étendue de l'empire se stabilise (seconde moitié du XIIe siècle), la société birmane, sécurisée par l'anéantissement de ses ennemis, commence à s'intéresser de plus près aux plaisirs de l'existence : **la bonne chère et la joie de vivre avec la musique, la danse et le chant, offrandes traditionnelles aux divinités, prennent de plus en plus de place dans la vie quotidienne des habitants du royaume, qu'ils soient moines ou laïcs.**

La pratique des festins et des remises de cadeaux se généralise vers 1200 et s'est poursuivie après le début du XVIe siècle. Cette pratique est liée au développement d'un nouveau type de monachisme lié à l'existence des « monastères forestiers » qui se sont répandus dans les campagnes au-delà de la capitale et des centres urbains du royaume. Le chef de cette nouvelle secte s'appelait Mahâ Kassapa (1169-1278). Les moines proches de la cité impériale, où résidait le chef du Sangha (*Sangharâja*) suivaient alors les règles du *Vinaya* d'une manière ostensiblement rigoureuse qui leur valait les faveurs, donc les donations, des membres fortunés de la cour. Au contraire, les religieux de la secte de Mahâ Kassapa, qui vivaient dans des monastères situés à l'écart de la capitale, notamment dans la région de Monywa, étaient plus laxistes que les moines orthodoxes. Ils différaient de ces derniers en ce qu'ils acceptaient volontiers les boissons alcoolisées, les repas du soir, l'abattage des animaux destinés aux festins et l'acquisition de terres agricoles pour les mettre en valeur. Pour faire bonne mesure, ils faisaient également une autre entorse au *Vinaya* qui leur interdisait de pratiquer la médecine. L'aide qu'ils apportaient ainsi aux villageois a certainement contribué à leur célébrité (cf. L'alimentation, chap. VIII ; et Le personnel monastique, chap. VI).

Diverses parures de l'époque de Pagan

LE VÊTEMENT ET LES PARURES

Les peintures murales et la statuaire nous renseignent sur les vêtements et parures portés par la cour et les habitants. **Le climat « torride » de la plaine de Pagan n'était guère propice au port de tissus épais.** Seuls les rois semblent avoir porté ce type de vêtements, notamment pendant les cérémonies officielles (cf, La peinture murale du temple Lokahteikpan qui représente un roi de Pagan : la société paganaise, chap. III), pendant lesquelles ils arboraient des robes amples ornées de fleurs de lotus brodées au fil d'or. Dans la vie quotidienne les gens de la cour étaient vêtus,comme les rois, **de longs pagnes décorés de divers motifs géométriques colorés.** Les peintures de la société paganaise nous montrent plutôt des **habitants très légèrement couverts.** Les hommes se présentent le plus souvent torse nu, comme les femmes. Seules les dames de la cour semblent avoir recouvert leurs seins d'un léger voile. Les peintures murales nous prouvent que le luxe vestimentaire paganais se marquait essentiellement par le port de **coiffures élaborées et de fastueuses parures** : diadèmes, colliers simples ou en rangées, colliers pectoraux, bracelets de tous ordres aux bras, poignets et chevilles, ceintures brodées de perles et de pierres précieuses, etc. (cf. Les femmes à Pagan, chap. VIII) Le port de la barbe semble aussi avoir été très répandu pendant la période.

Un roi en compagnie d'une de ses épouses rend hommage au Bouddha

LES PAGANAIS

Divers motifs de textiles du temple Lokahteikpan

REPÈRES BIOGRAPHIQUES

ALAUNGSITHOU (1113-1163)

Petit-fils de Kyanzittha et de Sôlou. Sa mère est Shwé Einthi. Comme ses prédécesseurs, il épouse une Indienne, la princesse bengalie de Pataikkaya, et entretient d'excellentes relations avec l'Inde. Il gouverne pendant cinquante ans et meurt à 75 ans. Grand voyageur, il sillonne son royaume en tous sens. Au nord, il serait allé comme Anôratha jusqu'au Nan Chao (Yunnan) pour tenter, sans succès, de s'y faire remettre une dent du Bouddha en échange de cornes de rhinocéros, d'ivoire et d'autres cadeaux. Il s'embarque à Pusim (Bassein) et supprime une rébellion dans le Tenasserim, qui contrôlait les routes de portage à travers la péninsule. Il atteint Junk Ceylan (Phuket) et la péninsule malaise. Il visite aussi les îles de la côte arakanaise, Ceylan et le Bengale, dont les marchands venaient souvent à Pagan. Grand bâtisseur, il fait construire, à chacune de ses étapes, un zédi nommé « Phaung-Dô-Ou », comme au lac Inlè. À Pagan, le temple Thatbyinnyou est construit en 1143-1144. Il fait également édifier le temple Shwégugyi. Le règne est marqué par d'autres grandes réalisations telles que le renforcement des forts qui protègent l'empire, la réparation du barrage-réservoir de Meikthila, une tentative d'unification des poids et mesures dans tout l'empire, et un recueil des jugements rendus à la cour. Grand chasseur d'éléphants (il aurait capturé 700 femelles dans la forêt de Pantaung et 700 autres femelles au Yunnan), il avait aussi des talents d'artiste puisqu'il serait l'auteur du poème en pâli figurant dans l'inscription de consécration du temple Shwégugyi (1131), et aurait introduit de nouvelles notes de musique : les sons du vent dans les feuilles et celui de l'eau qui éclabousse. Il meurt dans le temple Shwégugyi, étouffé par son fils Narathou.

ANANTASÛRA

Ministre. Il était **mahâsenâpati** (commandant en chef des armées) du roi Nadaungmya (1211-1231), et à ce titre appartenait au Conseil royal. Il devint ensuite membre des Conseils royaux de son fils et successeur, Uccanâ (1231-1234), puis à celui de Kyaswa (1234-1250). En 1223, il fonda, dans le village de Minnanthou (est de Pagan), un important complexe religieux dont le temple principal (Let-myet-hna = les quatre visages) est encore très bien conservé (cf. La société paganaise, chap. I). Un grand réservoir, où les habitants du village viennent toujours s'approvisionner en eau potable, est associé à ce complexe religieux (cf. plan du complexe « La stèle d'Anantasûra »). Sa biographie est bien connue car il a laissé de nombreuses stèles enregistrant ses donations méritoires. Ces textes fournissent des détails sur la manière dont les esclaves étaient achetés, vendus ou donnés pour régler des dettes. Une autre de ses inscriptions mentionne une procédure d'appel et les noms des juges chargés de statuer.

ANÔRATHA OU ANIRUDDHA (1044-1077)

Premier roi historique du royaume de Pagan et le plus célèbre de la dynastie qu'il a fondée. Il reste encore une figure légendaire, car aucune inscription qui lui soit antérieure n'a été découverte à Pagan. En 1044, date son accession au pouvoir, sa famille appartenait déjà aux élites dirigeantes de Pagan depuis plusieurs générations. Son grand-père Sô Rahan, dont les *Chroniques* précisent qu'il était à l'origine un simple paysan maraîcher spécialisé dans la culture des cucurbitacées, était monté sur le trône vers 956 à la suite d'un assassinat. Selon la légende destinée à légitimer l'usurpation, Sô Rahan aurait tué le monarque régnant parce que ce dernier avait par mégarde cueilli un concombre dans son potager. Selon la croyance bouddhique, ce crime aurait dû être puni de mort, mais le puissant *kamma* de Sô Rahan, formé grâce aux mérites accumulés dans ses vies antérieures, lui permit quand même d'accéder à la royauté. Il mourut probablement assassiné lui aussi par son fils Kyaunghpyu (1001-1021). Ce dernier, le père d'Anôratha, avait reçu le riche fief de Nyaung-Ou qui commandait la zone portuaire du nord de Pagan. Ceci lui avait sans doute permis de s'enrichir suffisamment pour s'assurer de solides soutiens à la cour. À sa mort s'ensuivit un interrègne pendant lequel ses trois fils bataillèrent pour s'emparer du trône qui aurait dû revenir à l'aîné, Sokkate. Anôratha, fils de la reine du Nord (quatrième épouse du roi), s'est battu contre son demi-frère qui était le fils de la seconde reine. Un dernier combat, réglé par l'intervention divine du dieu Sakka, opposa les deux frères sur les rives de la rivière de Myinkaba. Anôratha, qui avait reçu la lance de Sakka en cadeau, se débarrassa sans peine de son frère, et le pouvoir resta entre ses mains. En 1057 il conquiert le royaume de Thaton et réalise l'unité de la Birmanie en intégrant, dans son empire, Môn, Arakanais et Shan. À l'est, il lance des expéditions dans le pays shan, et bâtit une ligne de quarante-trois avant-postes pour empêcher ces tribus guerrières d'entrer dans les plaines de Birmanie. Selon les chroniques siamoises, il attaqua le Cambodge et régna sur une partie de la Thaïlande actuelle jusqu'à Phuket. Il entretient des relations permanentes avec Ceylan qu'il aide à se débarrasser des envahisseurs cholas de

Madras. Avec l'aide de Shin Arahan et des moines theravâdas, le canon bouddhique (*Tipitakâ*) devient religion officielle. Le pâli est utilisé comme langue sacrée et l'alphabet môn pour l'expression littéraire du birman, jusque-là sans écriture. Le bouddhisme theravâda constitue désormais le facteur fondamental de l'unité. Le culte traditionnel des génies (*nats*) est subordonné au bouddhisme, et leur nombre officiel limité à trente-sept. Les constructions monumentales qui ont fait la grandeur de la cité impériale débutent sous son règne avec les zédis Shwézigon, Shwésando, Lôkhananda, Tu Yin et Tant Kyi. Anôratha meurt en 1077, à Myitché (sur la rive occidentale de l'Irrawaddy, en face de Pagan), où il avait été mortellement blessé par un buffle sauvage au cours d'une partie de chasse. Ses réalisations politiques (unité du pays), économiques (développement de la riziculture irriguée) et socioculturelles (adoption du bouddhisme theravâda et constructions religieuses) ont laissé une impression permanente sur les Birmans et les autres peuples indochinois.

CHAPATA

Moine. En 1180, il accompagne comme novice à Ceylan la mission birmane dirigée par Uttarajiva. Il reste sur place et passe dix ans dans le Mahavihara (« Grand Monastère ») où il est ordonné. Il revient à Pagan avec quatre compagnons (dont le fils du roi Khmer), tous appartenant à des peuples différents. En 1192, il fonde à Nyaung-Ou une nouvelle secte de rite cinghalais. Ses membres refusent de coopérer avec les autres moines qu'ils considèrent plus ou moins comme impurs. Les theravadins paganais sont désormais désignés sous le nom d'« ordre ancien », tandis que les compagnons de Chapata (favorisés par le roi qui fait construire à leur intention une salle d'ordination flottante sur l'Irrawaddy), deviennent l'« ordre nouveau » avant de se disputer et de fonder quatre sectes différentes. Certains moines paganais vont alors se faire réordonner au Mahavihara de Ceylan pour retrouver leur prééminence. Mais les schismes dureront trois siècles, et le Sangha ne sera réunifié que sous le règne du roi môn de Pègou, Dhammazédi, en 1475.

KUMARA KASSAPA

Prince birman. Après la chute de Pagan, il vivait chez les Mongols à Tagaung. Il est nommé roi de Birmanie. En janvier 1301, il participe au siège de Myinsaing (où sont réfugiés les trois frères Shan qui contrôlent la Birmanie centrale et ses rizières) avec l'armée mongole. Le commandant mongol accepte un « tribut » et se retire avec ses troupes. Kumara Kasappa repart avec eux. Sô Hnit, qui était déjà sur le trône de Pagan, est reconnu comme roi de Birmanie.

KYANZITTHA (1084-1113)

Roi. Fils d'Anôratha et d'une princesse indienne. L'ensemble du règne peut être considéré comme l'âge d'or de la *pax birmanica*. Il fut un des capitaines d'Anôratha. Après la bataille navale de Minhla, il réussit à s'échapper et revient se réfugier à Pagan. Les ministres lui offrent le trône, mais il refuse car Sôlou, prisonnier, est toujours vivant. Après la mort de Sôlou et après s'être débarrassé de Nga Ramankan, Kyanzittha devient roi de par sa naissance et ses capacités militaires. Envoyé à Pègou par Anôratha avec une section de gardes indiens du palais, il avait réussi à repousser une incursion lao-shan. Pendant son règne, les Môn acceptent la domination birmane et cessent de se révolter, car Kyanzittha, alors exilé par son père, avait longtemps séjourné en pays môn où il avait épousé une Môn et appris la langue et la culture de ce peuple. En 1084, dès son accession au trône, il épouse une autre princesse môn pour sceller encore plus l'alliance entre les deux peuples. Pendant la cérémonie de son couronnement sont utilisés les symboles royaux de l'ombrelle blanche et de l'éventail en poils de yak. En 1002, il se fait construire un nouveau palais dans la cité royale. En 1103 et 1106, il renoue avec la tradition d'envoyer des missions en Chine afin de relancer le commerce d'échanges avec le Yunnan. Mais les présents qu'il offre à l'empereur de Chine sont considérés par ce dernier comme un tribut marquant la reconnaissance de sa suzeraineté sur Pagan. Ce malentendu aura ultérieurement de graves répercussions qui conduiront à l'intervention mongole en Birmanie. Premier roi à s'intéresser au temple de Mahabodhi, situé à Bodhgaya en Inde (où la tradition situe le lieu de l'éveil du Bouddha), il envoie une mission pour évaluer des travaux de restauration de ce monument. Dans le même temps, des contacts directs avec l'Inde, à la fois diplomatiques, religieux et surtout commerciaux, se multiplient. La grande œuvre de Kyanzittha est la construction en 1090 du temple-grotte Ananda, joyau de l'art birman, où la statue du Bouddha Gautama est encadrée par les statues agenouillées de Kyanzittha et de Shin Arahan. Kyanzittha a également terminé la construction de Shwézigon et des cinq zédis de Min O Chantha. Le règne glorieux de ce roi est marqué par l'inscription de la stèle de Myazédi, qui donne l'année de sa mort. À 70 ans, Kyanzittha tombe malade et, pour tenter de le sauver en lui apportant de nombreux mérites, son fils Rajâkumâ a fait pour lui une donation qui l'a rendu célèbre. Kyanzittha est mort peu après.

KYASWA (1234 OU 1235-1249 ?)

Roi philosophe et paternaliste. Il reçoit de son père, Nadaungmya, le titre de *Dhammarâja* « maître du Dhamma ». Réputé pour avoir lu les *Tripitaka* neuf fois, il a de la compassion pour tout le monde et considère chacun, moine ou laïc, comme étant son enfant. Il compose un traité de philosophie pour ses concubines, le *Paramatthabindu*. Il se désintéresse des affaires du royaume qu'il abandonne à son fils Uzanâ. En 1236, Kyaswa fait réparer le barrage-réservoir du mont Tu Yin pour y faire pousser cinq variétés de lotus et créer une réserve naturelle pour les oiseaux, oies sauvages, canards, grues et poules d'eau afin qu'ils puissent y folâtrer. Ce réservoir alimente un champ produisant trois récoltes par an. Kyaswa vivait à côté, dans une loge royale où il prend plaisir à étudier sept fois par jour avec des moines. L'inscription de Hlédaunggyi rappelle qu'en 1234 il a offert un monastère en bois aux toits étagés (*pyatthat*) au vénérable Sihama-upali, qui vivait à Sagou (près de Minbou), et qu'il l'a invité l'année suivante à venir résider à Pagan avec quinze autres moines. Kyaswa entreprend de construire la pagode Pyatthada, mais ce monument est resté inachevé parce que les ouvriers étaient mal dirigés et mal payés. Son œuvre principale reste son édit sur la justice. Alors qu'il s'exerce à l'épée, il se blesse tout seul et meurt à l'âge de cinquante-sept ans (cf. encadré : L'édit de Kyaswa, chap. III).

LETYAMINNAN

Héritier légitime du trône arakanais. Détrôné par Thetminkadon, sous le règne d'Alaungsithou, il se réfugie à Pagan avec ses parents. Alaungsithou le réinstalle sur le trône. Il montre sa gratitude en réparant à ses frais, mais au nom de son bienfaiteur, le temple de Mahâbodhi à Bodhgaya (Bihar).

MAHÂ KASSAPA

Moine. Grand seigneur ecclésiastique et propriétaire terrien. Fondateur de la secte des monastères forestiers. Né à Parim (1169-1272 ou 1278) dans une famille de hauts fonctionnaires royaux. Il crée un monastère à Kokrac. D'autres suivent à Parim, Aùran et Anim. Il devient célèbre pour ses connaissances médicales. Sollicité à plusieurs reprises par le roi pour venir soigner ses douleurs, il arrive à Pagan en 1215 et guérit le souverain. En récompense il demande des terres pour y installer les monastères forestiers des moines qui sont ses disciples. En 1236, il fonde un établissement à Pwazô, près de la cité impériale. En 1244, à la mort du ministre Kankasû, le *Thera* est installé dans son monastère et vit dans une résidence construite à son intention par la veuve du ministre. L'établissement, qui comporte plusieurs bâtiments, est situé près de la porte est de la cité royale. En mai 1262, c'est le roi Narapatihapati qui lui construit un autre monastère doté de 300 *pay* de terres et 300 esclaves. Entre 1242 et 1278, il reçoit des donations totalisant des milliers d'hectares et autant d'esclaves. En outre il achète à ses frais des milliers d'hectares de terres agricoles payées en argent pur.

Après sa mort, le mouvement de création des monastères se poursuivra pendant des siècles.

MINSHINZÔ

Prince. Fils aîné d'Alaungsithou et de la première reine, Yadanabon. Demi-frère de Narathou. Il fut nommé par son père gouverneur de l'actuelle région de Mandalay, alors marécageuse. Il y fit creuser deux barrages-réservoirs et des canaux d'irrigation à Aungpinlé et Takmoso. Ces travaux ont permis la mise en valeur de tout le bassin de Mandalay. Quand Minshinzô apprend la mort d'Alaungsithou, qu'il croit naturelle étant donné son grand âge, il revient en toute hâte à Pagan dans sa barge dorée. Narathou l'accueille avec des démonstrations de joie, le couronne roi, et l'empoisonne la même nuit ! Sa petite-fille épousera le roi Kyaswa.

NADAUNGMYA (1211-1234)

Roi. Désigné comme héritier par son père, Narapatisithou. Zéyatheinka, qui monte sur le trône le 18 août 1211, possède un nom de règne : Nadaungmya, « celui qui a beaucoup de boucles d'oreilles ». Il partage en cinq parts égales tous les revenus du royaume et en donne une à chacun de ses cinq frères. Réunis, ils constituent le Conseil royal (*Hluttô*) et gouvernent sous la direction nominale de Nadaungmya. Roi bâtisseur, il a fait édifier le grand temple Htilominlo peu après son accession au trône, puis, dans la cité, la reproduction du temple Mahabodhi de Bodhgaya. La reine Eindôthi donne naissance à son fils héritier, Kyaswa, au cours d'un voyage sur l'Irrawaddy à bord de la barge royale dorée. Mais elle meurt sept jours plus tard. Nadaungmya, dernier des grands rois bâtisseurs, décède à l'âge de soixante ans.

NGA RAMANKAN

Frère de lait de Sôlou, élevé à Pagan. Gouverneur de Pègou, il se révolte contre la domination birmane sur les Môn (ou Talaing), et bat les Birmans à la bataille navale de Minhla, sur l'Irrawaddy. Quand il arrive devant Pagan, les ministres lui en interdisent l'entrée, « car il ne peut pas y avoir deux buffles dans le même trou d'eau ». Ils lui demandent de régler d'abord avec Kyanzittha la question de la succession. Au lieu d'assiéger la cité royale, les Môn poursuivent leur route vers le nord, peut-être pour bloquer les approvisionnements de la cité puisqu'ils contrôlent la voie fluviale. Quand Nga Ramankan revient attaquer Pagan, il est trop tard. Des combats ont lieu dans la région de Popa et à Myinkaba, tandis que Kyanzittha et ses troupes défendent la capitale avec succès. Battus, les rebelles se replient, et Nga Ramankan redescend le fleuve dans sa barge royale. À la hauteur de Singou,

Kyanzittha lui tend une embuscade. Un archer d'élite, nommé Ngasinkou, imite depuis la berge le chant d'un oiseau. Attiré par cette mélodie insolite, Nga Ramankan se montre à une fenêtre. Ngasinku l'abat d'une flèche dans l'œil.

NGASESHIM

Prince (1343-1350). Fils du roi Thihathou. Il fut connu comme son père pour ses talents de chanteur-compositeur.

NARATHEINKA (1165-1174 OU 1170-1173 ?)

Roi fictif inventé par les chroniqueurs pour remplir l'interrègne consécutif à la mort de Narathou. Période de troubles liés au conflit entre Pagan et Ceylan. Naratheinka, grand amateur de femmes, serait le fils de Narathou. Dès son accession au trône, il fait de son jeune frère l'héritier du trône et lui confère le titre de Narapatisithou. Sa première reine est une petite-fille d'Alaungsithou. Comme ce dernier l'avait fait avant lui, il prend les deux filles de Yazathou (neveu et beau-fils de Khin-Ou, une des reines d'Alaungsithou), pour en faire ses reines. Il fait de même avec sa belle-sœur. Les reines l'accompagnent à dos d'éléphant partout où il va. Un jour, il découvre une jeune fille dans une bambouseraie, mais elle a de très grandes oreilles qui la défigurent. Ecœuré, Naratheinka la donne à son frère Narapatisithou. La reine mère reçoit la jeune femme, nommée Veluvati « cadeau des bambous », et décide de lui tailler les oreilles aux bonnes dimensions. Après cette opération, Veluvati se révèle dans toute sa beauté et devient la femme de Narapatisithou. Quand le roi revoit la radieuse Veluvati, il en tombe amoureux et, pour se débarrasser de son frère, lui fait croire que la guerre vient d'éclater à Ngasaunggyan, à l'extrême nord de l'empire. Narapatisithu doit partir sur-le-champ avec ses troupes. À son arrivée à Ngasaunggyan, il réalise que la frontière est calme et que Naratheinkha a voulu l'éloigner. Pendant ce temps, le roi s'était emparé de Veluvati et en avait fait une reine. Narapatisithou redescend rapidement à Pagan avec ses troupes et envoie le chef de sa garde pour tuer le roi. Celui-ci est abattu dans ses toilettes. Il avait 35 ans et n'aurait régné que trois ans.

NARATHIHAPATI (1254-1287)

Dernier des grands rois de Pagan. Fils cadet de Kyaswa. Thihathou avait la réputation d'être cruel, violent, jaloux, coléreux, etc. Le ministre Yazathingan fait tout pour écarter l'héritier du trône. Pendant les funérailles de Kyaswa, il convainc les autres ministres, et c'est Narathihapathi qui monte sur le trône. Il se choisit pour reine la jeune femme qui grattait si bien son père. En 1284, Narathihapati construit le dernier grand stoupa de

ANNEXES

Pagan, Mingalazédi, au sud de la cité. L'inscription de la dédicace rappelle que le roi avait quotidiennement pour repas trois cents plats cuisinés aux goûts salé, sucré, épicé, aigre, amer, et qu'il possédait trois mille concubines. Mais tous les Paganais savent que, selon une prophétie répandue par les devins, quand ce zédi sera terminé, le royaume de Pagan sera transformé en poussière ! C'est le moment où arrivent les premiers ambassadeurs mongols qui réclament un tribut pour l'empereur de Chine. Tous sont massacrés. Après la défaite de Ngasaunggyan (1277), Narathihapati envisage de défendre Pagan. Il ordonne la récupération de briques sur des milliers de monuments pour rehausser les murailles. Devant l'ampleur de la tâche, sans doute les réticences des habitants, et craignant une arrivée surprise des Mongols, il quitte la capitale par bateau et descend le fleuve jusqu'à Pusim/Cosima avec sa cour et probablement une partie des habitants, d'où le surnom infamant avec lequel il est entré dans l'histoire : « le roi qui a fui devant les Chinois ». Sous ce règne, les Môn de Martaban se révoltent mais sont battus par Yazathingan, rappelé d'exil pour l'occasion. Les trois fils du roi, Kyaswa, Uzanâ et Thihathou sont nommés gouverneurs respectivement de Dallah, Pusim/Cosima et Prome. Après le départ des Mongols, Narathihapati veut revenir à Pagan, mais il est empoisonné à Prome par son fils Thihathou.

NARATHOU (1163-1167 OU 1167-1170 ?)

Roi. Fils cadet d'Alaungsithou et de Tilôkasanda, la seconde reine. Demi-frère de Minshinzô. Son règne dure quatre ans. Il marque les débuts de l'affaiblissement interne et de la décadence de la dynastie. Tandis que son frère gouverne la région de Mandalay, il reste près de son vieux père, mais ambitionne secrètement de monter sur le trône. La cruauté de Narathou est légendaire : il tue sa première femme, son fils et son oncle, et force les puissants moines à se défroquer. Selon la tradition, il épouse la femme de son père, la reine Pataikkaya. La grande œuvre de ce roi est le temple Dhammayangyi (1165), qui est le plus imposant de Pagan. Désireux d'en recevoir le maximum de mérites, Narathou le veut si parfait qu'on ne doit pas pouvoir glisser une lame de couteau entre les briques. Pour ce faire il met à mort tous les briquetiers qui fournissent des briques de qualité inférieure. Cette construction aurait ruiné le royaume, et beaucoup de travailleurs libres et d'esclaves y auraient perdu la vie. Il meurt à 49 ans dans des circonstances obscures (cf. Pataikkaya).

PATAIKKAYA

Reine. Princesse bengalie, fille du roi de Pataikkaya. Épouse d'Alaungsithou, puis femme de Narathou. Selon la coutume, après la mort de ce dernier elle devient la femme de Narathou. Raffinée, Pataikkaya n'apprécie guère la grossièreté de son nouveau mari qui n'utilise pas d'eau quand il va aux toilettes ou quand il a eu des rapports sexuels. Elle refuse de le rencontrer. Furieux, le roi la transperce avec sa lance. En apprenant la nouvelle, le roi de Pataikkaya décide de venger sa fille (cf. Narathou). Il déguise huit guerriers de sa garde personnelle en brahmanes et les envoie à Pagan pour assassiner Narathou et se donner la mort ensuite. L'opération réussit et Narathou devient pour la postérité *Kalagya*, « le roi qui a été tué par les Indiens ». En réalité, les agresseurs sont les Ceylanais qui, pour se venger d'une brutale augmentation des droits de douane auxquels sont soumis leurs marchands, et de l'interdiction d'exporter à Ceylan les éléphants dont ils ont besoin pour leur armée, lancent une expédition de pillage contre Pagan.

Rajâkumâ

Prince. Fils de Kyanzittha et de sa première femme Thambula. En 1112, il érige une stèle quadrilingue (pâli, môn, pyu et birman) qui fournit la chronologie historique des rois de Pagan. En succession directe, il aurait dû succéder à son père, mais, dans le but de perpétuer l'alliance des Môn et des Birmans, Kyanzittha avait réglé de son vivant la question de sa succession en couronnant lui-même son petit-fils Alaungsithou, né de sa fille Shwé Einthi et d'un fils de Sôlou. Dans ce texte, le prince raconte qu'il a fait couler une statue du Bouddha en or massif qui a été enchâssée dans le reliquaire du temple Kubyaukkyi. L'original de la stèle se trouve dans la pagode Shwézigon, mais son ébauche, retrouvée en 1911 dans l'enceinte de la pagode Myazédi, est installée à Myinkaba. L'inscription rédigée en birman, qui accompagne cette donation, est considérée comme le premier texte écrit de la littérature birmane (cf. la littérature, chap. VIII)

Shin Arahan

Jeune moine môn originaire de Thaton, il arrive à Pagan à 20 ans. Devenu familier du roi Anôratha, il encourage ce dernier à adopter le bouddhisme theravâda et, après la prise de Thaton, devient le primat du Sangha du royaume de Pagan. Il réside dans un monastère de la colline de Hngetpyittaung, au sud-est de Nyaung-Ou. Il sert les trois premiers rois de la dynastie. En 1102, il participe avec 4 108 disciples aux cérémonies rituelles associées à la construction du nouveau palais de Kyanzittha. Il meurt peu après l'accession au trône de Alaungsithou, en 1113. Le vénérable Panthagou, lui aussi figure marquante de la vie politique et sociale de Pagan, lui succède comme conseiller du roi et primat du Sangha.

ANNEXES

REPÈRES BIOGRAPHIQUES

SHWÉ EINTHI

Fille de Kyansittha. Mère d'Alaungsithou. Elle fut mariée à un fils de Sôlou qui était boiteux. Elle était chargée du contrôle et de la perception de droits de douane sur les bateaux de commerce indiens qui venaient s'amarrer dans le port de Lôkhananda.

SÔLOU (1077-1084)

Fils d'Anôratha. Il est né avant que son père ne devienne roi. La tradition dit qu'il n'avait pas les qualités pour régner. Frère de lait de Nga Ramankan, le gouverneur môn de Pègou, il est fait prisonnier par les Môn à la bataille navale de Minhla. Refusant de faire confiance à son demi-frère Kyanzittha, venu pour l'aider à s'échapper, il est assassiné par Nga Ramankan.

THETMINKADON

Chef arakanais de l'Arakan du Sud. Sous le règne de Kyanzittha, il manifeste son indépendance en lançant des raids sur l'espace frontalier birmano-arakanais. Capturé, il est épargné, mais les Paganais pillent sa capitale et s'emparent de l'or qui recouvrait la grande statue du Bouddha, nommée « Maha Muni ». Cette expédition de représailles permet aux vainqueurs de ramener de nombreux esclaves indiens et arakanais qui sont installés dans la région de Pagan. Sous le règne d'Alaungsithou, il reprend ses raids contre Pagan et détrône l'héritier légitime, Letyaminnan. Les révoltés sont battus par une armée combinée de Môn qui progressent par mer, et de Birmans venus à travers les passes de la chaîne de l'Arakan. La pagode de Maha Muni est à nouveau pillée. Theminkadon, capturé une nouvelle fois, est exécuté.

THIHATHOU

Plusieurs personnages portent ce nom dans l'histoire de Pagan.

THIHATHOU (1)

Prince. Fils de Kyaswa. Frère aîné du futur roi Narathihapati, il était l'héritier désigné par Kyaswa. Il avait la réputation d'être violent et cruel. Après la mort de son père, il fut écarté du trône au profit de son cadet, Narathihapati, à la suite des manœuvres du ministre Yazathingan.

THIHATHOU (2)

Prince. Fils du roi Narathihapati (1254-1287). Gouverneur de Prome. Il épouse la fille d'un ancien mercenaire shan qui, réfugié à Myinsaing, avait épousé la fille d'un riche marchand birman et avait eu quatre enfants, dont trois garçons. Ces derniers, après avoir lutté au service du roi Narathihapati, furent nommés, en récompense, commandants de la garnison de Myinsaing. Familiers du roi, ils ont arrangé le mariage de leur sœur avec le fils du roi. En 1287, quand Narathihapati veut revenir à Pagan, Thihathou assassine son père pendant son escale à Prome. Ce geste marque la fin de la dynastie. Quand ils apprennent la mort du roi, les Mongols s'emparent de la cité impériale.

THIHATHOU (3)

Devint roi et meurt en 1302. Le plus jeune et le plus ambitieux des trois frères Shan (les fils du chef de Myinsaing) se couronne lui-même roi de Birmanie.

THIHATHOU (4)

Roi (1312-1324). Il a régné à Pagan après la chute de l'empire pendant la période de la décadence. Connu pour ses qualités de danseur et musicien.

UZANÂ OU UCCANÂ (1249 ? -1254 ?)

Roi. Fils de Kyaswa, il est aussi insignifiant que lui. Sa première reine est la petite-fille de Minshinzô, le fils d'Alaungisthou. Elle lui donne un fils, Thihathou. Le roi tombe ensuite amoureux de la fille d'un potier de Myittha et en fait sa reine. Comme ses prédécesseurs, il se rend au mont Popa pendant le mois de Nattô pour rendre hommage aux génies de la montagne, Mahâgiri frère et sœur. Il descend souvent le fleuve dans sa barge royale pour se rendre à Dallah où il a un pavillon. Pendant une chasse, le *howdah* (chaise à éléphant) tombe au sol et le roi avec. L'éléphant pourchassé, furieux, le piétine.

YAZATHINGAN

Ministre de Kyaswa. À la mort de ce dernier, Yazathingan demande à l'héritier désigné, Thihathou, d'attendre la fin des funérailles de son père avant de monter sur le trône. Thihathou accepte, et Yazathingan quitte Pagan avec tous les ministres, les seigneurs des régions et les chefs de village pour se rendre à Dallah. Lorsqu'ils sont assemblés devant la tombe, Yazathingan leur fait un long discours pour les mettre en garde contre Thihathou. Il précise même que ce dernier l'a insulté en crachant du bétel rouge sang sur le revers de la manche de sa robe de ministre. Il appuie sa démonstration en tirant d'une boîte un vêtement couvert de bétel de couleur rouge sang qu'il montre à tous ses collègues. « Avant même de régner, il a souillé les vêtements du chef ministre. Que nous arrivera-t-il s'il monte sur le trône ? » La démonstration réussit. Les ministres se saisissent de Thihathou et placent son frère sur le trône. En récompense de sa traîtrise,

REPÈRES BIOGRAPHIQUES

Yazathingan est dépouillé de ses biens et lui-même exilé à Dallah par Narathihapati, « car, quand on a posé l'ombrelle au sommet d'un zédi, il faut se débarrasser des échafaudages ». Rappelé d'exil, il se voit confier une armée pour réduire la révolte de Martaban. Il réussit mais meurt peu après.

ORIENTATION BIBLIOGRAPHIQUE

AA   Arts asiatiques, Paris
ASI- AR   Archeological Survey of India - Annual Report
JSS   Journal of the Siam Society
JBRS   Journal of the Burma Research Society
JRAS   Journal of the Royal Asiatic Society of Great Britain
                and Ireland
BEFEO   Bulletin de l'École française d'Extrême-Orient
PEFEO   Publication de l'École française d'Extrême-Orient
UHRC   Universities Historical Research Centre

OUVRAGES ET ARTICLES EN FRANÇAIS

Ouvrages Généraux

CERRE, P.H.,/THOMAS, F., *Pagan, l'univers bouddhique, chronique du palais de cristal*, Ed. Findakly, 1987.
CŒDES, G.,*Les peuples de la péninsule indochinoise*, Paris, Dunod, 1962.
—, *Les États hindouisés d'Indochine et d'Indonésie*, Paris, De Boccard, 1964.
LE RAMIER, G., *La Birmanie*, Collection des guides Arthaud, Paris, 3ᵉ édition, 1986, 296 p.
LUBEIGT, G., *La Birmanie*, Que sais-je ?, n° 1620, PUF, 1975 (1), cartes.
—, « La Birmanie », in *Introduction à la connaissance de la péninsule indochinoise*, Travaux du Centre d'histoire et civilisations de la péninsule indochinoise, Paris, 1983, p. 5-30.
—, « L'Union de Myanmar », in *Initiation à la péninsule indochinoise*, L'Harmattan, Paris, 1996, p. 17-40.
—, « De l'armée royale à l'armée du peuple. L'armée et la société en Birmanie (XIIIᵉ-XXᵉ siècle) ». In : *Armées et sociétés en Asie du Sud-Est*. SOAS (Londres) et IRSEA (Aix en Provence). Editions Seven Orients et Université de Provence. Novembre 2004. pp. 125-156.

Histoire

Lubeigt, G., « Pagan: capitale médiévale d'un empire indo-chinois.», *Arts et Vie*, mai 1996, pp.5-8.

—, « Pagan, capitale médiévale revisitée », Bulletin de l'Association des anciens élèves de l'institut national des langues et civilisations orientales, Paris, avril 1997 (1), p. 103-124.

—, *Pagan, histoire et légendes*, Éditions Kailash, Paris, novembre 1998 (5), 393 p., 6 cartes et 18 photos. (Le seul ouvrage en langue française sur la géographie historique du site et sur son environnement naturel)

Géographie / Economie

Lubeigt, G., « Les villages de la vallée de l'Irraouaddi », *Études rurales*, 53-56, numéro spécial, Asie du Sud-Est, 1974, p. 259-299, photos, cartes, croquis. (Comment vivent les villageois dans les grandes îles de la vallée de l'Irrawaddy).

—, « L'administration rurale en Birmanie centrale », *Mondes asiatiques*, n° 3, 4, 5, 1975-1976, p. 271-294 ; p. 47-64.

—, *Le palmier à sucre (Borassus flabellifer) en Birmanie centrale*, Département de géographie de l'université de Paris-Sorbonne, Paris, 1979, 197 p. 15 photos, cartes, croquis (Histoire, techniques d'exploitation, économie et légendes associées à un palmier qui fait vivre deux millions de paysans dans un milieu naturel très contraignant).

—, « À la recherche d'une civilisation du palmier à sucre, *Borassus flabellifer*, Linn, en Asie méridionale, en Indochine et dans le monde insulindien », *Acta Géographica*, n° 55, p. 9-29, Paris, 1982, photos, carte.

—, « Aspects ethnogéographiques de la charité en milieu bouddhique birman », in *Aspects du monde tropical et asiatique*, Presses de l'université Paris-Sorbonne, 1991(1), p. 113-132, photos et carte. (Les répercussions du bouddhisme sur les différents secteurs de l'économie birmane)

—, « Dâna : du concept religieux à ses manifestations pratiques en milieu bouddhique birman », in *La géographie des religions, contexte et perspectives*, Social Compass, 40, p. 233-259. Revue internationale de sociologie de la religion, Sage Publications, London, juin 1993 (1).

—, « Le don de la robe : aspects socioéconomiques d'un acte méritoire chez les bouddhistes de Birmanie », in *Notes sur la culture et la religion en péninsule indochinoise*, L'Harmattan, Paris, 1995 (1), p. 23-41. (Le bouddhisme n'est pas toujours la religion désintéressée que l'on dépeint).

—, « Chiroutes et Tan Yei : les substances du rêve en Birmanie centrale », coll. « Recherches asiatiques », in *Opiums : les plantes du plaisir et de la convivialité en Asie*, L'Harmattan, Paris, 2000 (1), p. 327-363.

Religion

BAREAU, A., *Bouddha*, Éditions Seghers, Paris, 1962.

—, *En suivant Bouddha*, Philippe Lebaud Éditeur, 1985. (Ouvrage fondamental pour saisir ce qu'est la philosophie du bouddhisme)

—, « Le Bouddha et les rois », *BEFEO*, t. 80, n° 1, 1993, p. 15-40.

BOISSELIER, J., *La sagesse du Bouddha*, Découvertes Gallimard, Religions, 1993.

BRAC DE LA PERRIÈRE, B., *Les rituels de possession en Birmanie, Du culte d'État aux cérémonies privées*, Éditions de la recherche sur les civilisations, Paris, ADPF, 1989.

FINOT, L.,« Un nouveau document sur le bouddhisme birman », *Journal asiatique*, 10ᵉ série, t. XX, juillet-août 1912, p. 121-136.

—, « Le plus ancien témoignage sur l'existence du canon pâli en Birmanie », *Journal asiatique*, IIᵉ série, t. XXI, juillet-août 1913, p. 193-195.

LAFONT, P.-B., « Génies, anges et démons en Asie du Sud-Est », in *Génies, anges et démons*, *Sources orientales 8*, éditions du Seuil, Paris, 1971, p. 345-382.

FOUCHER, A., *La vie du Bouddha d'après les textes et les monuments de l'Inde*, Payot, 1949, 384 p.

—, *Les vies antérieures du Bouddha*, Paris, 1955 (ouvrage décrivant succinctement les 550 réincarnations parfaites du Bouddha).

LUBEIGT, G., « L'organisation du Sangha birman », in *Bouddhismes et sociétés asiatiques, clergés, sociétés et pouvoirs*, p. 125-154, L'Harmattan, Paris-Tokyo : Sophia University, 1990.

—, « La Birmanie : un pays modelé par le Bouddhisme », Position de thèse. Prodig. UMR 8586, Intergeo Bulletin n°2/2001. Paris.

ANNEXES

Art

CHEW, A-M.,*Gestes et attitudes du Bouddha dans l'art de Pagan*, université de Paris Sorbonne I, 1982 (maîtrise), 150 p., 10 planches, photos.

—, *Les temples excavés de la colline de Po Win en Birmanie centrale : architecture, sculptures et peintures murales*, thèse soutenue à l'université de Paris III, Sorbonne nouvelle, mars 1999.

LUBEIGT, G., *Shwe-Chi-Htô : l'art de la tapisserie brodée en Birmanie*, Éditions Kailash, Paris, avril 1998 (1), 117 p. (ouvrage illustré de photos couleurs. Fondamental pour la compréhension de cet art méconnu lié aux monastères bouddhiques).

—, « Du costume à la tenture : les origines des tapisseries brodées de Birmanie. » *Bulletin de l'association des Anciens élèves de l'Institut National des Langues et Civilisations Orientales*, Paris, avril 1998, pp.5-26.

PICHARD, P., « Les monuments sur le plan pentagonal à Pagan », *BEFEO*, vol. LXXIV, Paris, 1985, p. 305-336.

OUVRAGES ET ARTICLES EN ANGLAIS

Histoire

AUNG THWIN, M., *The Nature of State and Society in Pagan : An Institutional History of 12th and 13th century Burma*, Ph. D, University of Michigan, 1976.

—, *Pagan : the Origins of Modern Burma*, Honolulu, University of Hawaii Press, 1985, 264 p. (Les véritables raisons de la chute de la dynastie de Pagan).

—, *Myth and History in the Historiography of Early Burma (Paradigms, primary sources and prejudices)*, Ohio University Institute of Southern Asian Studies, Singapore, 1998.

HARVEY, G.E. *History of Burma from the Earliest Times to the Beginning of the English Conquest*, London, Longmans, Green, 1925 ; Éditions Frank Cass, réédition, 1967.

LIEBERMAN, V., *Strange parallels: Southeast Asia in Global Context, c. 800-1830*, vol. I : Integration on the Mainland, Cambridge University Press, 2003.

LUCE G.H., « The Ancient Pyu », *JBRS*, vol. XXVII, part III, 1936, p. 239-335. Reprinted in Fiftieth Anniversary Publications, n° 2, 1960, p. 307-321.

—, « Notes on the People of Burma in the 12th-13th centuries AD », *JBRS*, vol. LXII, part I, 1959, p. 52-74.

—, « Old Kyaukse and the Coming of the Burmans », *JBRS*, XLII, part I, June 1959, p. 75-112.

Maung Htin Aung, *A History of Burma*, Columbia University Press, New York, London, 1967, 363 p. (Ouvrage agréable à lire)

Pe Maung Tin et Luce, G.H., *The Glass Palace Chronicle of the Kings of Burma*, London, 1923. (fondamental pour les légendes concernant les origines de Pagan)

Phayre, Sir Arthur, *History of Burma*, London, Trubner, 1883. Reprint Susil Gupta London, 1967,

Than Tun, *History of Buddhism in Burma 1000-1300 AD*, Journal of the Burma Research Society, vol. 61, part I & 2, Dec. 1978, p. 1-267.

—, « History of Myanmar Culture », *Myanmar Two Millennia*. Part 4, UHRC, Yangon, 2000, p. 1-26.

Tun Aung Chain »The deposition of Kyazwa: A Reconsideration of the Inscriptional Evidence", *Historical Research Journal*, vol. 1, n°1, Department of History, University of Yangon, 1995.

—, « The Earlier Kings of Bagan Dynasty – Seventy Years Later », *Myanmar Historical Research Journal*, n° 10, publié par UHRC, Yangon, 2002, p. 1-30.

Géographie

Luce, G.H., « Geography of Burma under the Pagan Dynasty », *JBRS*, vol. XLII, part I, June 1959, p. 32-59.

Pe Khin, « The Dry Zone of Central Burma », vol. VI, n° 1, *The Burmese Forester, Centenary Issue*, June 1956, p. 72-76.

Politique

Mendelson, E.M., *Sangha and State in Burma : a Study of Monastic Sectarianism and Leadership*, Ithaca, Cornell University Press, 1975, 400 p. (Fondamental pour l'histoire du Sangha et comprendre son fonctionnement)

Smith, D. E., *Religion and politics in Burma*, Princeton University Press, New Jersey, 1965. (Fondamental pour saisir les origines de l'instrumentalisation du Sangha par l'Etat).

ANNEXES

Économie

LUCE, G.H., « Economic Life of the Early Burman », *JBRS*, Fiftieth — Anniversary Publications, n° 2, Rangoon, 1960, p. 323-375.

REID, A., *Southeast Asia in the Age of Commerce, 1450-1680.* Vol. I: The Lands below the Winds. New Haven, Yale University Press, 1988. 275p.

Religion

DUROISELLE, C., « The Ari of Burma and Tantric Buddhism », *ASI-AR*, 1915-1916, p. 79-93.

HALL, D.G.E., « Burmese Religious Beliefs and Practices », *Religions*, 40, p. 12-20, 1942.

KHIN MAUNG NYUNT, « Religion in Myanmar culture and History », in *An Anthology of Conference Papers*, Department of History, University of Yangon, 2003, p. 169-191.

KHIN MYO CHIT, *A Wonderland of Burmese Legends*, Tamarind Press, Bangkok, 1984. (Les légendes populaires contées par un auteur célèbre qui publiait en anglais et a largement contribué à faire connaître la culture birmane au monde extérieur. Illustrations de Paw Oo Thet, le plus grand aquarelliste de la fin du XXème siècle.)

LUCE, G.H., »The Advent of Buddhism in Burma", in *Buddhist studies* Reidel Publishing, Boston, Massachusetts, 1974, p. 119-138.

MAUNG HTIN AUNG, « Burmese Alchemy Beliefs », Annual Meeting of the Burma Science Association, September 11, 1953.

NASH, J., « Living with Nats : an analysis of Animism in Burman Village Social Relations », Anthropological studies in Theravâda Buddhism, *Cultural Report Studies*, n° 13, Yale University Southeast Asia Studies, 1966.

RAY, N.-R., *An Introduction to the study of Theravâda Buddhism in Burma*, Calcutta University Press, 1946.

SPIRO, M. E., *Burmese supernaturalism*, Princeton University Press, New Jersey, 1967.

Buddhism and society: A Great Tradition and its Burmese Vicissitudes, George Allen & Unwin, London, 1971.

TEMPLE, R.C., *The Thirty-Seven Nats, a Phase of Spirit Workship Prevailing in Burma*, W. Griggs and Son, London, 1906 ; réédition, Kiscadale Publications, London, 1991.

Culture

HNAPHET HLA, *Myanmar Literature & the Ten Major Jâtakas – Temiya Jâtaka*, Foundations of Myanmar Culture, Tagyayinso Press, Rangoon, 1991, 206 p.

KHIN MAUNG NYUNT, « Myanmar in Southeast Asia, a Historical and Cultural Perspective", *Myanmar Historical Research Journal*, n°2, June 1998, p. 137-149.

—, « Environment and Tradition in Myanmar Culture », in *An Anthology of Conference Papers*, Department of History, University of Yangon, 2003, p. 46-70.

MAUNG HTIN AUNG, *Folk Elements in Burmese Buddhism*, Rangoon, Buddha Sasana Council Press, Kaba-Aye, Rangoon, 1959, 140 p. Reprint, Oxford University Press, London, 1962.

SHWAY YOE (SCOTT, J.G.), *The Burman, His Life and Notions*, Mac Millan, London, 1882 ; Reprint, Norton & Company, New York, reprint 1963, 609 p. (Bible de la culture birmane telle qu'elle existait encore à la fin du XIXe siècle. Si vous n'achetez qu'un seul livre ce doit être celui-là).

Art

AYE MYINT, *Burmese Design through Drawings*. Bangkok: Silpakorn University. Toyota Foundation, 1993 (Les divers aspects des arts birmans par un graphiste renommé).

BA SHIN, *The Lokahteikpan, Early Burmese Culture in a Pagan Temple*, Burma Historical Commission, Ministry of Union Culture, 1962.

BA TINT, « Pagan Paintings, Their Technique, Composition, and Conservation. » In *Study of Pagan*. Cultural Heritage in Asia (4). Tokyo: Sophia University Institute of Asian Cultures, 1989, p.156-64.

BAUTZE-PICRON, C., *The Buddhist Murals of Pagan – Timeless vistas of the cosmos*, Orchid Press, Bangkok 2003, 242 p.

CHEW, A-M, *The Caves-Temples of Po Win Taung, Central Burma*, White Lotus, Bangkok, 2005.

DUMARCAY, J., *The Palaces of South-East Asia : Architecture and customs*. Ed. M. Smithies, Singapore: Oxford University Press, 1991.

FRASER-LU, S., *Burmese Lacquerware*, The Tamarind Press, Bangkok, 1985 (Ouvrage illustré de nombreuses photographies de beaux objets en laque).

ORIENTATION BIBLIOGRAPHIQUE

S<small>TRACHAN</small>, P., *Pagan Art and Architecture of Old Burma*, Arran, Kiscadale, 1989 (Ouvrage décrivant tous les grands temples de Pagan. En vente partout sur le site).

T<small>HAN</small> T<small>UN</small>, *Myanma Terracottas. Pottery in Myanma & Votive Tablets of Myanma*, publié par U Thun Hlyaing Chit Saya Sarpay, Yangon, 2002.

Archéologie

A<small>UNG</small> K<small>YAING</small>, *The Pagodas and Monuments of Bagan*, vol. I, Graphic Printing Center, Printing and Publishing Entreprise, Rangoon, June 1995.

—, *The Pagodas and Monuments of Bagan*, vol. II, Graphic Printing Center, Printing and Publishing Entreprise, Rangoon, April 1996.

A<small>UNG</small> T<small>HAW</small>, *Historical Sites in Burma*, Sarpay Beikman Press, Rangoon, 1972. (Ouvrage de base. Archéologie des principaux sites).

A<small>UNG</small> T<small>HWIN</small>, M., « Burma before Pagan : the Status of Archaeology Today », Asian Perspectives, vol. 35, n° 2, 1982-1983, p. 1-21.

B<small>LAGDEN</small>, C.O., « A Preliminary Study of the Fourth Text of the Myazedi Inscriptions », *JRAS*, 1911, p. 365-388.

D<small>UROISELLE</small>, C., « Pictorial Representations of the Jâtakas in Burma », *ASI*, 1912-1913, p. 87-119 (Plates L-IX).

—, « The Stone Sculptures in the Ananda Temple at Pagan », *ASI-AR*, 1913-1914, p. 63-97.

—, *Amended List of Ancient Monuments in Burma*, Rangoon, Government Printing Press, 1921.

G<small>UTMAN</small>, P., H<small>UDSON</small>, B., « The Archaeology of Burma (Myanmar) from the Neolithic to Pagan », in Ian Glover and Peter Bellwood (eds.), *Southeast Asia from prehistory to history*, Routledge Curzon, London and New York, 2004, p. 149-176.

H<small>UDSON</small>, B., NYEIN LWIN, WIN MAUNG, « Digging for myths: archaeological excavations and survey of the legendary nineteen founding villages of Pagan », in *Burma Art and Archeology*, The British Museum Press, 2002, p. 9-21.

J<small>ACQ</small>-H<small>ERGOUALC'H</small>, M., « In Search of the Entrepot Ports of Myeik-Taninthayi (Mergui-Tenasserim). From the Beginning of the Christian Era to the end of the 13th Century AD », Myanmar Two Millennia. Proceedings of the Myanmar Two Millennia Conference, 15-17 December 1999, Part 2, publié par UHRC, Yangon, 2000, p. 13-30.

ANNEXES

KYAW NYEIN, U., « The Palace of King Kyanzittha, known from his inscription », Cultural Heritage in Asia (4), *Study on Pagan,* Institute of Asian Cultures, Sophia University, Tokyo, 1989, p. 44-50.

LU PE WIN, U., *Pictorial Guide to Pagan,* Director of Archeological Survey, Rangoon, Burma, 1963.

LUCE, G.H., *Old Burma - Early Pagan,* Ascona. Artibus Asia, New York (3 vol.), 1969-1970. (ouvrage volumineux mais fondamental pour l'histoire de Pagan et des Birmans. Indispensable pour les amateurs d'iconographie birmane).

MA THANEGI, *Pagan mystique,* Tanintaye Sarpay, Rangoun, 2011.

MYINT AUNG, *Revealing Myanmar's Past : An Anthology of Archaeological Articles,* Tun Foundation Literary Committee, Yangon, 2012.

PE MAUNG TIN, « Women in the Inscriptions of Pagan », vol. XXV, *JBRS,* p. 149-159.

PICHARD, P., *Inventory of monuments at Pagan,* 8 vol., Kiscadale, EFEO, UNESCO, Paris, 1992-1995 (Ouvrage volumineux mais fondamental pour ceux qui s'intéressent aux monuments de Pagan, à leur architecture, à ce qui en reste, et à ce qu'on est en train de leur faire subir).

STADTNER, Donald M., *Ancient Pagan. Buddhist Plain of Merit,* River Books, Bangkok, 2013.

STARGARDT J., *The Ancient Pyu of Burma, Early Pyu Cities in a Man-made Landscape,* vol. I, Pacsea, Cambridge University Press, 1990.

TUN NYEIN, U., *Inscriptions of Pagan, Pinya and Ava,* Government Printing, Rangoon, 1899.

Ouvrages collectifs

Pictorial Guide to Pagan, published by Ministry of Culture, Printed at the Printing and Publishing Corporation, Rangoon, 1975, 63 p.

Study on Pagan, Cultural Heritage in Asia (4), Institute of Asian Cultures, Sophia University, Tokyo, 1989.

Architectural Drawings of Temples in Pagan, Department of Higher Education, Ministry of Education, Rangoon,1989.

A Guide to Shwezigon Pagoda, Pagan-Nyaung Oo, written by Shwezigon Pagoda Trustees, English translation by Dr. Khin Maung Nyunt, 1994.

ANNEXES

GLOSSAIRE

Acâriya : maître/professeur de bouddhisme

Ahmudan : paysan enrégimenté occupant héréditairement les terres royales

Athi : paysan enrégimenté payant des taxes sur la terre occupée et sur les produits de la terre.

Bodhisatta : *Bodhisattva* (s), l'Être Éveillé. C'est un être destiné à la qualité de Bouddha ; un futur Bouddha qui refuse d'entrer dans le *Nibban* afin de pouvoir aider tous les êtres qui souffrent.

Bouddha : L'Éveillé. Nom donné à Siddhattha (p) ou Siddhârtha (s) dont le nom de famille était Gotama ou Gautama Sâkya Muni : le Sage (du clan) des Sâkya. Dans notre cycle de temps Gotama est le quatrième sage à avoir atteint l'état de Bouddha, après trois autres sages nommés respectivement : Konagamana, Kakousandha et Kassapa. Gotama est donc le Bouddha « historique.» Selon la tradition, les fidèles attendent l'apparition d'un cinquième Bouddha, dont on connaît déjà le nom : Maitreya.

Cakkavattî : *chakravartin(s)* : monarque universel

Dâna : Le don ; c'est la première sorte d'activité méritoire, les deux autres sont la moralité (*silâ*) et le développement mental (*bhâvanâ*). Faire des dons aux moines est l'une des dix perfections (*pârami*). Ne pas confondre avec le sens judéo-chrétien de «faire la charité ».

Dhamma : *Dharma* (s) : Vérité, Enseignement, Doctrine, Droiture, piété, moralité, justice, nature ; toute chose ou tout état conditionné ou inconditionné. En birman le terme désigne couramment la doctrine enseignée par le Bouddha pour atteindre la Délivrance.

Dhammayon : *Dhamma* (p) et *yon* (b). « Lieu où l'on enseigne le *Dhamma* ». Salle de prières ou de prêches destinée en principe à l'enseignement du *Dhamma*. Les fidèles du village ou du quartier s'y réunissent pour écouter les sermons des moines ou pour discuter des affaires de la communauté des laïcs. Cette salle est généralement située hors des monastères, mais on en trouve une

GLOSSAIRE

ou plusieurs dans toutes les pagodes. Chaque association religieuse possède la sienne et la gère librement.

Hpon : gloire, aura

Jâtaka : Conte ou récit légendaire relatif aux naissances antérieures du Bouddha. Selon les écoles la tradition en reconnaît entre 547 et 550.

Kaing : herbe poussant sur les terres alluviales

Kala (*kula*) : étranger noir

Kalaga : rideau/tenture

Kalapyu : étranger blanc

Kamma : *karma* (s) ; *kan* (b). Acte corporel (bon ou mauvais) ; désigne les volitions bonnes ou mauvaises et leurs facteurs mentaux concomitants causant la renaissance et façonnant la destinée des êtres. Dans la langue populaire, le terme désigne le destin individuel de chacun qui est la conséquence inéluctable de ses actions passées.

Kaung : Adjoint du chef militaire d'une ville

Kou/Kû : grotte

Kyaik : stoupa (môn)

Kyun : esclave ou île

Hluttô : conseil royal

Mahâdan : le grand cadeau : revenus des fiefs

Mahâgiri : roi des génies

Mahâyâna : école bouddhique

Mibeya : reine

Min : roi

Mingyi : grand roi

Mintha : prince

Minthamie : princesse

Myémo Taung : Mont mérou

Myo : ville

Myo-thugyi : chef militaire local d'une ville

Myo-wun : chef civil-ministre d'une ville

Naga : serpent

Nat : génie

Nattô : décembre

Nibbâna : *nirvâna* (s), *neikban* ou *nibban* (b). Extinction, affranchir du désir. Néant. État de bonheur éternel auquel accède un Bouddha quand il est délivré du cycle des naissances, générateur des souffrances de la vie. C'est le but suprême de toutes les aspirations des fidèles bouddhistes.

Nikâya : fraternité

Okthapa/oke thapal : mesure traditionnelle de longueurs

Parabeik : manuscript sur parchemin

Pay : unité de superficie

Péya : Bouddha, temple, pagode, monastère, moine

Péyakyun : esclave de pagode

Pitaka : Saintes Ecritures du Canon bouddhique ou les Trois Corbeilles.

Pitukâ-taik : Bibliothèque religieuse d'un monastère.

Pobabaing : terre ancestrale

Pondgyi-kyaung : monastère (litt. : « École des Moines »)

Ponna : brahmane

Pyatthat : toit étagé

Pyaung : millet/sorgho

Pyi : unite de poids

Râmâyana : Épopée de Râmâ

Sakka (b) : Le Roi des Dieux (Indra). Il se tient au dessus des êtres célestes (*devas*) et réside au sommet du Mont Mérou, dans le ciel des Trente-Trois Dieux (*Tâvatimsa* ou *thawatheinda* en bir).

Sangha : communauté monastique

Sangha râja : Primat du Sangha

Sâsana : Doctrine ou enseignement du Bouddha. Dans la tradition, cet enseignement est divisé en trois parties : les *Sutta*, le *Vinaya* et l'Abhidhamma. Le mot désigne aussi l'Ere bouddhique. L'année 2543 du *Sâsana* correspond à l'Ere birmane 1362 (qui commence à la mi-avril) et à l'année chrétienne 2000.

Séyadô (b) : Vénérable Maître ou Premier Maître. Ce nom est réservé pour désigner le Vénérable Supérieur qui dirige le monastère. Autrefois on disait : *Sadô*. C'est lui qui vit depuis le plus longtemps dans le monastère. Il est le plus âgé des moines confirmés, sans être pour autant le plus âgé des moines, ni même celui qui a passé le plus de temps dans le *Sangha*. A la mort du précédent Supérieur, dont il était le disciple, il s'est trouvé être le moine qui vivait dans le monastère depuis le plus longtemps et qui, de ce fait, pouvait automatiquement succéder à son maître. c'est la raison pour laquelle on rencontre parfois des *Séyadô* âgés seulement d'une vingtaine d'années. Certains étaient les seuls disciples des précédents titulaires, d'autres se sont vus offrir directement un monastère par un riche fidèle qui souhaitait les installer dès leur plus jeune âge dans un établissement qui leur appartienne. Le *Séyadô* donne l'autorisation de résidence à ceux, moines ou laïcs, qui souhaitent rester un certain temps au monastère.

Séyadô-gyi (b) : Grand Vénérable Maître. Le mot désigne généralement un moine célèbre, âgé et respecté, tel le président ou le secrétaire général du Conseil des Grands Maîtres. Mais on l'utilise aussi pour désigner la mère supérieure d'une nonnerie.

Sîmâ (p) : Salle d'ordination généralement située dans un monastère.

Sittans : listes de recensement

Tabaung : mars Tagou : avril

Tattadesa : pays torride

Tâvatimsa : *Thawatheinda* (b). Catégorie d'êtres célestes dans la sphère des sens. En birman le mot désigne communément le paradis qui se trouve au sommet du Mont Mérou et dans lequel vivent les 33 Dieux. Voir aussi : *deva.*

Thamaing : histoire légendaire

Theravâda : doctrine des anciens

Tin : unité de volume

Tipitaka : *Tripitaka* (s). Trois Corbeilles. Ensemble des Ecritures Saintes du bouddhisme de tradition *theravâda* qui sont rédigées en pâli. Ces « Trois Corbeilles » désignent : les *Sutta* (enseignements sous forme de dialogues entre le Bouddha et ses disciples), le *Vinaya* (l'ensemble des règles monastiques), et l'*Abhidhamma* (commentaires sur les *sutta*). L'ensemble de ces textes canoniques constitue 40 volumes et plus de 8000 pages.

Upâsaka : donateur /bienfaiteur

Vihâra : Habitation. Il existe trois types d'habitations : la céleste (*dibba-*), la spirituelle (*brahma-*), la noble (*ariya-*). Les moines habitent dans cette dernière. C'est pourquoi le terme désigne généralement un monastère.

Vinaya : Livre contenant l'ensemble des 227 règles que doivent obligatoirement suivre les moines.

Viss : unité de poids

Waso : juillet

Wingaba : labyrinthe

Wun : ministre

Yazagaing : Édit qui fixait avec précision les normes légales pour la construction des maisons.

Zéyat (b) : Pavillon ou maison réservée au logement des pèlerins séjournant dans les pagodes ou monastères. Ce bâtiment, réservé aux laïcs, ne contient pas d'autel.

Zédi (b) : Mot birman dérivé du pâli *cetiya*. Il désigne le *stoupa*-reliquaire, monument bouddhique par excellence, souvent désigné sous le nom de pagode.

ANNEXES

INDEX GÉNÉRAL

Les mots en gras bénéficient d'une rubrique (cf. sommaire)

ANNEXES

INDEX GÉNÉRAL

INDEX DES NOMS DE PERSONNES

*Les mots en gras bénéficient d'une notice en fin de volume
(cf. biographies)*

INDEX DES NOMS DE PERSONNES

INDEX DES NOMS DE PERSONNES

ANNEXES

309

INDEX DES NOMS DE PERSONNES

INDEX DES NOMS DE LIEUX

INDEX DES NOMS DE LIEUX

ANNEXES

INDEX DES NOMS DE LIEUX

INDEX DES NOMS DE LIEUX

INDEX DES MOTS BIRMANS, PALI, MONS, ET SANSCRITS

INDEX DES MOTS SANSCRITS

INDEX DES MOTS SANSCRITS

ANNEXES

Ce volume,
le dix-septième
de la collection « Guide Belles Lettres des Civilisations »,
publié aux Éditions Les Belles Lettres
a été achevé d'imprimer
en octobre 2013
par l'imprimerie SEPEC
01960 Peronnas

Impression & brochage sepec - France
Numéro d'impression : 05425130752
Dépôt légal : octobre 2013
Numéro d'éditeur : 7698

IMPRIM'VERT®

PEFC™ 10-31-1470 / Certifié PEFC / Ce produit est issu de forêts gérées durablement et de sources contrôlées. / pefc-france.org